타인의 동물원

DER ZOO DER ANDEREN

동서 베를린 동물원의 무한경쟁

타인의 동물원

얀 몬하우프트 지음 | 신기섭 옮김

마르코폴로

목차

프롤로그　　　　　　　　　　　　　　　　007

1장　　　전쟁과 악어꼬리 수프　　　　015

2장　　　건너편의 동물원　　　　　　043

3장　　　네 번째 남자　　　　　　　　073

4장　　　판다와 명성　　　　　　　　101

5장　　　미래의 동물원　　　　　　　131

6장　　　거대한 계획, 작은 물고기　169

7장　　　황금 새장 속 황금기　　　　191

8장　　　회색 거인, 추락하다　　　　221

에필로그: 옛날 남자들, 새 시대　　253

뒷이야기　　　　　　　　　　　　　265

감사의 글　　　　　　　　　　　　271

주요 동물에 관한 간략한 소개　　　275

참고 문헌　　　　　　　　　　　　287

| 일러두기 |

1) 이 책은 Jan Mohnhaupt, Der Zoo Der Anderen, München: Hanser Verlag, 2017의 영어 번역본 The Zookeepers' War, New York: Simon & Schuster, 2019를 기본으로 삼되, 독일어 원본을 일정 부분 반영해 번역했다.

2) 본문 내용 가운데 단행본은 『 』, 정기간행물과 영상, 공연물 등은 「 」로 표기했다.

3) 이 책의 본문에 있는 각주와 말미에 있는 부록은 옮긴이가 추가한 것이다.

프롤로그

동물 친화 인간들

대개 도시 거주민들은, 특히 베를린 사람들은 동료 사람보다 동물을 더 사랑한다.

— 뒤스부르크 동물원 전 원장 볼프강 게발트, 1966년 「차이트」 인터뷰에서

아래 일화는 1980년대 후반, 세계가 위기를 눈앞에 둔 때의 이야기다. 그때는 베를린 장벽이 적어도 앞으로 100년은 더 유지될 것 같았다. 당시 서베를린의 '베를린 동물원Zoologischer Garten Berlin'과 동베를린의 '티어파르크Tierpark Berlin'는 동서독에서 가장 인기 있는 여가 시설이자 정부 체제의 상징이었다. 베를린 시는 이때까지 거의 30년 동안 둘로 나뉘어 있었고, 공통점이라고는 두 동물원의 원장들이 서로에 대한 혐오감을 쌓는 데 몰두한 것뿐이었다. 이 다툼을 누가 시

작했는지는 알기 어렵다. 다만 인생에서 흔히 그렇듯, 비교 대상이라면 무엇이든 누가 더 큰 것을 확보하느냐의 문제로 귀결되었다. 여기서 그 대상은 코끼리였다.

이야기의 배경은 서베를린 동물원이다. 동물원장 하인츠-게오르크 클뢰스Heinz-Georg Klös는 얼마 전 코끼리 우리를 확장한 뒤 새로 산 코끼리 몇 마리를 공개했다. 클뢰스는 동물 수집에 열심인 사람이었고, 이 동물원은 세계에서 가장 많은 동물종을 보유했다. 그는 경쟁 상대인 동베를린 티어파르크보다 더 많은 코끼리를 확보하는 데 몰두했다. 동물원 업계에서는 코끼리가 위신을 자랑할 동물이었기 때문이다. 코끼리가 더 많다는 건 전투 승리를 뜻했다. 앞서 1960년대엔 당시 서베를린 시장 빌리 브란트가 시 재무부의 우두머리를 건너뛰고 코끼리 추가 구입 자금을 확보했다는 말이 돌 정도였다. 동베를린의 티어파르크와 원장 하인리히 다테Heinrich Dathe에게 대놓고 자랑하기 위해서 말이다. 적어도 클뢰스는 이렇게 기억했다.

관례상 티어파르크의 동물원장을 서베를린의 코끼리 우리 개장식에 초대해야 했다. 다테의 개장식 참석은 클뢰스에게 절호의 기회가 될 수 있었다. 경쟁자에게 자신이 얼마나 심하게 당했는지 직접 보게 할 수 있을 테니까. 다테는 동독 경제가 허덕이는 와중에도 새 코끼리관 건설 자금을 확보하려고 10년 이상 애쓰고 있던 상황이었다.

다테는 직업적으로나 개인적으로 클뢰스를 크게 신경 쓰지 않았다. 그리고 열여섯 살 어린 경쟁자를 무시한다는 것을 상대가 알도록 노골적으로 행동했다. 한번은 모임에서 경단을 대접하면서, 독일어로 '경단Klößchen'과 초대 손님 클뢰스의 이름이 비슷하다고 지적했다. 이런 상황에서 다테가 서베를린 동물원의 새 코끼리들이 '약간 허약해 보인다'고 비판하자, 클뢰스의 인내는 한계에 달했다. 말다툼이 이어졌고, 급기야 나이 지긋하고 작은 키—두 사람 모두 키가 170㎝가 되지 않았다—의 신사들이 코끼리 앞에서 서로 밀치는 지경까지 갔다.

높은 벽 뒤의 승자

돌아보면, 두 사람 사이가 벌어진 이유가 그들의 유사점인지, 아니면 차이점인지 궁금할 것이다. 둘 모두 1950년대에 베를린에 왔다. 하인리히 다테는 1954년 베를린에서 남쪽으로 몇 시간 거리에 있는 라이프치히에서 왔다. 신생 국가인 독일민주공화국(동독)의 수도에 세계에서 가장 크고 현대적인 동물원을 세우기 위해서였다. 클뢰스는 이보다 3년 뒤에 서쪽의 작은 도시 오스나브뤼크에서 왔다. 독일에서 가장 오래된 동물원의 옛 영광을 회복하는 것이 목표였다. 티어파르크와 베를린 동물원은 두 사람에게 필생의 임무가 되었고, 금세 치열한 경쟁이 전개되었다. 오래도록 베를린 수족관 관장을 지냈던 위르겐 랑에는 두 사람 관계를 "한 사람이 작은 당나귀를 사면, 다른 사람은 더 큰 당나귀를 산다."라고 표현했다.

다테는 천성이 교육자였다. 작달막하고 다부지며 뿔테 안경을 썼는데, 때 이른 탈모를 의식해서 옆머리를 빗어 넘겨 벗겨진 이마를 감추려 애썼다. 하지만 '카카두(kakadu, 앵무새)'를 '가가두'로, '카멜(kamel, 낙타)'을 '가멜'로 발음하는 작센 지역 오지의 단조로운 억양은 굳이 감추려 하지는 않았다. 다테는 전문 지식을 갖춘 데다가 동유럽에서 서유럽으로 이동하는 동물들이 거쳐 가는 핵심 검역소를 통제했기 때문에 전 세계 사람들이 찾는 존재였다. 게다가 영향력 있는 업계 소식지 「동물원Der Zoologische Garten」도 발행했다. 모두가 그를 찾았고, 그에게서 뭔가를 얻어가려 했다.

베를린 장벽 반대편의 클뢰스는 서독에서 가장 돈이 많고 가장 중요한 동물원을 운영했지만, 다테처럼 자신감 있는 인물은 아니었다. 다테는 모든 것을 쉽게 얻는 것처럼 보였고, 클뢰스는 열심이지만 묘하게 불안한 인상을 주었다. 그는 늘 새로운 계획을 추진하려고 발버둥질했다. 어떤 조직이 생기면 어떻게 해서든 거기에 관여할 길을 찾아냈다.

클뢰스는 '단지 수의사'라는 게 약점이었다. 동물원장 사이에서 수의사는 전통적으로 동물학자보다 입지가 약했다. 오늘날은 동물원장으로서 수의학 배경이 이상할 게 없지만, 당시는 결점으로 간주되었다. 하지만 클뢰스는 뛰어난 조직가이자 관리자였다. 그는 정치인이나 업계 거물들이 자금을 지원할 때까지 조르는 재주가 있었다. 서베를린에서는 "클뢰스 옆에서 식사하지 마라. 아니면 지갑에서 큰돈을 털리리라."라고 각운을 맞춘 말이 떠돌았다. 어떤 이들은 클뢰스가 마치 마술사가 모자에서 토끼를 꺼내듯 어디서든 돈을 그러모을 수 있을 거라고 말했다.

클뢰스는 분명 끈질겼다. 무엇보다 서베를린과 물리적으로 분리된 서독에서도 이 동물원을 의미 있는 장소로 받아들이게 하려는 의지가 대단했다. 서독의 수도 본이 베를린에서 600km 이상 떨어져 있지만, 서독 대통령들이 꼭 한 번은 이 동물원을 찾게 하려고 온갖 애를 썼다. 결국 모든 대통령이 동물원을 방문하게 되었고, 심지어 동물을 한사코 싫어하는 구스타프 하이네만 대통령(1969~74년 재임)까

 타인의 동물원: 동서 베를린 동물원의 무한경쟁

지 오게 했다. 동쪽의 다테에게는, 자신과 티어파르크의 입지를 동독뿐 아니라 국경 너머에서까지 굳건하게 하는 게 중요했다. 동독 공산당 정치국원들의 환심을 산 게 큰 도움이 되었다. 집권 사회주의통일당의 거물들인 프리드리히 에베르트 2세나 귄터 샤보프스키처럼 동물을 좋아하는 이들의 환심을 산 게 특히 그랬다. 하인리히 다테의 가까운 친구이자 하노버 동물원 원장이었던 로타어 디트리히는 "다테가 서독에서 활동했다면 클뢰스가 동독에서 활동하는 것보다 나을 게 없었을 것이다."라고 했다. 이어 "그들은 자신들에게 가장 어울리는 곳에서 승자였다."라고 덧붙였다. 나라가 뒤바뀐 상황이었다면, 그들은 큰 실패를 맛봤을 것이다.

다테와 클뢰스는 각자의 게임에 능통했을지언정 순진한 점도 있었다. 다테는 동독이 종말을 고할 때까지 동독 비밀경찰이 자신을 결코 도청하지 않았을 거라고 굳게 믿었다. 클뢰스는 나치당원 출신이자 (나치 제국원수를 지낸) 헤르만 괴링의 가까운 친구였던 전임자 루츠 헤크를 독일동물원장협회VDZ의 명예 회원으로 추천함으로써 자신이 다테보다 더 둔감하다는 것을 드러냈다. 정치는 그들의 동물과 관련될 때만 그들의 관심사였다.

두 사람에겐 동물원이 최우선이었고 그 무엇보다, 심지어 가족보다도 훨씬 더 중요했다. 두 사람의 동물원이 그들의 '가족'이었고, 때때로 부인과 아이들은 식객에 지나지 않았다. 냉전 시대 베를린에서 동물원장은 오전 9시부터 오후 5시까지 일하는 자리가 아니었다. 소명을 받은 자리였다. 클뢰스와 다테는 '동물 친화 인간들'이었다. 이 표현은 동물원 사람들이나 서커스 단원들이 동료 사람보다 동물과 더 잘 지내는 이들을 묘사하는 데 쓴다.

동물원장 두 명이 분단된 도시의 반쪽에서 발휘한 정치적, 사회적 영향력은 냉전 시대라는 환경에서만 가능했다. 또한 베를린 사람과 동물 사이의 특별한 유대감의 부산물이기도 했다. 베를린 사람들은 동물을 그저 사랑한 게 아니라 동물에 집착했다. 그 어떤 도시에서도 베를린에서만큼 많은 동물이 '요인'으로 대접받지 않았다. 1920년대 말 베를린 동물원에 들어온 첫 번째 고릴라 '보비', 2차 세계대전에서도 살아남은 몇 안 되는 동물인 하마 '크나우치케', 북극곰 '크누트'는 죽었을 때, 영국 다이애나 왕세자비만큼이나 많은 조화, 추모 엽서, 봉제 인형이 쏟아져 들어왔다.

베를린 장벽은 동물원 운영자들의 영역을 나누는 방호벽이었다. 서로 분리된 영역에서 원장들은 경쟁자 없이 군림했고, 반대쪽에 다른 동물원이 있다는 사실을 자신의 동물원을 키울 구실로 삼았다. 두 동물원은 절반짜리 도시의 상징이자 그 정치 체제를 구현하는 존재가 되었다. 베를린 동물원은 서베를린이라는 섬의 보물이었고, 장벽으로 둘러싸인 도시 공간을 채운 동물종의 보고였다. 철의 장막 반대편에 있는 티어파르크는 널찍하고 광활한 곳이었다. 다만 한 덩어리로 설계한 것이 아닌 데다가 결코 완성되지도 못했다. 계속 건설 중인 사회주의 이상향이었던 것이다.

사람과 동물의 관계를 집중 연구한 카셀대학 소속 역사학자 미케 로셔의 표현을 빌리자면, 분단된 베를린에서는 "경계 안에 갇혀 있다는 느낌이 어디서든 감지되었다. 어떤 면에서는 서베를린과 동베를린 자체가 동물원이었다." 동물원은 냉전의 긴장 속에서 망가지지 않은 세계를 엿볼 수 있는 피난처였다. 하지만 낙원이라고 부르

던 이 공간 내부는 엄격한 위계질서가 지배했다. 사정에 밝은 이들
은 두 동물원이 시청, 법원, 때로는 제3차 세계대전 발발을 막기 위
해 구축된 국제 군사 연합처럼 엄격하게 운영되었다고 주장했다.

루츠 헤크는 나치 시대에 베를린 동물원의 원장이었다.

1장

전쟁과 악어꼬리 수프

그날은 확실히 폭탄이 쏟아지지 않을 터였다. 초저녁에 안개가 내리깔렸고, 곧이어 짙은 구름이 베를린 하늘을 가렸다. 이런 날씨에 적군의 전투기 조종사들이 어떻게 목표물을 조준할 수 있을까? 동물원은 어둡고 고요했으며, 관람객들이 떠난 지 한참 지났고 출입문은 모두 닫혔다.

　이날은 1943년 11월 22일이었다. 지난 몇 달 동안 영국 공군의 베를린 공습이 더 강해졌지만, 동물원은 2년 전 6차례 공격을 당한 이후 지금까지 거의 공습을 모면해 왔다. 그럼에도 루츠 헤크는 꼼꼼히 대비했다. 동물원장은 소이탄이 떨어질 때 어떻게 대처할지 직원들을 반복적으로 훈련했다. 그 자신도 동물들이 우리를 탈출할 경우를 대비해 11㎜ 구경의 코끼리 총 두 자루를 구입해 두었다. 다른 동물원들은 만일의 사태를 위해 포식 동물들을 사살하기도 했다. 헤크가 마련한 총은 적어도 당분간 이렇게 과격한 선제 조처를 피할 수 있는 방편이었다.

헤크는 1933년부터 히틀러 친위대의 후원 회원이었고, 1937년부터는 나치당 당원이었다. 또 독일 제국의 '사냥의 달인' 헤르만 괴링과 가까운 친구였다. 괴링은 나치 '제3제국'의 서열 2위였고, 베를린 인근 쇼르프하이데 숲에 있는 시골 별장 '카린할Carinhall'에서 헤크가 가져다준 애완용 새끼 사자를 키웠다. 새끼 사자가 자라서 집에 두기 위험해지자, 헤크는 이 사자를 데려가고 곧바로 다른 새끼를 제공했다.

동물학자들 사이에서 헤크는 늘 논쟁거리였다. 헤크는 뮌헨의 헬라브룬 동물원 원장을 맡고 있던 자신의 형제 하인츠와 함께, 17세기에 멸종한 유럽 소 오록스를 복원했다. 가축 소 여러 종을 교배하되, 새끼가 야생 소 형태를 닮을 때까지 교배 작업을 계속했다. 많은 동료들은 이런 식의 복원이 과학적이지 않다고 비판했지만, 루츠 헤크는 사냥의 달인 괴링을 동원해 협박함으로써 적들을 금세 침묵시킬 수 있음을 알았다. 괴링은 참신하고 별난 사냥 기념물이 창조될 것을 기대하면서 사육 사업 촉진에 관심을 기울였다. 그는 1938년 헤크를 제국 삼림청의 자연 보존 책임자로 임명한 데 이어, 그해 총통 아돌프 히틀러의 생일인 4월 20일 헤크에게 명예 교수직을 수여했다. 이보다 몇 년 전에는 베를린 동물원 북쪽의 상당한 땅을 제공해 특별 '독일 동물원'을 세울 수 있게 했다. 이 동물원은 (검은)멧닭, 비버, 불곰 등 독일 제국에 서식하는 동물들만 전시했다. 오크 나무들이 우리 경계에 심어졌고, 동물 소개 안내판은 작은 나치 휘장으로 장식되었다.

헤크는 1931년부터 베를린 동물원 원장을 맡았다. 이곳은 독일에서 가장 오래된 동물원으로 1844년에 세워졌다. 1,400종의 동물 4,000마리 이상이 있는 세계 최대의 종 다양성을 자랑하는 곳이었다. 주주들로 구성된 조직이 소유하고 있으며, 주식 4천 주를 베를린 거주자들이 나눠 갖고 있었다. 주주들은 배당금을 받지 않는 대신 자신과 가족들이 동물원을 무료로 입장하는 혜택을 누렸다. 그래서 이 동물원은 관람객, 적어도 주식을 살 만큼 여유가 있거나 운 좋게 주식을 물려받은 관람객들의 소유물이었다.

루츠 헤크는 아버지로부터 동물원장 자리를 물려받았다. 추밀 고문관 루트비히 헤크는 이 동물원을 유명하게 만든 사람인데, '국가사회주의'라는 용어가 존재하기 전부터 자신은 국가사회주의자였다고 떠벌렸다. 그의 아들은 나치의 지침을 완벽하게 따르며 동물원을 운영했다. 1938년 7월에 헤크는 유대인 주주들에게 주식을 동물원에 매각하도록 요구했다. 보통은 공정 가격보다 훨씬 싸게 넘기도록 했는데, 동물원은 이렇게 사들인 주식을 더 높은 가격에 되팔았다. 그해 말에는 유대인의 동물원 방문이 금지되었다.

헤크는 독일의 모든 동물원을 자기 아래 두려고 시도한 적도 있다. 나치는 이를 허용하면 그가 너무 많은 직책을 갖게 된다고 보고 허락하지 않았다. 그럼에도 헤크 가문과 당의 밀접한 관계는 다른 동물원들에도 도움이 되었다. 2차 세계대전 발발 이후에는 더욱 그랬다. 전쟁 중에는 동물 사료 공급에 자주 문제가 발생했는데, 보통은 루츠 헤크가 이를 빠르게 해결해줄 수 있었다. 1차 세계대전 때와 달리, 당시에는 많은 동물원의 동물들이 굶어 죽었다. 그러나 전쟁으로 가장 큰 이득을 본 곳은 헤크가 운영하는 베를린 동물원이었다. 헤크는 강제 노역에 동원된 이들을 활용했고, 독일의 러시아 침공 덕분에 동유럽 동물원들로부터 동물들을 확보할 수 있었다.

그러나 1943년 11월 확장의 시대가 끝났다. 독일 국내도 이미 한참 전부터 전쟁에 휘말린 상황이었다. 헤크는 동물을 돌보는 직원들 얼굴에서 의문 하나를 감지했다. "우리가 여기서 살아 나갈 수 있을까?" 그는 동물 250종 750마리를 다른 도시로 옮기는 사전 조치를 한 바 있었다. 태즈메이니아 데빌(주머니곰) 한 마리는 프랑크푸르트로, 기린 한 마리는 오스트리아 빈으로, 수족관에 있던 동갈치들은 라이프치히로, 야생 나귀와 사자들은 브레슬라우(현재는 폴란드 영토인 브로츠와프)로 옮겼다. 헤크는 남은 동물들을 보호하려고 구멍이 난 철제 상자들을 땅에 세우고 흙으로 덮었다. 그 모양이 두더지가 파 놓은 거대한 두둑 같았다. 사육사들에게는 위험이 사라질 때까지 이 대피소에 머물라는 지시가 내려갔다. 부다페스트 거리 쪽 입구에는 지하 방공호도 세워졌다.[1]

'구스타프'라는 별명으로 불린 대공포 탑이 그에게 불안감을 주기 시작했다. 강화 콘크리트로 만든 이 탑은 중세 시대 요새처럼 동물원 북서쪽 경계에 큰 덩치로 자리 잡고 있었다. 이 탑은 공습 때 군인과 민간인을 보호하기 위한 것이었지만, 헤크는 이 탑이 영국군과 미군 폭격기의 손쉬운 목표물이 되리라고 걱정했다. "우리가 여기서 살아 나갈 수 있을까?"라는 질문은 이제 헤크도 곰곰이 생각하는 질문이 되었다.

1943년 11월 22일 월요일은 별다른 사건 없이 지나갈 것 같았다. 동물원 경계 끝에 있는 직원 숙소에서는 몇몇 사육사들이 맥주 몇

---

1 부다페스트 거리(Budapester Straße)는 베를린 동물원과 쿠어퓌르스텐담으로 연결되는 서베를린의 주요 대로이다.

　타인의 동물원: 동서 베를린 동물원의 무한경쟁

병을 앞에 놓고 동료의 생일을 축하하고 있었다. 동물원 담장 너머의 사람들도 늘 하듯 전쟁의 일상을 떨쳐낼 여흥을 찾았다. 많은 사람이 칸트슈트라세에 있는 오페라 극장으로 향했다. 그들은 프로그램 안내문에 적힌 공습 발생 시 대응요령에는 관심을 기울이지 않았다. 어떤 이들은 코미디 판타지 영화「뮌히하우젠」을 보러 극장으로 갔다. 이 영화는 컬러로 찍은 신작이었으며, 꾸준히 인기를 누린 배우 한스 알베르스가 포탄을 타고 하늘을 나는 영화다. 뮤지컬 영화「거대한 도시의 멜로디」를 보러 나온 이들도 있었다. 사람들은 나중에 이 영화가 전쟁으로 파괴되기 전 베를린의 영광을 보여주는 마지막 영화라고 평했다. 그런데 안개 낀 11월의 밤에 그 누구도 이를 예상할 수는 없었다.

밤 7시 25분에 동물원의 수위실로 전화가 걸려 왔다. 공습경보 사령부에서 온 전화였다. "강력한 전투 비행 편대가 하노버에서 동쪽으로 접근하고 있다. 몇 번의 충격이 뒤따를 것이다." 수위들은 서둘러 소식을 전했다. 몇 분 만에 동물원 전체 부서가 소식을 들었다. 사육사들은 부인과 아이들을 대피소로 보냈다. 5층짜리 대피소는 약 2만 명을 수용할 수 있는 규모였다. 사육사들은 두둑 형태의 동물 보호소로 이동했다. "별일 없을 거야. 이렇게 안개 낀 날에? 불가능해!"라며 서로를 안심시켰다.

30분 뒤에 폭격기가 처음 도착했다. 20분 동안 영국 폭격기 753대가 2,500톤의 폭탄을 쏟아부었다. 그날 밤에만 동물원에 큰불 21건이 이어졌다. 코끼리탑 지붕이 꺼지면서 하얀 코뿔소 한 마리와 코끼리 7마리가 죽었다. 그중 한 마리는 지붕보에 깔려 죽었다. 복부에서 빠져나온 내장이 말린 매트리스처럼 굵게 매달려 있었다. 수컷 코끼리 '시암'이 홀로 살아남았다. 당시 동물원에 있던 2천 마리의 동물 중 700마리가 이때 죽었다.

다음 날 녹초가 된 사육사들은 얼굴에 검댕을 묻힌 채 전쟁 포로 한 무리와 함께 청소에 나섰다. 불을 끄고 잔해를 치웠다. 잔해 아래서 동물 사체가 계속 나왔다.

그날 밤 공격이 재개되었고 샤를로텐부르크 지구와 인근의 한자피어텔 지구가 폐허가 되었다. 공습이 그치자, 사육사들은 불을 잡기 위해 대피소에서 서둘러 나왔다. 폭격으로 도시 내 수도관이 다수 파괴된 탓에 통과 양동이로 물을 날라야 했다. 모두가 힘을 보탰다. 수족관 관장 오스카어 하인로트의 부인 카타리나 하인로트는 호스를 들고 빨간 벽돌로 된 하마관 앞에 서서 지붕에 붙은 화염을 잡으려 애썼다. 옆에서는 하마들이 천진한 눈길을 보내며 공포에 질려 야외 탱크 주변을 불안하게 맴돌았다. 한 살짜리 하마 크나우치케는 자기의 대리모 옆에서 떨어지지 않으려 했다.

불을 끄는 데 얼마나 시간이 걸릴지 가늠이 어려웠지만, 마침내 새벽에 불이 잡혔다. 숯으로 변한 지붕보에서는 하마들 머리 위로 물이 떨어졌다.

박사 학위를 소지한 폐허 복구 여성[2]

카타리나 하인로트는 1897년 폴란드 국경 근처인 브레슬라우에서 카타리나 베르거라는 이름으로 태어난, 수족관 관장의 두 번째 부인이다. 그녀가 오스카어 하인로트의 비서로 일하기 시작한 1932년에 이미 두 사람은 이혼 경력이 있었다. 그녀는 비서로 있으며 오

---

2 Trümmerfrauen. 2차 세계대전 이후 독일과 오스트리아에서 전후 복구에 나선 여성들을 가리킨다.

  타인의 동물원: 동서 베를린 동물원의 무한경쟁

스카어의 책『중부 유럽의 새들』원고를 타자 쳐 주었다. 오스카어는 베를린 수족관을 만들어 세계 굴지의 수족관으로 키우는 데 핵심 역할을 했지만, 무엇보다 먼저 조류학자였다. 두 사람은 함께 일하면서 가까워졌고 이듬해 결혼했다. 둘은 수족관 옥상에 있는 그들의 아파트 테라스에서 전서구를 키웠고, 전서구의 방향 감각을 함께 연구했다.

카타리나 하인로트 자신도 경력이 화려했다. 22살에 브레슬라우 대학의 동물학, 식물학, 고생물학, 지질학, 지리학 박사 과정에 들어갔다. 당시 이 분야에 진출하는 젊은 여성은 장래 전망이 암울했다. 그녀는 졸업 전에 이미 4건의 청혼을 받았다. 이는 그녀의 관심 과목 개수와 같은 것이었다. 그의 논문 지도교수는 "남자를 거쳐가며"라는 표현을 쓰며 그녀가 남자를 만나느라 연구에 집중할 시간이 부족할 거라고 걱정하곤 했다. 그러나 4년 뒤 그녀는 이 대학의 동물학 연구소에서 여성으로는 처음으로 박사 학위를 받았다. 성적도 딱 최우등이었다. 대학 졸업 이후 20여 년 동안 그녀는 밤마다 벌과 톡토기 곤충을 연구했고, 낮에는 비서, 도서관 사서, 행정 보조원으로 생계를 꾸렸다. 이는 당시 여성이 얻을 수 있는 최고의 일자리였다.

*

카타리나 하인로트가 하마관의 불을 끄는 동안, 베를린 시내에서는 동물들이 동물원을 탈출했다는 소문이 돌았다. 코끼리들은 베를린의 주요 번화가인 쿠어퓌르스텐담 너머로 달아났고, 사자들은 카이저 빌헬름 기념교회의 폐허 주변을 어슬렁거린다고들 했다. 호랑이 한 마리는 분주한 포츠담 광장까지 진출했다가, 폭탄에 맞아 파괴된 '요스티' 카페에서 꿀 바른 전통 케이크 '비넨슈티히' 한 조각을 먹고는 알 수 없는 이유로 죽었다고들 떠들었다. 그러나 맹렬한 불에서 가까스로 살아남은 동물들은 너무 무서워 도망칠 엄두도 내지 못했다. 그냥 폐허 속에 웅크리고 있었다. 독수리들조차 날아가지 않고 산산조각 난 새장의 가지에 앉아 있었다. 열대 지역의 코뿔소 사촌 격이지만 생긴 건 돼지를 닮은 동물인 맥貘은 우리 앞에서 연기를 내뿜는 잔해의 불을 쬐려고 우리의 창살에 몸을 바싹 붙이고 있었다. 악어 한 마리가 부다페스트 거리에 있는 수족관 입구에서 발견되었다. 강력한 폭발의 충격으로 열대관에서 빠져나온 이 악어는 한밤의 추위에 시달리다 죽었다. 날이 추워서 악어의 살이 썩지 않았기 때문에 며칠 동안 악어꼬리 수프가 굶주린 동물원 직원들에게 제공되었다. 직원들은 조금이나마 고기가 든 수프를 고맙게 여겼다.

그사이 공습은 점점 더 가혹해졌다. 낮에는 미군이 베를린에 폭탄을 쏟았고, 밤에는 영국군이 임무를 넘겨받았다. 그리고 소련의 적군赤軍이 동쪽에서 독일 수도로 매일 조금씩 접근해 왔다.

이런 상황은 1945년 부활절 직전 오스카어 하인로트가 폐렴에서 서서히 회복할 때까지 18개월 동안 이어졌다. 74세의 이 수족관 관장은 추운 날 공습을 피해 대피소에서 보내면서 끔찍한 대가를 치렀다. 간호사가 기력을 회복시킬 주사를 놓다가 실수로 신경을 건드린 통에 그의 오른쪽 다리가 마비되고 말았다. 카타리나는 오래도록 남편의 연구를 뒷받침한 데 이어 이제 간호까지 떠맡게 되었다. 남편에게 (단백질 섭취 부족 등에 따른) 영양성 부종이 나타나자, 그녀는 루츠 헤

　　타인의 동물원: 동서 베를린 동물원의 무한경쟁

크에게 산양유를 매일 제공해 달라고 부탁했다. 그러나 식품이 부족한 데다가 동물원장은 하인로트의 비둘기 연구를 결코 좋아하지 않았고, 더구나 그가 유대인 과학자나 반체제 과학자들과 접촉하는 것은 더 싫어했다.

두 사람의 대화는 오랜 적개심을 상기시키면서 금방 언짢아졌다. 헤크는 "하인로트 씨가 수족관의 자기 업무에 충실했더라면 더 좋았을 것"이라고 날을 세웠다. 이어 "앞으로는 모든 사람의 연구 주제를 미리 조정하도록 확실히 조처할 것입니다."라고 덧붙였다. 카타리나는 "그렇다면 새로운 발견은 생각지도 말아야 할 겁니다. 관료주의에서 천재성이 나온 적은 없으니까요."라고 날카롭게 대꾸했다. 절제는 결코 그녀의 장점이 아니었다. 두 사람은 꽤 오래 옥신각신했고, 헤크는 결국 포기하고 산양유 제공을 승인했다. 그는 "누구와도 그렇게 오래 싸워본 적이 없다."라는 말로 깊은 인상을 표현했다. 그는 반박을 당하는 데 익숙하지 않았다. 여성에게 반박당하는 건 말할 것도 없었다.

동물원 내 참호

4월 말이 되자 루츠 헤크가 언급한 '미래'는 없다는 것이 분명해졌다. 여전히 독일이 승리할 가능성을 믿는 몇몇 완고한 영혼들은 대공포로 소련 적군의 진격을 저지하려 애썼다. 대공포가 설치된 거대한 탑은 명백한 공격 목표였고, 이 탑을 겨냥한 폭탄 여러 발이 옆에 있는 동물원에서 터졌다.

헤크는 자신의 부인과 아들들의 피란 계획을 마련해 그들을 서쪽으로 보냈다. 카타리나 하인로트 또한 자신과 남편의 안전을 강구하려고 애썼다. 그러나 오스카어는 다시 걸을 수 없었다. 그가 피란에 나설 수 있었을지라도 동물원을, 특히 30년 이상 이끌어온 수족관을 떠날 리가 없었다. 그는 부인에게 "여기 남읍시다. 나는 차라리 모든 것과 함께 침몰하겠소."라고 조용히 말했다.

4월의 마지막 며칠 동안 동부 전선은 동물원을 가로지르는 지점까지 옮겨 왔다. 소련 탱크 몇 대가 동물원 벽까지 밀고 들어왔다. 남아 있던 동물원 직원들은 '국민돌격대Volkssturm'라는 민병대에 징집되어 동물원에 진지를 구축해야 했다. 그들은 전투가 잠깐 소강상태에 들어간 사이에 얼마 남지 않은 동물들을 돌봤다.

4월 30일 저녁이 되자, 소련 적군이 동물원을 직접 공격하는 건 시간문제임이 분명해졌다. 루츠 헤크는 적군의 동물원 공격 전에 도망쳤다. 그는 자신의 앞날을 예감했다. 러시아인들은 그가 동유럽의 동물원에서 동물들을 징발했고, 우크라이나에서는 야생말 무리를 납치했다는 이야기를 이미 전해 들었다. 베를린에 제대로 굴러가는 차가 거의 없어서 그는 자전거를 타고 도망쳐 거의 200km 정도 떨어진 라이프치히까지 가는 데 성공했다. 라이프치히에 도착해서는 현지 동물원장 카를 막스 슈나이더의 집으로 갔다.

슈나이더는 문을 열어 누가 자기 집 앞에 서 있는지 보고는 깜짝 놀랐다. 헤크는 "같은 동물원 업계 사람으로서, 하룻밤 묵기를 청합니다."라고만 말했다. 당시 마흔여덟 살이던 슈나이더는 1차 세계대전 때 장교로 복무하다가 왼쪽 다리를 잃은 바 있다. 오랜 사민주의자인 그는 1938년까지 나치당 가입을 거부했으나 상부의 압박에 굴복해 입당했다. 그는 헤크에게 회의적인 시선을 보내다가 바지 주머니에서 열쇠 꾸러미를 꺼냈다. 그는 "여기 내 아파트 열쇠가 있어

　　　　　타인의 동물원: 동서 베를린 동물원의 무한경쟁

요."라고 한 뒤 "그러나 나는 당신과 한 지붕 아래서 밤을 보내지 않은 거요. 내가 내일 아침 6시에 집에 돌아오면 떠나시오."라고 말했다. 슈나이더는 집을 나서 친구들에게 갔다. 다음 날 그가 돌아왔을 때 헤크는 사라지고 없었다. 헤크는 꽤 오래도록 몰래 숨어 지냈다.

*

연기가 베를린을 뒤덮었다. 둔탁한 폭발음이 마침내 사라졌을 때 동물원 구내는 폐허로 변해 있었다. 부다페스트 거리 쪽 출입문에 세워진 코끼리 석상 두 개는 마치 침묵하는 파수꾼처럼 보였고, 석상이 바라보고 있는 입구는 엉망으로 망가져 있었다. 망가진 두 개의 기둥 사이로 부서진 아치가 가까스로 매달려 있었다. 무어인 건축 양식으로 지은 '영양관'은 이제 두 개의 뾰족탑과 굴뚝 하나만 남은 파편 더미가 되었다. 어린 말 한 마리는 벽돌이 수북하게 쌓인 데서 풀밭의 흔적을 찾아 맴돌고 있었다. 우리 너머에는 배가 푹 꺼지고 바싹 마른 늑대 한 마리가 있었지만, 너무 기운이 없어서 말을 쫓지도 못했다.

헤크 동물원장이 도망치고 난 뒤, 카타리나 하인로트가 책임자로 나서 동물원 대피소 내 부상자들을 돌봤다. 그중에는 죽어가는 그녀의 남편도 있었다. 그녀는 소련군이 작전 대상에서 빼 줄 것을 기대하며 대피소 문에 적십자가 그려진 하얀 천 조각을 붙였다. 오스카어는 병상에 누워 자기 부인에게 총상 환자에게 붕대를 감는 방법을 알려 주었다. 몇 시간 뒤 소련 적군 병사들이 동물원에 들이닥쳤다.

오스카어는 부인에게 마지막으로 부탁했다. 그는 "독약 좀 가져다줘요."라고 속삭였다. 그런데 독약은 무너진 아파트 내 오스카어의 서재 책상 서랍에 있었다. 카타리나가 거기까지 어떻게 가겠나? 주변은 온통 군인들 천지였고, 어찌 되었든 카타리나는 남편을 홀로 둘 생각이 없었다. 그래서 "우리는 어쨌든 견뎌낼 거예요."라고 부드럽게 말하며 남편을 달랬다. 남편은 실망해 한숨을 쉬었다.

다음 날 아침 군인들이 대피소 안에 있던 이들을 모두 밖으로 불러 모았다. 카타리나는 남편을 수족관 지하의 습하지 않고 조용한 구석으로 데려갈 수 있었지만, 오래 숨길 수는 없었다. 그날 내내 여러 무리의 소련군들이 무너진 벽 사이를 돌아다녔다. 음식과 술을 찾거나, 누가 동물원을 통제하는지 독일인들에게 과시하려는 행동이었다. 부인들은 강간을 당했고, 아내를 지키려고 하거나 지시에 불응하는 남자들은 총을 맞았다. 하인로트와 그녀의 남편은 폐허 속을 몇 번씩 옮겨 다니며 숨었지만, 그때마다 발각되었다. 결국 군인들이 카타리나를 보자 "작업, 작업Raboti!"이라고 외쳤다. 그들은 카타리나를 붙잡아 강간했다.

결국 그녀는 남편을 수족관에서 빼낼 수 있었다. 그가 너무 아파 홀로 서지 못했기에 그녀는 외바퀴 손수레에 실어 끌며 새로운 은신처를 찾아다녔다. 그러나 근처의 지하실 대부분은 사람들로 북적였다. 그들은 며칠에 한 번씩 옮겨 다녀야 했다. 소련군이 동물원을 떠나자, 카타리나 하인로트는 자신들의 아파트로 돌아가 방 한 칸을 대충 정돈했다. 그 뒤 동물원 직원 두 명의 도움을 받아 남편을 집으로 데려왔다.

오스카어 하인로트는 5월 31일 숨을 거두었다. 카타리나는 이제 혼자였다. 그녀는 동물원 목수에게 부탁해 부서진 건물의 문으로 관을 만들었고 남편을 그 관에 담아 화장했다. 몇 주 뒤에야 남편을 동물원 부지에 묻을 수 있었다.

이제 그녀는 앞으로 나아가야 했고, 브레슬라우대학 시절 논문 지도 교수의 신조를 상기했다. "뭔가를 하면 기분이 좋아질 것이다." 그녀는 항상 이 말을 따랐고, 이는 인생의 어두운 시기를 견디는 데 도움이 되었다. 그래서 그녀와 남은 동물원 직원들은 혼돈에서 질서를 찾는 작업에 나섰다. 그들은 동물원을 청소하면서 건물 잔해 속에서 숨진 사람 82명을 발견했다. 먼저 죽은 동물들처럼 이 주검들도 공동묘지에 묻혔다.

이 전쟁에서 살아남은 동물은 단 91마리였다. 그중에는 순록과 일본에서 가져온 희귀종인 넓적부리황새도 있었다. 넓적부리황새는 두루미만 한 크기에 털은 회색이며 족쇄 모양의 부리가 있다. 원래 서식지는 아프리카 나일강의 습지다. 이밖에 수컷 코끼리 시암과 어린 하마 크나우치케도 살아남았다. 전쟁 막바지에 떨어진 폭탄 때문에 하마관이 파괴되면서 크나우치케의 어미는 중상을 입고 죽었다. 사육사들은 크나우치케의 피부가 마르지 않도록 하루에도 몇 번씩 물을 끼얹어 주었다. 몇몇 동물은 어느새 사라졌는데, 굶주린 베를린 사람들이 잡아가 도살했다. 나머지 동물들은 임시 우리에 수용되었고, 넓적부리황새는 부서지지 않고 남아 있던 화장실 한 곳으로 들어갔다.

헤크가 사라졌으니 이제 동물원에는 원장이 없었다. 전에 관리 이사로 있던 한스 아몬이 원장 자리를 차지하려 했지만, 전직 동물원 운전기사에 의해 나치당 당원이라는 사실이 폭로되어 물러날 수밖에 없었다. 소련 사람들은 이 운전기사를 동물원 복구 책임자로 임명했다. 그는 200명의 '폐허 복구 여성'들을 모아 왔고, 1945년 7월 1일에 동물원은 표면상 복구된 모습으로 다시 문을 열었다. 몇 주 뒤 또 다른 남성이 나타났다. 그는 동물원 내 식당에서 시간제로 일하던 웨이터인데, 자신이 동물원 운영 책임을 맡았다고 주장했다. 전화도 우편도 작동하지 않았기 때문에, 사실을 확인할 길이 없었다. '원장' 두 명의 다툼은 몇 주 동안 이어졌다. 그래도 두 사람의 의견이 맞는 건 있었다. 카타리나 하인로트를 폐허 복구 여성들에게 보내 일을 시키자는 것이었다. 이들과 일하면서 카타리나가 한 작업은 동물 우리 안내판을 몇 개 만드는 것이었다.

동물원 복구가 진행되는 동안 미국, 소련, 영국, 프랑스 정부가 정식으로 독일 공동 관리를 맡게 되었다. 그들은 나라를 부분적 자치가 허용되는 4곳의 점령 구역으로 나눴다. 소련 점령 구역 안쪽 깊숙이 위치한 베를린도 4개 구역으로 나뉘어 4개 연합군의 관리 아래 들어갔다. 베를린 동물원은 하루아침에 명목상 영국 통제를 받았다.

점령군들이 동물원 책임자를 둘러싼 혼란을 접하자, 새로 설립된 광역 베를린 시 정부에 이 문제를 최종적으로 정리하게 했다. 시 정부는 베를린 최고 행정 기관으로, 4개 점령 구역을 총괄했다. 이 결정 직후 카타리나 하인로트는 8월 3일 옛 시 청사에 출석하라는 서면 통지를 시 정부로부터 받았다. 출석 이유는 적혀 있지 않았다.

베르너 슈뢰더도 같은 통보를 받고 8월 3일 아침에 빌머스도르프 구역에 있는 자신의 집에서 도심까지 8km를 걸어갔다. 그는 공공 교육부 사무실로 가야 했다. 그 또한 출석 이유는 까맣게 몰랐다.

슈뢰더는 1930년대 베를린 프리드리히-빌헬름대학에서 동물학을 공부하던 시절 오스카어 하인로트와 접촉한 적이 있었다. 그러나 카타리나와는 모르는 사이였다. 두 사람은 이날 처음 만났고, 시 정부 문화부 책임자 요제프 나스는 하인로트가 임시 동물원장을 맡고 슈뢰더는 관리 이사이자 하인로트의 부관을 맡으라고 통보했다.

하인로트는 자신에게 기회가 주어진 건 역사적 순간의 이례적인 상황 때문임을 잘 인식했다. 이 역사의 순간에는 공석인 직책을 모두 채울 만큼 정치적으로 오점 없는 남성이 충분하지 않았다. 그녀는 나중에 친구들에게 이런 농담을 했다. "그들이 내게 시청으로 오라고 했을 때 내가 오스카어라고 생각한 게 분명해."

그렇게 해서, 정치적 비판의 여지가 없는 하인로트와 슈뢰더가 동물원 재건에 착수했다. 동물원 외곽 담장이 무너졌기 때문에 차량들이 동물원 부지를 가로질러 다녔다. 밤사이에는 사람들이 패거리를 지어 약탈하러 왔다. 동물원 관리자들이 호각을 불어 쫓아내려 했지만, 결국 은색 여우와 멧돼지, 사슴 한 마리씩을 잃었다.

9월 하순께 하인로트는 동물원장에 공식 임명되었고, 이로부터 한 달은 지난 뒤 연합군은 공식적으로 이 동물원의 문화적 가치를 인정하고 동물원이 파산을 가까스로 면할 정도의 금액을 공공자금에서 지원하기로 했다. 전쟁이 끝난 다음 해에는 재건 작업이 거의 이뤄지지 못했다. 하수도 시설과 전력 공급망이 다시 가동되어야 했으며, 동물들의 먹이도 부족했다. 동물원 안의 놀리는 땅에 채소를 심었고, 담배도 함께 심었다. 담배는 바로 돈이 된다. 하인로트는 절반쯤 파괴된 새장과 동물 우리에서 동물들을 찾기 쉽게 안내판을 설치하게 했다. 그녀는 어느 날 부서진 마구간에서 나무판자를 뜯어가려는 도둑을 잡기도 했다. 그녀와 마주치자, 도둑은 "나는 동물원

주주로서 이럴 권리가 충분해요!"라고 매섭게 대꾸했다.

1946년 1월 미국 「에이피통신AP」은 "한때는 다채롭고 사랑 받던 시설의 황량한 폐허에서 딱 200마리의 동물이 살고 있다."라고 썼다. 그래도 한 해 전보다는 상황이 훨씬 덜 끔찍했다. 새로 동물을 살 돈은 없었지만 베를린 주민 수백 명이 기르던 애완동물을 데려왔다. 특히 앵무새가 많았다. 애완동물들이 집에 있는 것보다는 동물원에서 사는 게 나을 거라는 기대 때문이었다. 오스트리아 빈으로 피란 갔던 '리케'라는 이름의 기린이 돌아왔고, 동물원 직원들은 몇 종의 동물을 새로 사도록 한 달치 월급을 내놓았다. 하인로트는 이 돈을 펭귄을 사는 데 썼다. 하인로트는 애완동물을 키우는 주민들을 위한 상담 시간도 마련했다. 기르는 앵무새가 왜 자기 깃털을 잡아 뜯는지, 개들이 왜 말을 듣지 않는지 등을 알고 싶어 하는 사람들을 위한 것이었다.

크나우치케를 위한 양배추

1947년 8월 말에 동물원은 또다시 폭발로 흔들렸다. 영국군이 근처의 공습 대피소 해체 작업에 들어간 것이다. 동물원에 있던 649마리의 동물 모두를 한 마리씩 나무 상자에 넣어 동물원 밖으로 이동시켜야 했다. 그런데 대피소가 너무 커서 폭발물 20톤을 쓰고도 모두 철거하지 못했다. 해체 작업은 다음 해에도 이어져야 했다. 이때는 해체 작업이 사소한 문제였다. 동물원은 더 큰 문제에 직면했다.

거의 한 해 내내 이어지는 서베를린 봉쇄가 동물원에 완전히 새로운 골칫거리를 던졌다. 점령군들은 이때까지 거의 몇 년 동안 새 단일 화폐 도입을 놓고 논쟁을 이어왔다. 그런데 1948년 6월 서방 점령 세력 3개국은 자신들이 관할하는 서베를린 지역에 새로운 도이체 마르크를 도입하겠다고 발표했다. 논의 대상에서 배제된 소련은 즉각 맞대응했다. 6월 23일 밤, 베를린 서부 지역의 전등이 꺼졌고 전력 공급이 끊겼다. 소련 적군은 모든 거리와 수로도 봉쇄했다. 공급을 외부 세계에 의존하는 서베를린이라는 섬에서 하늘을 뺀 모든 통로가 막혔다. 연합국은 200만 명의 주민들에게 식량을 공급하기 위해 공수작전을 펼쳤다.

동물원도 도시가 굶주리지 않게 나름의 역할을 하라고 요구받았다. 새 영국군 사령관이 카타리나 하인로트에게 임무를 통보했다. 나무를 모두 자른 뒤 공터에 시금치를 심고, 동물들을 전부 빼내고 닭장을 설치하라는 것이었다.

하인로트는 큰 오크 나무가 쓰러지는 장면을 상상만 해도 소름이 끼쳤다. 일부는 몇백 년이나 된 나무였다. 동물원은 문을 닫아야 할 터였고, 그녀는 한 번 문을 닫으면 다시 여는 건 거의 불가능함을 알았다. 그녀는 뒤셀도르프에서 벌어진 일을 뼈아프게 인식했다. 1876년 문을 연 뒤셀도르프 동물원은 2차 세계대전 동안에만 임시로 문을 닫기로 했으나, 결국 또다시 문을 열지 못했다. 그녀는 자신의 동물원이자 남편 오스카어의 동물원인 이곳을 똑같은 운명에서 구하고 싶었다.

하인로트는 명령에 저항했다. 그녀는 영국군 본부에 이의를 제기하고 베를린 녹지 계획국에도 불만을 토로함으로써 명령 이행을 늦추려 했다. 영국군 사령관은 태도를 누그러뜨린 뒤 동물원을 다시 방문했다. 이번에는 나무들이 그려진 지도를 가져왔다. 그는 절대적으로 보존해야 할 나무들을 표시하라고 요구했다. 주요 숲 지역은 전쟁으로 이미 망가졌고 많은 나무 꼭대기는 잘려 나간 상태였다. 그러나 하인로트는 예외 없이 모든 나무에 표시를 했다. 사령관은 법적 대응을 하겠다고 위협했지만, 하인로트는 주장을 굽히지 않았다. 그녀는 그해 내내 수많은 인사들과 논쟁을 벌였다. 그로부터 얼마 뒤 영국군 본부의 또 다른 장교가 그녀를 찾아왔다. 그는 "나무 문제는 잊으시오."라고만 말하고 갔다. 결국 한 그루도 잘려 나가지 않았다.

*

1949년 5월 미국, 영국, 프랑스 점령 구역이 주권 국가인 독일연방공화국(서독)에 통합되었다. 서베를린은 '사실상' 이 새 국가의 일부가 되었다. 하지만 소련은 이 도시의 지위를 놓고 그 후 몇십 년 동안 계속 다툼을 이어갔다. 서독이 탄생한 지 5개월 뒤인 1949년 10월 소련 점령 구역은 독일민주공화국으로 이름을 바꿨다. 동베를린은 새 사회주의 국가의 수도가 되었다.

베를린 동물원은 이런 격변 동안에도 계속 문을 열었다. 베를린 봉쇄 기간에 베를린 사람들이 아끼고 모아 두었던 양배추 꽁다리를 가져와 자신들이 가장 사랑하는 동물인 하마 크나우치케에게 먹였다. 그리고 이제 새로운 서독 주민 크나우치케는 동쪽에서 온 암컷을 맞이하게 된다.

전쟁 이후 유럽의 동물원에는 하마가 드물었다. 카타리나 하인로트에게는 크나우치케가 있었고, 라이프치히 동물원 원장 카를 막스 슈나이더에게는 암컷 두 마리, '그레테'와 '올가'가 있었다. 슈나이더와 하인로트는 상당 기간 동물들을 주고받았다. 서로 다른 나라이자 점점 상대를 적대시하는 두 나라의 동물원들이었지만 동물 교환은 방해받지 않았다. 정치적 경계 때문에 막히지는 않을 참이었다. 어찌 되었든, 종 생존이라는 훨씬 더 큰 문제가 걸려 있었다. 그래서 번식을 위해 동물들을 주고받았다.

암컷 하마 그레테와 올가는 화물 열차를 이용해 몇 번씩 서베를린으로 왔고, 대충 수리된 하마 우리에 임시로 수용되었다. 영국 군인들은 이 건물을 '공중화장실pissoir'이라고 불렀지만, 제 기능을 했다. 새끼 하마의 소유권은 오래전부터 이어진 농부들의 전통을 따라 결정되었다. 암컷이 수컷에게 가서 낳은 첫 번째 수컷 새끼는 암컷 주인의 소유가 되는 것이다.

그사이 관리 이사 베르너 슈뢰더는 심각한 재정 상황에 대응하려 애를 썼다. 동물원은 직원 임금과 동물 사료비를 감당할 만큼의 돈을 가까스로 마련하고 있었다. 그는 어떻게 해서든지 방문객을 더 모아야 했다.

슈뢰더는 권투광이었다. 학생 시절에는 두 차례나 독일 챔피언에 올랐다. 그는 동물원 부지 안에 작은 경기장을 마련해 권투와 레슬링 경기를 하기로 마음먹었다. 동물 박람회도 열었고, 영양관 근처 공터에서 아스트라 서커스단과 부슈아에로스 서커스단의 공연을 유치하는 데도 성공했다. 그는 옥토버페스트Oktoberfest를 열 생각도 했다. 카타리나 하인로트는 옥토버페스트 구상에 실망감을 표시했다.

그녀는 "동물은 모두 어쩌구요? 분명 소음과 소란을 견디지 못할 겁니다."라고 말했다.

슈뢰더도 이를 걱정하긴 했지만, 그가 알고 있는 동물원의 적자

규모는 심각했다.

그는 "우리는 문제에 깊이 빠져 있어요."라고 말했다. 그의 눈 주위 다크 서클이 그의 불안한 눈매를 더 두드러지게 했다. "우리는 이걸 시도해야 해요."

베를린 사람들은 생긋 웃는 하마 두 마리가 큰 맥주잔을 맞부딪히는 모습이 담긴 새 홍보 포스터를 접하곤 약간 당황했다. 포스터에서 하마 두 마리는 렙쿠헨헤르츠를[3] 목에 걸고 있었으며, 한 마리는 '그레첸', 다른 한 마리는 '크나우치케'라고 적혀 있었다. 그 위에는 '동물원에서의 옥토버페스트'라고 필기체로 쓰여 있었다. 순록, 앵무새, 곰이 있는 곳에 사격장과 회전목마가 등장하는 걸까? 나중에 확인되지만, 걱정은 기우였다. 축제는 대성공을 거두었다. 4주 동안 50만 명 이상이 동물원을 찾았고, 동물원의 생존을 보장할 재원을 제공했다. 하인로트의 걱정과 달리, 동물들은 소란을 거의 알아차리지 못했다.

홍보 포스터에 등장했던 하마 두 마리도 별 반응을 하지 않았지만, 그들이 흥분할 다른 이유가 있었다. 1950년 5월 '슈바벨'이라는 수컷 새끼가 태어났다. 이 새끼는 규정에 따라 라이프치히로 갔다. 2년 뒤 암놈 새끼 '불레테'가 태어났고, 이 암컷은 나중에 크나우치케의 새 짝이 된다. 이런 근친상간 문제는 요점을 벗어난 것이다. 하마는 드물었고 많은 관람객을 끌었으니, 너무 까다롭게 굴 수는 없다.

---

3 렙쿠헨헤르츠(Lebkuchenherz)는 '렙쿠헨(Lebkuchen)'이라는 독일의 전통 생강 과자를 하트 모양으로 만든 것으로, 옥토버페스트의 기념품으로 많이 만들어진다.

*

이 시기에 새로 주목을 받은 건 새끼 하마만이 아니었다. 전쟁 중 폭격에서 홀로 살아남은 코끼리인 시암이 1947년 죽은 이후 1951년까지 4년 동안 동물원에는 코끼리가 없었다. 하인로트는 코끼리가 없는 동물원은 진짜 동물원이 아니라는 것을 인정했지만, 코끼리를 새로 살 자금이 없었다. 어느 날 그녀는 신문에서 인도 총리 자와할랄 네루가 새끼 코끼리를 외국 동물원에 선물했다는 소식을 읽었다. 그녀는 지체없이 「미국 관할 구역 라디오 방송RIAS」에 연락을 취했다. 이 방송은 지역 학교를 위한 프로그램을 내보내고 있었는데, 베를린 학생들이 코끼리 선물을 부탁한다면 선물을 받을 가능성이 더 클 것으로 생각했다. 하인로트의 계획이 들어맞아, 어린 암컷 코끼리 '다트리'를 확보할 수 있었다. 세 살 먹은 1.6m 키의 다트리는 곧 '샨티'로 이름을 바꿨다.

동물원에 코끼리관이 없어진 상태였기에, 처음에 샨티는 이른바 '말관'에 살았다. 이 관은 뼈대는 나무, 지붕은 볏짚으로 만들었다. 어린 코끼리가 말과 얼룩말 옆에 살아야 했다. 그런데 뭔가 문제가 생겼다. 아침에 코끼리를 밖에 내놓으면, 코끼리가 피곤에 지쳐 모래 위에서 몇 시간씩 잠만 잤다. 이런 모습은 하인로트가 머릿속에 그린 장면이 아니었다. 코끼리가 하루 종일 누워 있는 모습을 보러 동물원에 오는 사람은 없다. 사육사는 샨티가 밤에 잠을 자지 못하는 이유가 뭔지 알아내려고 몇 날 며칠 밤을 샜다. 어쩌면 생쥐일지도, 아니면 옆 우리에 있는 동물 중 하나일지도 몰랐다. 그러나 사육사는 원인을 찾지 못했다.

어느 순간 하인로트는 인도 뭄바이에서 받은 사진 한 장을 떠올렸다. 그 사진 속에서 샨티는 사슬에 묶여 있지 않았나? 그랬다. 코끼리의 양발이 나무에 묶여 있는 것을 확인하고 하인로트는 안도했다. 우리에 묶어 두자마자 샨티는 밤에 잠을 잘 잤고 낮에는 까불며 뛰어놀았다.

*

이제 동물원의 재정은 상대적으로 안정되었고, 베르너 슈뢰더는 드디어 자신이 오래도록 신경 쓰던 사업에 집중할 수 있게 되었다. 그것은 바로 파괴된 수족관을 재건하는 일이었다. 슈뢰더의 열정은 기어다니고 헤엄치는 모든 동물에 쏠려 있었다. 그는 어린 소년 시절 빌머스도르프 습지에서 개구리, 도롱뇽, 딱정벌레를 잡아 병에 담아 두곤 했다. 그의 어머니는 아들의 관심사를 인내로 지켜봤지만, 그의 아버지는 아들의 취미를 '생물에 대한 집착'으로 여기고 이를 떨쳐내려 했다. 그래서 아들을 제국 군대의 행진에 억지로 데려갔다. 하지만 소용이 없었다.

슈뢰더는 학생 시절 수족관을 자주 찾았고, 그리스와 북아프리카를 여행하면서 도마뱀 같은 파충류를 가지고 왔다. 전쟁이 끝난 뒤 슈뢰더는 일이 끝나면 나무가 자라고 있는 건축물 폐허 앞에 서서 저녁 하늘을 하염없이 바라보곤 했다.

2년 걸려 지은 베를린 수족관이 1952년 9월에 다시 문을 열어, 수천 마리 동물의 안식처가 되었다. 이 동물들은 부분적으로는 매년 성황리에 열린 옥토버페스트 덕분에 구입할 수 있었다. 그로부터

　　　　타인의 동물원: 동서 베를린 동물원의 무한경쟁

25년 동안 슈뢰더에게 필생의 임무는 수족관을 유럽에서 가장 중요한 수족관으로 키워 새로운 영광을 부여하는 것이었다.

슈뢰더가 수족관을 재건하는 동안 새 코끼리관 건축 승인이 났다. 전쟁이 끝난 뒤 처음으로 짓는 건물이었다. 하인로트는 그때까지 역사적인 영양관 같은 건물들의 수리와 간단한 응급조처에 집중했다. 그녀는 자신의 비판자들이 첫 번째 주요 사업의 실패를 기다린다고 느끼고, 친구이자 동료인 라이프치히 동물원 원장 카를 막스 슈나이더에게 코끼리관 건축 계획을 보여주었다. 슈나이더는 계획에 문제가 없음을 확인해 주었다.

코끼리관은 건축을 시작한 지 2년 만인 1954년에 문을 열었다. 건물 정면을 유리로 장식하고 내부는 녹색 타일로 마감한, 이 길다란 건물에는 샨티와 새로 사들인 코끼리 두 마리 외에 11년 만에 새로 들여놓은 코뿔소들과 맥 한 마리, 나무늘보 한 마리도 살게 되었다.

남성 세계의 여성

동물원 재건 시기에 카타리나 하인로트와 베르너 슈뢰더가 좋은 팀이라는 게 분명해졌다. 하인로트는 나무를 심어야 할 때는 언제나 힘을 보탰고 사육사들을 혼낼 때는 나서서 소리쳤지만, 슈뢰더는 뒤에 물러나 있었다. 그는 소리 없이 웃으며 "그녀가 처리하게 놔두자."라고 생각했다. 그는 상황을 차분하게 유지하는 사람이었다. 사육사가 문제에 직면하면, 감정을 드러내는 하인로트보다는 침착한 슈뢰더에게 사정을 털어놓곤 했다. 그런데 하인로트의 이런 태도는 남성들의 세계에서 자기주장을 하기 위해 배운 태도였다. 대조적으로 슈뢰더는 "필요하면 윗사람은 밟지만, 결코 아랫사람은 밟지 않는다."라는 신조를 지키며 살았다. 이런 기질 차이에도 하인로트와 슈뢰더는 서로를 좋아하고 의지했다. 어떤 사람들은 심지어 카타리나 하인로트가 눈 아래 다크 서클이 있는 앙상하고 매서운 얼굴의 동료에 약간 빠져 있다고까지 주장했다.

하인로트는 서독 건국 시기에 동물원을 성공적으로 이끌었음에도, 매 국면마다 적대 세력에 직면했다. 전쟁이 끝난 직후인 1945년, 동물원의 감사회는 첫 회기 중에 그녀에 반대하는 내용의 편지를 전달했다. 이 편지는 동물원의 전 집행 이사였으며 동물원 원장 자리를 노리다가 나치 전력 때문에 쫓겨난 한스 아몬이 쓴 것이었다. 그는 "그녀가 전체적으로 상황을 장악하지 못한다고 비판할 수는 없지만 원장 자리는 그야말로 남자의 것"이라고 주장했다.

4년 뒤 하인로트가 병원에 입원해 치료를 받고 있을 때는 감사회 위원 몇 명이 베르너 슈뢰더를 만나러 갔다. 그들이 애매하게 말을 돌리고 나서 동물원 운영이 여성에게는 너무 고생스러운 게 분명하다고 말했을 때, 슈뢰더는 그들이 원하는 바가 뭔지 감지했다. 그들이 직접적으로 하인로트의 자리를 원하느냐고 물을 것 같자, 슈뢰더는 서둘러 대화를 끝낼 발언을 했다. "우리는 좋은 팀입니다. 우리의 개성은 동물원에 이로운 방향으로 서로를 보완하고 있습니다. 게다가 저는 수족관 건설을 원합니다."

동물원 감사회로부터 계속 불신을 당했지만, 하인로트는 업계에서 평판이 아주 좋았다. 독일 동물원장 4명이 1950년 국제동물원장연합의 회원으로 다시 받아들여졌을 때, 하인로트도 그중의 한 명이었다. 그리고 모든 어려움에도 하인로트는 전후 시대를 즐겼다. 파괴된 도시의 문화생활이 서서히 살아났고, 다시 문을 연 동물원의

　　　　　　　　　　　　　타인의 동물원: 동서 베를린 동물원의 무한경쟁

식당과 연회장에서는 회의와 무도회가 열리기 시작했다. 기대치도 높아졌다. 베를린이 이젠 독일 전체의 수도가 아닐지라도, 과거의 활기를 적어도 부분적으로는 회복할 수 있었다. '경제 기적'의 새 시대가 서베를린에 도래했고, 막 꽃 피기 시작한 도시 서쪽의 시내 쇼핑센터와 상업 시설이 동물원 바로 근처라는 좋은 자리에 자리 잡기 시작했다. 하르덴베르크플라츠 광장과 부다페스트 거리가 만나는 구석에 57m 높이의 16층짜리 사무용 건물 건설 계획도 있었다. 하지만 하인로트는 이 계획에 회의적이었다. 건물의 배치 때문에 동물원의 많은 부분에 그늘이 질 판이었다.

하인로트는 건물 설계자와 동물원 감사회의 새 위원 발터 리크가 참석하는 회의를 마련했다. 하인로트가 동물원의 일조권이 너무 많이 침해되지 않도록 설계자에게 건물을 동서 방향이 아니라 남북 방향으로 짓자고 설득하려 하자, 리크가 말을 끊고 들어왔다. "숙녀분, 당신도 아시듯이 도시의 이익이 우선입니다. 이 경우에는 동물원이 두 번째입니다." 하인로트는 그쪽으로 얼굴을 돌려 퉁명스럽게 대꾸했다. "그렇다면 당신은 동물원에 맞지 않는 사람 같군요." 이 건물은 결국 하인로트의 희망대로 지어졌지만, 이런 태도로 인해 그녀는 다시 한번 감사회에서 인기를 잃게 되었다.

그동안에 전쟁 이후 사라졌던 남성들이 돌아왔다. 그들은 말을 아낄 생각이 전혀 없었다. 전 동물원장 루츠 헤크는 이제 서독에 속한 헤센주의 도시 비스바덴에 살면서 서베를린 일간지 「타게스슈피겔」을 통해 동물원에서 벌어지는 일에 대해 언급했다. 그는 전쟁 뒤 동물원이 무너지는 것을 막기 어려웠다고 한탄했다. 하인로트는 그의 발언을 접하고 분노했고, 헤크가 전쟁이 끝나기도 전에 도시를 탈출한 것 등 몇몇 사실관계를 바로잡는 편지를 신문사 편집자에게 보냈다. 이 편지는 1954년 5월 말 난민 소식과 독일어 속 외국어에 관한 독자 의견과 나란히 신문에 실렸다.

그러나 슬프게도 과거사는 미래에 별 영향을 끼치지 못했다. 폐허 복구 여성들이건, 동물원장이건, 심지어 시장이건, 이 도시를 재건한 여성들은 자신들의 임무를 완수했다. 1948년부터 1951년까지 베를린 시장을 지낸 인물이자 하인로트와 절친한 루이제 슈뢰더가 동물원 감사회에서 사퇴했고, 동물원에서 하인로트의 위치는 계속 약해졌다. 그녀가 「타게스슈피겔」 편집자에게 분개해 편지를 보낸 때로부터 몇 주 뒤, 주간지 「슈피겔」은 "이번 달 중으로 독일에서 유일한 여성 동물원장인 카타리나 하인로트 박사가 베를린 동물원 최고 책임자이자 원장직을 계속 유지할지 결정이 내려질 것"이라고 보도했다.

이 기사가 실린 것은 베를린의 사업가이자 동물원 주주들의 대변인인 오토 라트케(게다가 그는 우연히도 루츠 헤크의 옛 친구이기도 했다)가 움직였기 때문이다. 그는 다음번 주주 총회를 대비해, 동물원장을 통렬하게 공격하는 글과 함께 새로운 감사회 선거 실시를 제안했다. 그는 동물원 경영은 "국제적인 명성이 있는 남자의 손에 넘겨져야 할 일"이라고 선언했다. 카타리나 하인로트는 동물학 박사 학위가 있음에도, 늙은 남자들 사이에서는 기껏 일급 비서로 여겨졌다. 라트케는 "훈련받은 양봉가"라고까지 표현했다. 그들에게 그녀는 그저 임시 해법일 뿐이었다.

하인로트는 라트케의 계획을 읽고 분노에 떨었다. 그의 비난에 맞서 법정 싸움을 하고 싶었지만, 변호사인 감사위원 한 명이 감사회

   타인의 동물원: 동서 베를린 동물원의 무한경쟁

가 그녀를 지지할 것이라며 만류했다. 그러나 일주일 뒤 「타게스슈 피겔」은 "베를린 동물원이 전쟁이 끝난 지 9년이 지나도록 편협한 인상을 계속 주고 있다."라며 하인로트를 비난하는 주주들의 주장 을 보도했다. 훌륭했던 베를린 동물원에 대한 기억을 안고 독일 각 지에서 베를린을 찾은 방문객 중 일부는 이국적인 동물이 너무 적은 것을 보고 실망했다고 했다. 새로 건축된 코끼리관과 하마 크나우 치케를 빼면, 인기를 끌 스타가 별로 없다고도 했다. 그들은 베를린 까지 여행을 올 가치가 없다고 결론지었다. 「타게스슈피겔」은 이어 아마도 약간은 과장하는 투로 "1945년 이후 베를린처럼 주변에 소 비 여력이 있는 방문객이 부족한 동물원도 없다는 점을 고려해야 한 다."라고 썼다.

그러나 하인로트의 반대자들은 이런 세세한 부분을 신경 쓰지 않 았고, 적대감을 버리지도 않았다. 하인로트는 슈뢰더와 함께 동물원 을 폐쇄 위기에서 구했고 천천히 경영 흑자로 이끌었다. 그러나 독 일에서 가장 중요한 위치에 있던 동물원을 남성에게 맡기라는 요구 는 커져만 갔다.

티어파르크 베를린의 동물원장 하인리히 다테, 1960년.

2장

건너편의 동물원

열차가 천천히 동베를린 트렙타우어 공원역으로 들어와 늘 그렇듯 바닥이 포장된 승강장에 멈췄다. 이곳은 현지 주민들이 '트렙토Trep-tow'라고 부르는 점령 구역 경계선 앞 마지막 철도역이며, 경계선 너머부터는 서베를린의 미국 관할 구역이다.

독일은 1949년 두 나라로 분단됐지만, 베를린에는 여전히 4대 강국이 머물고 있었다. 점령지의 경계는 서류상으로만 존재했지만, 동독 정권은 동베를린 주민들이 자본주의 세계인 서베를린을 방문하는 것에 눈살을 찌푸렸다.

승객 몇 명이 열차를 타고 내린 뒤 열차가 다시 움직였지만, 이제 검문을 통과했다고 생각한다면 안타깝게도 오산이다. 불과 몇 미터도 지나지 않아 열차는 긴 나무 통로 앞에 다시 섰다. 여기서는 아무도 내리지 않았다. 베르너 필리프는 열차 창밖을 내다봤다. 교통경찰 몇 명이 진한 갈색 가죽 롱코트를 입은 남성 한 무리와 함께 있는 모습이 보였다. 그들은 열차로 올라와 통로를 천천히 걸었다. '코트 입은 사나이들'이 경찰 뒤를 따랐다.

당시는 '트라포trapo'로 알려진 교통경찰이 베를린 열차망을 감시했다. 필리프는 그들이 벌이는 작은 게임에 익숙했다. 어디 가느냐는 물음에 빵집이나 극장을 가려고 서베를린을 방문한다고 답하면, 트라포는 "독일민주공화국의 수도에도 극장과 케이크가 있다."라고 거만하게 말했다. 필리프는 경찰보다 단수가 높은 대응 방법을 알았다. 그는 얼마 전 동독에서 세무사로 있고 있는 아버지를 위해 서방의 인쇄 기계를 샀다. 필리프는 불필요하게 트라포의 질문 공세에 휘말리지 않도록 조심하기로 했다. 아버지의 일이 자본주의적이라는 의심을 사고 있는 상황에서는 특히 위험했다. 그래서 필리프는 열차에 오르기 전에 당 기관지「노이에스 도이칠란트」한 부를 산 뒤 좌석에 앉아 사회주의통일당 지도자 발터 울브리히트의 최근 연설이 실린 면을 펼쳐 놓았다. 운반용 나무 상자는 좌석 앞 탁자 밑에 밀어 둔 채였다. 트라포는 그를 크게 신경 쓰지 않았다.

이제 트라포 중 한 명이 앞에 와서 섰다. 그는 "어디를 가십니까?"라고 물었다.

필리프는 "저, 동물원에 가려고 합니다."라고 답했다.

트라포는 반박하지 못한 채 콧방귀만 뀌었다. 동독 수도에 없는 게 있다면 다름 아닌 동물원이었다.

베르너 필리프는 어릴 때부터 동물원을 다녔다. 동물원을 다니느라 닳아버린 신발만 몇 켤레다. 어릴 때 그는 종종 아팠고 열도 자주 났다. 그러나 아버지가 시간을 내서 "내일 우리 동물원에 갈 수 있어."라고 말하면 열이 씻은 듯 사라지는 것 같았다. 1930년대 말에

타인의 동물원: 동서 베를린 동물원의 무한경쟁

는 동물원이 베를린의 주요 문화 명소로 꼽혔다. 가족 단위로 주말 휴가를 보내는 곳이었고, 방문객들은 제일 좋은 옷을 차려 입고 나섰다. 사람들은 종종 "동물원은 빗질이 필요 없다. 여성들의 긴 드레스가 통로의 먼지를 쓸어내기 때문이다."라고 농담하곤 했다. 베르너 필리프의 부모는 이런 나들이에 어울리게 아들에게 세일러복을 입히고 무릎까지 오는 따끔거리는 양말을 신겼다. 필리프는 동물원에 갈 수만 있다면 이런 복장도 꾹 참았다. 필리프는 열차가 동물원역에 정차하기 한참 전부터 멀리 보이는 코끼리탑을 알아볼 수 있었다. 이 탑은 인도 사원을 닮은 대형 건축물이다. 그는 붉은 기가 도는 금색 장식으로 치장한 이 탑을 볼 때마다 기대에 부풀었다. 부모가 이 역에서 내리지 않고 다른 곳을 갈 때면 속이 크게 상했다. 탑이 건물들 너머로 사라질 때까지 뒤를 돌아봤다. 그다음 날이면 다시 아프곤 했다.

당시에도 베르너 필리프는 동물원장이 되고 싶었다. 그러나 열아홉 살이 된 지금은 부모가 대학 등록금을 내줄 여력이 없었다. 게다가 지금 1953년 봄에는 더 중요한 일이 벌어지고 있었다.

건국한 지 3년 반이 된 동독은 이미 첫 번째 경제 위기를 맞고 있었다. 최대한 빨리 '사회주의의 진보'를 이루고 싶은 이 신생 국가는 중공업을 다른 모든 개발보다 우선시했다. 그 결과 식량과 소비재가 부족했다. 이른바 노동자와 농민의 국가는 집단농장화를 통해 농민을 억압했고 건설 현장의 작업 할당량을 10% 높이는 식으로 대응했다. 그러나 국가가 겨냥한 진짜 '적들'은 중산층이었다. 기업가, 소매상, 도매상은 국가의 우선순위에서 밀리면서 일거리를 잃었고, 부담해야 할 세금은 늘었다.

베르너 필리프의 아버지도 이런 정책의 희생양이었다. 아들이 트렙토를 거쳐 동물원을 마지막으로 다녀온 지 얼마 되지 않아, 세무서가 그가 소유한 회사에 대한 악질적인 세무조사를 실시한 뒤 전년도 미납 세금으로 100만 마르크(당시 환율 기준 400만 서독 마르크 또는 95만 달러)[4]를 부과했다. 이 회사는 한 해 매출이 고작 9만 마르크에 불과했고, 3명의 회계사에게 임금을 주고 나면 그와 가족들에게 남는 돈은 2만5천 마르크(10만 서독 마르크 또는 6천 달러)뿐이었다. '미납된 세금'을 내느라 그는 파산했다. 게다가 세무서는 그에게 모호한 '경제 범죄' 혐의를 씌워, 징역 3년에 처할 수 있다고 위협했다. 그의 가족은 곧 모든 것을 버리고 서쪽으로 달아났다. 짐은 최소한만 가져갔고, 가족이 따로따로 움직였다. 그러나 베르너 필리프는 당장 다른 걱정들이 있었음에도 동물원에 대한 열정을 포기하지 않았다.

경쟁이 시작되다

1953년 봄에 이르면, 매일 더 많은 사람이 동독을 떠났다. 그 전해에만 30만 명이 경비 초소를 통해 국경을 넘었다. 모스크바는 동독이 야심 찬 건설 계획을 너무 확대하고 인민의 복지를 경시한다고 봤다. 그래서 소련은 사회주의통일당 지도부에 노선 변경을 요구했다. 6월 초 당 지도부는 자신들이 '몇 가지 실수'를 저질렀음을 인정했다. 또한 자산 몰수를 취소해 자산을 돌려주고 이른바 경제 범죄와 관련된 체포와 판결을 재검토하며 식량 공급을 개선하기로 했다.

4 　서독 정부가 출범과 동시에 브레턴우즈 체제에 가입함에 따라 달러 대비 마르크화의 환율을 -1~1% 범위에서 유지할 의무가 생겼다. 1948년 환율은 1달러당 3.3마르크였는데, 이듬해 4.2마르크로 절하했다. 1970년대 초 브레턴우즈 체제가 위기에 처할 때까지 환율은 4.21~3.99마르크를 유지했다. 브레턴우즈 체제 붕괴 뒤에는 환율이 빠르게 떨어져, 1995년엔 1.43마르크를 기록했다.

그러나 새로운 작업 할당량을 계속 고집했고, 이에 맞서서 6월 17일 건설 노동자들이 파업에 들어갔다. 노동자들은 동독에서 가장 유명한 건설 현장인 수도의 새 중심 도로인 스탈린알레에서 행진했다.[5] 경찰들은 무력하게 지켜만 봤고, 정부는 소련 점령군 본부로 도망쳤다. 결국엔 소련 점령군이 탱크와 군인을 앞세워 반란을 진압하고 만다.

동베를린의 공산당 정치국은 사태가 이런 식으로 흘러가선 안 된다고 깨달았다. 생산 목표를 계속 올릴 수는 없는 노릇이었다. 인민들이 뭔가 보상받는다고 느낄 필요가 있었다.

그해 10월 라이프치히 동물원 원장 카를 막스 슈나이더는 "학문 분야에서 뛰어난 창작 업무"를 수행한 공로로 동독 국가훈장을 받았다. 오토 그로테볼 총리와 미하일 페르부힌 소련 대사는 축하 행사에서 그를 옆으로 불러 동베를린에 일류 동물원을 건설할 계획을 밝혔다.

광역 베를린 시 정부(소련 관할 구역의 시 정부는 이 명칭을 계속 썼다)는 베를린 주민들이 영국 관할 구역 내 동물원을 방문하면서 서쪽과 계속 접촉하고 자본주의에 돈을 쓰는 것을 원치 않았다. 게다가 동독 정부 관리들은 기껏 동물 몇 마리를 보러 서쪽으로 가기 위해 내무부의 승인을 받아야 하는 상황이었다. 그로테볼 총리와 페르부힌 대사는 동베를린에 동물원이 있으면 이런 문제가 해결될 수 있다고 설명했다.

슈나이더는 라이프치히로 돌아와 조수 하인리히 다테에게 자신이 들은 말을 전했다. 슈나이더와 다테는 동물원을 또 하나 만드는

아이디어를 중요하게 보지 않았다. 두 사람은 현재 동독에 있는 3개 동물원의 수리 업무도 산더미 같다고 느꼈다. 할레에 있는 동물원은 전쟁 피해가 상대적으로 적었지만, 라이프치히 동물원의 많은 건물은 이때까지도 임시변통으로 수리해서 쓰고 있었다. 동독에서 가장 오래된 100년 역사의 드레스덴 동물원의 경우, 그 피해 규모가 그야말로 차원이 달랐다. 1945년 2월에 영국군의 폭격으로 도시 전체가 화염에 휩싸였고 동물원도 심하게 손상되어서 전쟁이 끝난 뒤 다시 개장하는 데만도 1년 이상이 걸렸다. 그러나 베를린의 신사들이 자신들의 계획을 심각하게 생각한다면 그게 뭘 뜻하는지, 동물원의 두 사람은 잘 알았다. 새 베를린 동물원의 원장으로 자격이 있는 유일한 사람은 슈나이더의 오른팔인 하인리히 다테였다.

마흔세 살의 다테는 열정적인 동물학자였다. 그는 어렸을 때부터 작센주 시골의 고향에서 쌍안경을 손에 들고 새를 관찰했다. 열두 살 때는 학교에서 쓴 글에서 자신이 부자가 된다면 "뱀, 도마뱀, 벌새, 곤충, 나무늘보, 원숭이, 큰 박쥐"가 살 수 있는 큰 건물을 지을 거라고 꿈을 밝혔다. 당시에 그는 전통적인 동물원을 "동물들이 갇혀 있는 감옥"일 뿐이라고 여겼다. 그가 열세 살이 됐을 때 그의 부모는 라이프치히로 이사했다. 아버지는 여기서 사무실 관리자 자리를 얻었다. 다테는 대학 입학시험을 통과하고 1930년대 초 라이프치히대학에서 동물학, 식물학, 지질학을 공부하기 시작했다. 그는 동물 스케치를 하려고 자주 동물원에 갔고, 학생 신분으로 동물원에서 조수 일을 하기 시작했다. 그 뒤 10년 동안 빠르게 승진해 슈나이더의 부관이 되었다. 그의 경력은 잘 계획되어 있는 듯했으나, 어느 날 갑자기 멈췄다. 독일과 그 자신의 과거가 그를 덮쳤다.

조류학자에서 나치로

하인리히 다테는 1932년 스물한 살의 나이로 나치당 당원이 되었다. 나치의 국가사회주의는 라이프치히대학에서 폭넓은 지지를 받았고 많은 교수가 당원이었다. 그리고 다테는 1920년대가 낳은 아이였다. 그는 1차 세계대전이 끝나면서 체결된 베르사유 조약의 결과를 몸소 경험했다. 다른 많은 사람들처럼 그도 독일이 이 조약을 맺은 것은 협박받았기 때문이라고 믿었다. 조약 체결 이후 이어진 물가 폭등과 전 세계 경제 위기도 직접 경험했다. 그는 독일이 과거에 누리던 지위를 되찾는 데 기여할 일을 하겠다고 굳게 마음먹었다. 하지만 학비가 많이 드는 학업을 최대한 빨리 마무리하고 돈을 벌겠다는 갈망은 그의 정치적 헌신과 충돌했다. 그래서 1930년대 중반까지 다테는 나치당에서 가장 낮은 서열에 머물렀다. 그가 맡은 일은 당비 수금이었다. 나중에 그의 이웃들은 그가 상냥한 편에 속하는 나치당원이었다고 증언했다.

2차 세계대전이 터지자, 그는 징집돼 서부 전선에 투입되었고 1940년 프랑스 북부에서 오른쪽 팔에 심한 부상을 입었다. 그는 병실에서 미래의 부인 엘리자베트를 만났다. 그녀는 간호사였고 그녀의 고향도 그와 같은 작센주였다. 그는 그녀가 '아르(R)'를 아름답게 굴려 발음하는 데 매혹되었다. 그는 집에서 장기간 건강을 회복했고 그사이에 두 사람의 딸 알무트가 태어났다. 1945년 회복되어 다시 전선으로 돌아갔다. 이번에는 이탈리아로 갔는데 거기서 미군에 포로로 잡혔다. 그는 나머지 전쟁 기간 대부분을 포로수용소에서 동료들에게 동물학 강의를 하며 보냈고 새 관찰도 계속했다.

전쟁이 끝난 직후 그는 서독 지역 동물원 몇 곳에서 일자리를 제안받았지만, 그의 부인과 세 살짜리 딸, 그리고 그가 포로수용소에 있을 때 태어난 두 살짜리 아들 홀거가 라이프치히에서 그를 기다리고 있었다. 다테는 일자리 제안을 받고 우쭐했지만, 라이프치히와 그곳의 동물원으로 돌아갈 생각뿐이었다. 하지만 집에 돌아오자, 세상이 자신을 따돌린 채 훌쩍 앞서갔음을 깨닫는다. 맨 처음 접한 건, '아빠'가 되고 싶어 하는 낯선 사람이 사라지기를 바라는 자기 아이들이었다. 그리고 이어 자신이 나치당 당원이라는 이유로 동물원에서 이미 해고됐음을 알게 된다. 그는 평생교육기관인 퀴르슈너 학교의 교사 자리에 지원했지만, 같은 이유로 거부당했다. 가족을 먹여 살리려고 임시 편집자 자리를 구했고, 라디오에서 새소리 흉내를 내는 것으로 돈을 벌었다. 그는 남에게 손을 내밀기를 언제나 불편하게 생각했고, 심지어 길을 묻는 것도 꺼렸다. 그러나 뇌물이 '거래'로 불리고, 도둑질이 '비축'으로 불리는 시절을 버텨내야 함을 알았다. 그의 옛 상사, 카를 막스 슈나이더조차 그를 도울 수 없었다. 그 역시 동물원에서 해고된 상태였다. 다테의 경력은 시작도 하기 전에 끝난 것 같았다.

슈나이더 후임 원장 두 명이 무능을 드러낸 뒤 슈나이더가 동물원으로 복귀하자 희망이 생겼다. 원장 경력이 있는 미래의 원장은 자기 밑에 있던 팀을 다시 소집하고 싶어 했다. 슈나이더는 가능한 모든 옛 팀원을 원했고 무엇보다 특히 옛 부관을 원했다. 정부는 나치 전력이 있는 인물 일부를 사면하지 않고는 장기적으로 관리가 불가능함을 인식했다. 그래서 다테에게도 나치 확신범인지 여부를 판정할 심사를 받으라는 통지가 왔다. 다테의 전우였던 한 출판업자가 그의 인간성과 과학적 자질을 증언했고, 결국엔 동물원 관리 이사이자 나치 강제수용소 생존자인 하인츠 카일도 그를 우호적으로 평가했다. 정부는 몇 번의 대화를 통해 다테가 나치 이념을 내면화하지 않았다고 결론짓고 허가증을 발급했다. 다테는 이제 동물원으로 돌아갈 자유를 얻었다. 1950년 7월 그는 연구 조수로 새출발했다.

다테는 이 경험을 통해 다시는 어떤 정당에도 들어가지 않을 거라고 결심하게 된다. 정당 가입은 그의 경력에 실제적인 피해를 끼쳤고, 그는 무엇보다 자신의 경력을 중요하게 여겼다.

*

동독의 수도에 새 동물원을 짓는 환상이 다시 살아나는 데는 꽉 찬 9개월이 걸렸다. 1954년 6월 초 의회 특별 회기 중에 광역 베를린 시 당국은 "우리 베를린을 새로운 노선으로 더 빠르게 나아가도록" 할 프로그램을 제안했다. 이 프로그램은 주택을 추가 건설하고 트렙토에 새 진료소를 세우며 서독 방문자들을 위한 관광 프로그램을 시작하는 것에 더해, 동독 정치인들이 가끔 동베를린을 지칭하는 용어인 '민주 영역'에 '동물원을 건설'하고 14개 모든 구에 동물 사육용 울타리를 설치하는 내용을 담았다. 베를린 서쪽의 동물원은 "점점 넓어지고 아름다워지는 수도의 기준"에 미치지 못한다고 평가되었다. 이 동물원이 어쩌다 보니 엉뚱한 쪽에 속하게 되었다는 사실은 구태여 언급하지 않았다.

얼마 뒤 카를 막스 슈나이더는 동베를린 부시장 헤르베르트 페히

---

6 베치르크(Bezirk). 동독 정부는 1952년 5개의 주를 폐지하고 좀 더 작은 행정 구역인 베치르크를 14개 신설했다. 이는 현재 독일의 도시 자치구 베치르크와 구별되는, 광역 행정 구역이다.

너로부터 새 동물원 문제를 논의할 회의에 참석하라는 초대를 받았다. 하지만 슈나이더는 예정된 회의 날짜에 덴마크 코펜하겐에서 열리는 동물원장 회의에 참석해야 해서, 그의 부관이 마지못해 대신 참석하게 되었다. 베를린에 두 번째 동물원이 필요한 사람은 아무도 없었고, 다테는 더욱 그랬다.

1954년 6월 21일 무더운 월요일 아침 일찍 하인리히 다테는 라이프치히 기차역으로 향했다. 그가 탄 객차는 열차를 처음 타본 듯한 사람들로 붐볐다. 그날 일정은 동베를린의 동물원 후보지 3곳을 둘러보는 것이었다. 둘러볼 곳은 남동쪽으로 트렙타우어 공원과 맞닿은 습한 삼림 지역 플렌터발트, 쾨페니크 구역의 불하이데 공원, 리히텐베르크의 숲이 무성한 공원 슐로스파르크 프리드리히스펠데였다. 이중에서 프리드리히스펠데가 첫 방문지였다.

페히너가 제공한 차량이 스탈린알레를 따라 동쪽으로 향했다. 다테는 창문을 통해 외관을 자기질 타일로 단장한 새 '노동자 궁전'이 스쳐 지나가는 광경을 봤다. 평온하게 웃으며 멀리 바라보는 5m짜리 스탈린 동상이 받침대 위에 세워진 것도 봤다. 한 해 전 여기에서 폭동이 일어나 소련 탱크들이 밀고 들어오고, 돌이 날고, 수많은 희생자가 발생했다. 이제 비계 위의 건설 노동자들은 개미 같아 보였다. 그들이 업무에 복귀한 건 이미 한참 전이다. 1953년 6월 17일 동베를린 노동자들의 반란은 아예 일어난 적도 없는 것 같았다.

그들이 차를 타고 계속 가자, 경관은 차츰 덜 계획적인 모습으로 변했다. 길을 따라 당당한 옛 건물들이 늘어서는 대신 작은 집들이 나타났다. 1821년 프러시아의 정원 설계사 페터 요제프 레네는 프리드리히스펠데의 귀족 트레스코 가문 땅에 궁원宮苑을 만들었다.

   타인의 동물원: 동서 베를린 동물원의 무한경쟁

궁원은 2차 세계대전 때 아주 일부분만 훼손되었지만, 그 이후 국유
화되면서 아무도 돌보지 않는 공원이 되었다. 현장 답사단이 부지에
진입했을 때까지도 다테는 회의적이었지만, 차가 숲이 무성한 목초
지로 들어서자 내키지 않는 마음이 차츰 사라졌다. 그는 나중에 일
기에 "우리가 플라타너스 나무가 줄지어 있는 큰길을 따라 작은 옛
궁전으로 차를 몰고 들어간 것은 마치 의식을 진행하는 것처럼 느껴
졌다."라고 썼다. 답사단은 거의 1시간 동안 목초지를 걸었다. 다테
는 걸으면서 나무와 덤불에서 들리는 갖가지 새소리에 귀를 기울였
다. 걸으면 걸을수록 처음의 내키지 않는 마음을 점점 더 떨쳐냈고,
마침내 그가 전에 겪지 못한 느낌, 행복감 같은 느낌, 새 시대의 여
명을 자각하기에 이르렀다. 그는 "여기서 뭔가를 만들 수 있겠다."
라고 혼자 생각했다. 그는 늘 나무 사이에 설치된 동물 사육장을 그
려 왔다. 그는 갑자기 자신이 생각하던 조건에 맞춘 동물원을 여
기서 설계할 수 있겠다고 분명히 감지했다. 그는 자신에게 말했다.
"이는 일생의 기회야. 기회는 딱 한 번뿐이다!"

그는 몇 달 동안 베를린에는 두 번째 동물원이 필요 없다고 고집
하다가 이제 두 번째 동물원을 바로 여기에 짓겠다고 결심했다. 그
러나 다테의 성격상 자신의 결심을 즉석에서 다른 이들에게 알렸을
리 없었다. 페히너 부시장이 프리드리히스펠데에 대해 어떻게 생각
하냐고 묻자, 그는 마음속으로 결정을 내렸는데도 심사숙고할 시간
을 달라고 요청했다. 그럼에도 답사단의 나머지 사람들은 그가 넓은
부지를 꼼꼼히 조사하는 태도에 주목했다. 그들은 그날 다른 두 곳
은 가보지도 않았고, 나중에 확인된 것이지만 좋지 않은 후보지들이
었다. 플렌터발트는 너무 습해서 물을 모두 빼내야 할 상황이었고,

불하이데는 시내에서 너무 멀었다.

하인리히 다테는 이런 사정은 신경도 쓰지 않았다. 그의 마음속에 있는 건 숲이 빽빽한 공원뿐이었다. 그가 새벽 1시에 집에 도착해서 가장 먼저 한 행동은 부인을 깨워 마음을 바꿔 먹었다고 알린 것이다. 잠이 덜 깬 그의 부인은 남편 말을 끝까지 들어 주었다. 달리 뭘 할 수 있겠나? 그의 마음을 돌릴 방법은 없었다. 그는 새벽 4시까지 프리드리히스펠데에 대해 열변을 토했다. 그 뒤 몇 시간 자고 일어나, 코펜하겐에 간 상사에게 상황을 알리는 전보를 보냈다. "베를린 모임이 결국 열렸음. 결과는 예상대로임. 안부를 전하며, 다테."

그는 아직 주변 사람들에게 결심을 알리지 않았다. 베를린으로 갈 경우 라이프치히와 자신의 후원자를 떠나야 한다는 데 대한 불안 때문이었다. 그러나 여행에서 돌아온 뒤 슈나이더에게 계획을 알렸을 때 그가 보인 반응은 다테가 걱정하던 대로는 아니었다. 슈나이더가 유일하게 걱정한 것은 다테가 편집을 도와주던 업계 소식지「동물원」의 미래였다. 그리고 다테는 거절에 능한 사람은 아니라서, 베를린에서도 편집 작업을 계속하는 데 동의했다. 다테는 새로운 일에 몰두하고 싶어 근질근질했다.

두 번째 동물원을 위한 오랜 계획

페히너와의 후속 만남이 곧 이어졌고, 이 자리에서 슈나이더는 조건을 하나 제시했다. "언론이 이 동물원 건설에 대해 알기 전에, 진전 상황을 하인로트 박사에게 알리고 싶습니다." 새 동물원은 서베를린의 훌륭한 동물원과 결코 경쟁할 수 없고 경쟁은 아직 기반이 불안한 사업에 이로울 것도 없었다. 페히너는 이에 동의했다.

그날 오후 슈나이더와 다테는 카타리나 하인로트를 찾아갔다. 그녀의 책상 뒤 벽에는 다채로운 색을 뽐내는 큰 나비가 장식된 주간 달력이 걸려 있었다. 달력에는 약속을 기록한 쪽지들이 꽂혀 있었다. 그 옆에는 1920년대 말에 유명했던 '보비'라는 고릴라를 묘사한 가면이 걸려 있었다. 책상 옆에는 큰 새장이 있었으며, 그 안에서는 까만 구관조가 "들어와."라고 소리치며 뛰어다녔다. 하인로트는 늘 하듯이 의자의 한쪽 편에 기대어 앉아 책상에 왼쪽 팔꿈치를 받치고 있었다. 서재는 정리된 혼돈 상태였다. 뜯어본 편지들이 쌓여 있었고, 읽다 만 원고들이 산더미 같은 참고 도서들 옆에 놓여 있었다.

슈나이더는 일상적인 업무 문제 몇 가지를 거론하는 것으로 대화를 시작했다. 그리고 마침내 "들으셔야 할 게 한 가지 더 있습니다. 동베를린이 동물원을 확보하게 될 겁니다."

거의 10년 동안 베를린 동물원 원장 자리를 지켜 온 하인로트는 쉽게 동요하지 않았다. 그녀는 머리를 기울이고 턱을 손으로 지그시 눌렀다. 그녀는 천천히 눈썹을 치켜올리며 "오, 그런 제안은 아주 여러 번 있었죠."라고 말했다.

베를린에 두 번째 동물원을 세우려는 계획이 많았던 것은 분명하다. 1909년까지 거슬러 올라가면, 함부르크의 동물 무역상 카를 하겐베크는 샤를로텐부르크 지구 북쪽 구역에 '인민의 동물원'을 세우는 장면을 마음속에 그렸다. 이보다 2년 전 그는 함부르크 경계 바로 밖에 위치한 슈텔링엔에 번지르르한 바위로 경관을 꾸미고, 철창 없는 야외 우리를 갖춘 동물원을 세워 충격을 주었다. 이런 동물원은 그 어디에도 없었다. 그는 비슷한 시설을 베를린에도 세울 구상을 했으며 황제의 지원도 받았으나, 계획이 구체화하기 전에 세상을 떠났다. 그다음 해 1차 세계대전이 터졌고, 설계안은 폐기되었다. 그리고 1920년대 말에 파시스트를 피해 이탈리아 로마에서 탈출한 동물원장 테오도어 크노트네루스마이어가 인민의 동물원 아이디어를 이어받았다. 당시 루츠 헤크는 자신의 베를린 동물원이 과거 함부르크 동물원과 같은 운명이 될까 걱정해 경계했다. 하겐베크의 동물원이 문을 연 직후 기존 동물원은 방문객이 급감했고 결국 문을 닫을 수밖에 없었다. 헤크도 베를린 외곽에 베를린 동물원의 분원을 널찍하게 짓기 위해 그의 가까운 친구 헤르만 괴링과 협력하는 구상이 있었다.

하인로트도 두 번째 동물원 구상을 제안받은 적 있다. 전쟁이 끝난 지 얼마 안 돼, 러시아인 수의사 두 명이 그녀에게 트렙타우어 공원에 동물원을 짓자고 제안했다. 그러나 그녀는 "동물원 하나로도 내겐 할 일이 이미 너무 많다."라며 거절했다. 카를 막스 슈나이더는 아마 인간 본성을 예리하게 관찰하는 사람은 아닐 것이다. 그러나 그녀가 두 번째 동물원이 등장할 수 있을지 의심하고 있다고 추측할 만큼 그녀를 오래 알았다. 그래서 슈나이더는 장난기 어린 웃음을 띠며 "이번엔 진짜예요."라고 장담했다.

하인로트는 노골적으로 헐뜯는 것처럼 들리지 않으려 애쓰면서 "글쎄, 그들이 우리 시설이 망가졌다는 사실을 믿는 구석으로 여기나 본데, 우리는 50년이나 앞서 있어요."라고 말했다. 새로운 동물원이 진짜 위협이 되려면 적어도 반세기는 걸릴 거라고 그녀는 생각했다. 슈나이더는 신랄한 말에 휘말리는 대신 그저 다테가 동물원장이 될 것이라고 알렸다. 이제 하인로트는 정말 놀라서 의자에서 자세를 바로 했다. 그녀는 "글쎄, 이게 뭐야."라며 "내게 올 수도 있었을 텐데요. 기꺼이 그에게 조수 일을 시켰을 겁니다."라고 말했다. 그러나 다테는 이제 부하 직원 역할을 할 만큼 했다.

*

동독의 수석 건축가 헤르만 헨젤만은 젊은 동료 하인츠 그라푼더에게 동물원 건축 감독을 맡기자고 제안했다. 다테가 8월 27일 예정지를 고르자 베를린 시 당국은 건설을 승인했다. 그러나 미래의 동물원장은 이런 상황 전개에 대해 몰랐던 것 같다. 다테는 9월 4일 그라푼더에게 보낸 편지에서 "사건의 진행에 실망했다고 솔직하게 털어놓을 수밖에 없다."라고 썼다. 그로서는 계획이 너무나 느리게 진행되었다. 그는 건축이 진행될지 여부에 대해 정부로부터 아무 소식도 듣지 못했다. 그가 아는 건 이사회가 구성되었다는 것뿐이었다. "분명히 밟아 가야 할 단계를 취하지 않는 사이, 현안에 대해 전혀 모르지만 개입할 의지만큼은 충만한 사람들의 행동에 대처하려면 속도가 핵심"이라는 점 때문에 다테는 초조해했다.

건설 승인이 났지만, 동물원을 무엇으로 어떻게 지을지는 여전히 불분명했다. 이듬해 진행될 사업의 보고는 이미 끝난 상태였다. 동물원 건설에 필요한 자금도, 원자재도, 일꾼도 없었다. 시민들이 추가 재원과 지원을 제공하지 않으면 다테의 모든 계획이 허사가 될지도 모른다. 그가 '느릿느릿 걷기'라고 표현한 이런 사업 지연에 대한 불안함 속에서, 그는 고향을 떠나 "베를린이라는 거인 도시를 구성하는 주택의 바다로 옮겨갈" 결심으로 분투했다. 그는 종종 계획을 팽개치고 라이프치히에 남을까도 생각했다.

짧은 한 주가 지난 뒤 페히너 부시장이 방문해 그에게 사업 진행 명령이 내려졌다고 알렸다. 하인츠 그라푼더가 프리드리히스펠데 공원 터에 지을 새 동물원 설계 계약을 체결했다. '티어파르크 베를린'으로 불릴 동물원은 160헥타르 규모로 서베를린의 오래된 동물원보다 5배 넓게 지어질 예정이었다.

다테는 그다음 주 작은 동물원이 있는 공원을 둘러보기 위해 라이프치히 남쪽 도시 콧부스를 방문했다. 당시 유행하던 이런 동물원들은 해당 지역에 서식하는 야생동물들을 기르는 대체로 단순한 우리 형태였고, 지역의 삼림 경비원, 직업학교 집단, 동물을 사랑하는 사람들이 힘을 모아 만들곤 했다. 다테는 이곳에 들른 뒤 베를린으로 갔다.

거기에는 전혀 다른 임무가 앞에 놓여 있었다. 아마 틀림없이 그에게 가장 어려운 임무였다. 그는 베를린 사람들이 동물원을 원하도록 확신을 줘야 했다. 베를린 사람들은 새롭고 익숙하지 않은 모든 것에 호기심이 있었지만, 소중히 생각하는 전통과 결별할 때는 꽤나 완고했다. 서방 관할 구역에 이미 동물원이 있고 비용도 저렴했다. 당시 동독의 1마르크는 서독의 4마르크에 해당했다. 이들에게는 두 번째 동물원이 필요 없었고, 작센 출신의 동물원장은 더 말할 것도 없었다.

9월의 그날 저녁에 뤼더스도르퍼 거리에 있는 학교 건물에 약 200명이 나타났다. 다테가 들어갔을 때 누구도 그를 알아보지 못했다. 사람들은 몇몇씩 나누어 앉아 있었다. 앞줄에는 이날 밤 사업 계획을 무산시키기로 작정한 나이 든 여성 몇 명이 있었고, 그 뒤에는 숲이 무성한 궁전 터 가장자리에 불법으로 집을 지은 공원 땅 점유

　　　　　타인의 동물원: 동서 베를린 동물원의 무한경쟁

자들이 집을 지키기 위해 싸울 태세였다. 여하튼 다테는 정면의 긴 탁자에 자리를 잡으면서 이 사람들 모두를 자기편으로 만들어야 한다고 생각했다.

다테는 먼저 참석자들의 마음을 안정시키려고 라이프치히 동물원에 관한 짧은 영화를 보여주었다. 투덜거림이 점차로 호감 어린 속삭임으로 바뀌었다(동물은 언제나 효과가 있다). 이제 그의 계획을 소개할 때가 되었다.

동물을 무대 전면에

다테는 현장에 있던 지난 20년 동안 자신만의 동물원 철학을 생각해 왔다. 동물원은 방문객을 위한 것이지 전문가를 위한 것이 아니라고 그는 주장했다. 방문객들이 동물원의 '아름다움'을 알아보는 한, '왜' 아름다운지 알아차리는지 여부는 그에게 문제가 되지 않았다. 동물원의 결정적인 기능은 교육과 오락이다. 그는 고전적인 동물원과 거리를 두길 원했고, 새 동물원에 대한 베를린 사람들의 흥미를 자극하고, 혼잡한 서베를린의 동물원이 제공하지 못하는 것을 관람객들에게 보여주려 했다. 서베를린 동물원은 널찍한 우리에 많은 종류의 동물들이 있는, 광활한 공원을 제공할 수 없었다. 그러나 자신들이 아는 유일한 동물원에 빠져 있는 베를린 사람들에게 지금 이런 이야기를 하면, 가방을 싸서 떠나는 게 나을지도 모른다. 그래서 그는 대중을 참여시킬 요량으로, 새로운 동물원이 어떤 모습이 되어야 할지 의견을 달라고 요청했다. 다테는 새 동물원이 디자인이나 동물 선택에 있어서 서베를린 동물원을 보완하도록 하는 게 자신의 의도라고 강조했다. 그는 동물들을 극장 무대 위에 있는 것 같은 형태로 선보이려 했다. 울타리나 담벼락이 없고 장식도 최소로 한 동물 구역, 관람객들의 시선을 빼앗는 게 없는 환경을 구축하려 한 것이다. 새로울 건 없었다. 20세기 초에 이미 카를 하겐베크가 바로 이런 방식으로 사람들을 동물원으로 끌어들였다. 라이프치히 동물원, 심지어 베를린 동물원도 상당 기간 이런 원칙을 적용해 왔다. 그러나 그 어떤 동물원장도 다테가 확보한 것만큼 넓은 공간은 없었다. 그는 청중들에게 "그러나 우리가 마술을 부리길 기대하지는 마세요!"라고 경고했다. "몇 년은 걸릴 겁니다."

이날 밤 행사에는 동베를린 부시장 헤르베르트 페히너, 동물원을 설계할 건축가 하인츠 그라푼더, 라이프치히 동물원장 카를 막스 슈나이더도 참석했다. 다테는 그라푼더에게 동물 구역을 그린 1차 스케치를 보여주게 함으로써, 청중들이 시각적으로 확인하고 더 보고 싶게 만들려 했다. 마침내 슈나이더 차례가 되었다. 그는 다테를 칭찬하고 자신이 무거운 마음으로 다테와 작별 인사를 했다고 밝히는 것으로 시작했다. 상사가 처음으로 이런 감정을 표현하는 것을 듣자, 다테는 꽤 당황했다.

슈나이더는 새로운 동물원에 선물을 보낼 거라고 선언했다. 라이프치히 동물원은 1920년대부터 사자를 번식하는 것으로 유명해 '사자 공장'이라는 별명을 얻었다. 그동안 수천 마리의 새끼를 가장 먼 경우 남아프리카까지 수출했다. 슈나이더는 "라이프치히에서 사자를 선물로 받는 걸 피하려면 자살하는 수밖에 없다."라는 말로 익살스럽게 발언을 마무리했다. 하지만 사자는 그가 마음에 담고 있던 동물이 아니었다. 슈나이더는 크게 미소 지으며 한마디 덧붙였다. "곰이 베를린의 문장에 등장하는 동물로는 더 어울릴 겁니다. 그래

     타인의 동물원: 동서 베를린 동물원의 무한경쟁

서 우리는 전통을 깨기로 했습니다. 베를린은 첫 번째 곰을 감당해야 할 겁니다." 그의 익살스런 선언에 박수갈채가 쏟아졌다.

슈나이더는 싱긋 웃으며 앉았다. 오직 그와 다테만 인심 좋은 곰 선물이 독창성뿐 아니라 검소함도 의미한다는 것을 인식했다. 곰은 사자보다 훨씬 싸게 구할 수 있었다.

뒷줄에 앉아 있던 공원 땅 점유자 중 남성 한 명이 일어나 앞으로 걸어왔다. 페히너가 다테에게 "시작되려나 보군."이라고 속삭였다. 그때까지 다테는 모든 것이 부드럽게 진행되어 안도하고 있었다. 그러나 걱정할 건 없었다. 그 남자는 이렇게 말했다. "신사분들, 당신들이 우리에게 제시한 모든 게 정말 좋게 들렸소. 그래서 나는 소규모 축산업자, 농민, 정착민 지역 모임을 대신해 우리가 동물원을 지지할 것을 약속합니다. 정말 진심입니다. 삽 구입비로 가장 먼저 100마르크(400서독 마르크, 95달러)를 기부하겠습니다." 또 다른 남성은 10시간의 건축일 봉사를 약속했다. 계획경제 아카데미에 다니는 학생도 노동 봉사 약속에 동참했다. 이런 행동이 여론을 바꾸는 데 결정적이었다. 언론이 곧 맞장구를 치면서 나머지 베를린 사람들의 지지를 끌어냈다.

*

1954년 10월 하순에 계획이 시작되었다. 그라푼더의 건축사들과 제도사들이 흰 작업복을 입고 프리드리히스펠데 궁전으로 들어갔다. 사무실 문 옆에는 '디자인 에이전시 빌딩 건축 II, 광역 베를린, 티어파르크 그룹'이라고 쓰인 흰 팻말이 걸렸다. 소방서에서 안전을 이유로 난로를 차단했기 때문에, 작업자들은 외풍이 있는 저택에서 덜덜 떨며 일했다.

건축사 중에는 스물세 살의 하인츠 텔바흐도 있었다. 그라푼더는 노이쾰른 건축 아카데미 학생 시절부터 알던 그를 건축사 집단에 포함시켰다. 당시는 젊은 건축사들에게 좋은 시절이었다. 나이 많은 건축사 대부분은 전쟁 중에 숨지거나 서쪽으로 떠났고, 젊은 동독은 빛나는 아이디어가 있는 참신한 인력을 원했다.

그라푼더가 유럽을 여행하면서 곳곳의 동물원에서 영감을 얻는 동안, 그의 조수들은 인근 라이프치히와 할레의 동물원을 방문하는 데 만족해야 했다. 그들과 사업 관계자 다수에게는 이 모든 것이 미지의 영역이었다. 그리고 그들은 땅을 처음 조사한 뒤 그들이 피해야 할 장애물들에 대한 뭔가 기묘한 느낌을 받았다. 공원 외곽에 자리 잡은 무허가 집들에 더해, 소련 적군이 이용하는 훈련소도 있었다.

다테 또한 동물 우리 설계와 건축 경험이 없었다. 그가 라이프치히에서 감독한 건축 작업은 몇 번 지붕을 새로 하고 울타리를 교체한 게 전부였다. 이제 그는 전체 동물원을 설계해야 했다. 그것도 미래의 동물원이어야 했다.

계획은 억센 발굽 있는 동물有蹄類, 곧 사슴, 낙타, 들소의 우리부터 짓는 것이었다. 이런 동물들은 세심한 난방이 필요 없었기 때문이다. 건축사들은 각각의 동물이 얼마나 크게 자랄지 몰랐기 때문에, 다테가 그들을 다양한 우리와 울타리가 설치될 지점으로 직접 데려가야 했다. 다테는 한 장소에서 갑자기 멈춰서 팔을 가슴 앞에 놓고 구부리곤 했다. 마치 손으로 뭔가 길이를 재려는 것처럼 보였다. 그가 "1미터가 어느 정도죠?"라고 물으면 건축사 중 하나가 줄자로 길

　　　　　　　　　　　타인의 동물원: 동서 베를린 동물원의 무한경쟁

이를 표시해 주었다. 그러면 다테는 보통 "아니, 너무 짧아요."라고 답했다. 그는 팔을 더 멀리 뻗고 "이만큼을 더하세요."라고 말했다. 건축사들은 서둘러 다테의 두 손 사이 길이를 쟀다. 이런 식으로 첫 번째 장소의 건축 계획이 나왔다.

다테는 젊은 텔바흐를 좋아했다. 그를 '테디'라는 별명으로 불렀다. 독일 공산주의 혁명가 에른스트 텔만을 닮았기 때문이었다. 그는 텔바흐의 부인도 좋아했고, 부인이 일을 마친 남편을 데리러 오면 장난을 걸곤 했다. 그는 그녀에게 윙크하는 습관이 있었다. 수석 건축가 하인츠 그라푼더가 회의에서 정치 이야기를 길게 늘어놓을 때면 텔바흐에게도 윙크하곤 했다. 텔바흐의 첫 딸이 태어났을 때 다테는 이 부부에게 "동물원의 첫 번째 출산 성공을 축하합니다."라는 내용의 전보를 보냈다. 그는 좋은 농담이 떠오르면 꼭 써먹었다.

라이프치히에 남아 있던 가족은 이 시기에 그를 거의 만나지 못했다. 다테는 베를린에서 단기 임대 아파트나 햇볕이 잘 들지 않는 하숙집에 묵었다. 그는 매일 아침마다 이 도시를 저주했다. 오전 7시에 운전사가 그를 태워 가려고 오면, 함께 아침 식사를 파는 식당을 찾아다녔다. 그 시간에는 문을 연 식당이 드물었고, 그래서 대부분의 경우는 전날 밤 남은 음식을 파는 기차역의 연기 가득하고 어두컴컴한 식당으로 가게 되었다.

그는 이틀, 길어야 사흘 연속으로 베를린에 머물며 티어파르크 건설 준비 업무를 챙긴 뒤 라이프치히로 돌아가는 생활을 했다. 슈나이더는 다테가 라이프치히에서의 임무를 소홀히 하도록 놔두지 않았다. 임무 중에는 후임을 훈련시키는 일도 있었다.

로타어 디트리히가 연구 보조로 일하기 위해 얼마 전 들어왔다.

연구 보조직은 당시 관례대로 무급이었다. 22살의 이 젊은이는 돈을 벌지 못하는 대신 경험을 쌓을 수 있었다. 그리고 새해 초에는 유급 조수로 승진할 예정이었다. 디트리히는 대학 때 이미 다테를 알았다. 다테가 대학에서 척추동물 분류학을 강의했기 때문이다. 이 과목은 끔찍하리만치 무미건조했다. 그러나 다테는 아주 박진감 넘치는 말솜씨를 발휘했기 때문에 디트리히는 다테의 묘사 가운데 일부를 결코 잊지 못했다. 피부가 끈적한 덕분에 땅을 가로질러 바다로 알을 낳으러 가는 뱀장어에 대한 설명이 그랬다. 다테는 학생들에게 "손으로 뱀장어를 잡아본 사람이라면 누구나 끈적임이 뭘 뜻하는지 안다."라고 설명했다. 그는 도요새의 전형적인 지그재그 비행 방식을 묘사할 때는 이렇게 말했다. "사냥꾼이 도요새를 '지그' 상태일 때 조준하면, 새는 어느새 '재그' 상태가 된다." 이런 격의 없는 접근법이 학생들에게 호소력을 발휘했다.

시간이 지나며 두 사람 사이에는 우정이 생겼지만, 이제는 다테가 디트리히의 상사였다. 그는 디트리히를 아침 순회 때 데려가, 동물들의 최근 상태 보고서를 어떻게 쓰는지 보여주었다. 또 동물 각각의 버릇에 대해서도 알려주었다. 호랑이는 신경이 예민하고, 물범은 성질이 급하다는 식으로 말이다.

다테는 이 정도 일로는 충분하지 않다는 듯, 좀처럼 내기 어려운 여가 시간을 박사후 논문을 쓰는 데 할애했다.

*

대략 이때쯤, 하인리히 다테는 폐허가 된 프리드리히스펠데 궁전

타인의 동물원: 동서 베를린 동물원의 무한경쟁

의 발코니에 서서 카린 론이 들고 있는 녹음기에 대고 말을 했다. 젊은 라디오 기자인 론은 티어파르크의 진척 상황을 다테가 직접 설명하는 새 프로그램을 위해 그를 인터뷰하는 중이었다. 언론인을 상대하는 일은 미묘한 문제였고, 다테는 기자들이 자신과 직접 만나 이야기하지 않고 동물원에 대해 보도하는 태도를 견딜 수 없었다. 그는 카린 론을 금세 좋아하게 됐는데, 아마도 그녀의 '아르(R)' 발음이 자기 부인을 연상시켜서 그럴 것이다. 그는 울타리와 창살 대신 해자垓子가 있는 넓은 자연 공원을 만든다는 미래상에 대해 말했다. 그러고는 겉옷 주머니에서 종이 한 장을 꺼내 펼친 뒤 궁전 남동쪽을 가리켰다. 이어 이렇게 말했다. "있잖아요, 여기는 진달래 숲이 있는 산책길이 될 겁니다. 그리고 저기 너머에는 울긋불긋하고 덩치 큰 앵무새가 그네에 앉아 있을 거고요. 낙타는 리네 초원을 바라볼 겁니다."

론은 어느 쪽을 더 믿지 말아야 할지 몰랐다. 자신의 귀인가 아니면 눈인가. 그녀가 지금 보는 것은 잎이 떨어져 휑한 나무들과 숲이 무성한 오솔길이었다. 그녀 뒤쪽 궁전의 회반죽은 떨어져 나가, 노상강도 귀족의 버려진 성 같은 인상을 주었다. 그녀는 자기 주머니에 있는 고기 배급표 생각을 떨칠 수 없었다. "베를린은 아직도 파괴된 상태로 있는데, 저 사람은 자연 공원을 말하고 있다고?"

건축사들이 궁전 안에서 스케치를 완성하는 동안, 첫 번째 동물 우리와 통로부터 건축이 시작되었다. 이때가 1955년 4월 초다. 이렇게 조금씩 공사를 시작하는 것은 부분적으로는 특히 혹독하고 긴 겨울 탓이었다. 그해 겨울은 베를린 기준으로도 심했다. 이제 시간이 부족했다. 개장식은 7월 2일로 잡혀 있었다.

세 달 안에 동물원을 세우는 건 거의 불가능해 보였고, 그래서 대중의 협력을 호소했다. 2년 전에는 자원봉사 덕분에 도시 동쪽을 관통하는 주요 도로인 스탈린알레 건설이 가능했다. 이제 프리드리히스펠데에서 인민들이 모래를 퍼 나르고 통로를 평평하게 다지고 덤불을 치웠다. 자원봉사자들은 서비스 카드에 붙이는 스티커를 보상으로 받았고, 스티커를 일정 개수 이상 모은 사람은 배지를 얻었다. 그러나 관건은 보상이 아니라, 사회주의 발전에 기여하는 것이었다. 적어도 공식 방침은 그랬다.

이 아이디어는 큰 인기를 얻었다. 많은 건설 회사와 자원봉사자들이 일과가 끝난 뒤에나 일요일에 티어파르크 건설을 도왔다. 그들의 누적 노동 시간은 약 10만 시간에 달했다. 학생들은 깡통을 들고 전차에서 돈을 모으거나 티어파르크에 살게 될 멧돼지와 사슴의 먹이를 구하려 불하이데 공원에서 너도밤나무 열매나 도토리를 모았다. 사람들은 벽돌을 발견하면 프리드리히스펠데에 가져다주었다. 동물원은 뭐든 필요했기 때문이다. 티어파르크에서 일하는 것은 동독에서 가장 인기 있는 무급 활동이 되었다. 하인리히 다테는 치솟는 동물원 열기를 느꼈다.

서독 언론들은 사태를 다르게 봤다. 주간 신문 「차이트」의 어떤 필자는 티어파르크가 개장하기 몇 달 전인 1955년 5월 프리드리히스펠데를 방문해서 느낀 악의적 쾌감을 감추려 하지 않았다. 그는 이렇게 썼다. "은퇴자들, 학생들, (사회주의통일당의 청년 조직인) 자유독일청년단FDJ, 그리고 한 줌의 노동자들이 프리드리히스펠데에서 처음 짓는 우리를 완성하기 위해 땅을 파고 있다." 이어 이렇게 언급했다. "이 건설 공사에는 열정의 기미가 없다. 지금까지 진취성을 보여주

   타인의 동물원: 동서 베를린 동물원의 무한경쟁

는 단 하나의 징후는 '세계 최대 동물원'의 유일한 동물인 다테 박사의 경비견이 끝없이 짖으면서 발산하는 기운이다."

비밀경찰이 보낸 안경곰

처음 들여온 동물들은 인근 리히텐베르크 화물역에서 티어파르크로 수송되었고, 이 광경을 보기 위해 거리에 수백 명이 줄을 섰다. 그들은 낙타를 끈으로 묶어 베를린 거리로 이동시키는 모습을 본 적 없었다. 처음 들여온 동물들은 동유럽 동물원들과 동독 기업들이 선물한 것이었다. 할레 동물원은 중앙아시아산 쌍봉낙타와 먹황새를 기증했다. 슈트라우스베르크 시 당국은 타조를, 한 침대 제조업체는 황새를 보냈다. 어린이 잡지 「부미」는 독자들로부터 기린 두 마리 구입비를 모금했고, 정부 부처인 중공업부와 당 기관지 「노이에스 도이칠란트」는 각각 코끼리 한 마리씩을 선물했다. 국영 냉장 회사와 쾨페니크 소비협동조합은 북극곰을 보냈다. 동독의 단원제 입법 기관인 인민의회의 요하네스 디크만 의장은 인도산 닐가이영양을 기증했다. 국영 페인트·유리 회사는 라마와 가까운 동물인 과나코를 5마리 보냈다. 동독 비밀경찰 슈타지(국가안보부)는 안경곰 두 마리를 기증했다. 공식 통신문은 "우리 동지들은 안경곰이 한 마리면 심심할 것이라고 느꼈고 모금 요청에도 아주 뜨겁게 호응한 덕분에, 계획했던 모금액의 3배가 모였다."라고 밝혔다.

1955년 7월 2일 아침, 다테와 빌헬름 피크 동독 대통령, 프리드리히 에베르트 베를린 부시장이 일행의 맨 앞에 서서 프리드리히스펠데 궁원으로 걸어갔다. 카타리나 하인로트와 베르너 슈뢰더도 일행 중에 있었다. 다테는 그들의 개장식 참석이 꼭 필요하다고 여겼다.

베를린의 동물원 두 곳이 상반된 목적을 추구하지 않는다는 것을 보여주기 위해서였다. 그는 서베를린 동물원 인사를 초청하지 말라는 경고를 듣자 "그럼, 나 없이 일을 진행해야 할 것"이라며 으름장을 놓았다.

수많은 인파가 통로를 가로질러 설치된 붉은 테이프 앞에 멈춰 섰다. 사실 79세의 피크 대통령이 동물원의 공식 개장을 축하하기 위해 작은 가위로 테이프를 자른 순간에, 건설 노동자들과 자원봉사자들은 넓은 부지의 다른 쪽 구석에서 여전히 일을 하고 있었다. 그들은 그 이후 몇 달 그리고 사실 몇 년 동안도 힘들게 일하게 될 터였다. 다른 많은 사업도 자원봉사 활동 덕분에 이뤄낼 수 있었지만, 동베를린 사람들은 자신들을 이 동물원 사업과 동일시했다. 이는 영원히 완공되지 않을 거대한 도로가 아니었다. 저 거대한 도로 사업은 도로변 고급 아파트의 최상층에서 굽어보는 수석 건축가 같은 인물들이 주로 높이 평가했다. 반면에 동물원은 인민들이 건설을 도운, 인민들의 동물원이었다.

*

중앙 정부로서는 수도의 새 동물원 건설이 중요한 전시 사업이었다. 그리고 동물원장은 특히 관심 대상이었다. 하인리히 다테처럼 여행과 사교를 즐기는 인물이라면 더욱 그랬다. 티어파르크가 문을 연 직후 다테가 라이프치히로 갔을 때, 슈타지 요원 한 명이 그의 비서 이레네 엥겔만에게 전화를 걸었다. 그는 친근한 어조로 "티어파르크에 대해 계속 정보를 제공하면 좋겠군요. 아주 흥미진진해요."

라고 말했다. 이어서 "박사 선생은 분명 서쪽 동료들의 방문도 받을 겁니다."라고 덧붙였다.

엥겔만은 뭐라 답해야 할지 몰랐다. 다테가 돌아왔을 때 그녀는 지체 없이 심상치 않은 통화에 대해 전했다. 다테는 전화가 무슨 뜻인지 알았고, 이는 끝까지 피할 일이었다. 그는 전화번호를 받아 적고 수화기를 들어 다이얼을 돌렸다. 자신이 찾는 사람이 받았는지 확인하지도 않은 채 소리쳤다. "이런 식으로 나를 감시하는 걸 거부합니다." 그리고 수화기를 꽝 내려놓았다. 1932년 과잉 열정으로 나치당에 입당한 행동이 그의 경력을 완전히 망치기 직전까지 갔었다. 그는 같은 일이 반복되도록 놔두지 않을 작정이었다.

이는 다테에 대한 슈타지의 첫 감시 시도가 아니었다. 라이프치히 동물원에서 일하던 때도 비슷한 일이 있었다. 그가 회의 참석차 동물원을 막 나가려는데, 슈나이더 원장이 자기 사무실로 불렀다. 원장의 책상에는 다테가 본 적 없는 인물이 앉아 있었고, 그는 다테의 출장 여행에 큰 관심을 보였다.

"곧 서독에 가는 게 맞습니까?"

낯선 사람이 물었다.

"맞습니다."

다테가 신중하게 답했다.

"그렇다면 동독에서 거기 가는 다른 동료들도 있겠죠?"

"물론입니다."

다테는 이 낯선 사람의 질문이 어디로 향할지 여전히 확신하지 못했다.

"아, 나는 거기서 어떤 말들이 나올지 알고 싶을 뿐입니다."

그는 말했다.

당황한 다테는 슈나이더 쪽을 쳐다봤다. 그는 아무 표정 없이 앞만 바라보고 있었다. 마치 자신과는 상관없다는 듯이 말이다. 이제 다테는 무슨 일이 벌어지고 있는지 깨달았다. 그제서야 그는 외쳤다.

"아, 제가 밀고자로 일해야 한다구요? 그거 알아요? 난 여기 남을 겁니다."

이제 초조해진 것은 낯선 방문자였다.

"아니요. 아니, 여행을 가세요."

낯선 남자는 말했다. 다테는 그로부터 다시는 연락받지 않았다.

*

티어파르크가 문을 연 지 네 달이 채 안된 10월 26일, 카를 막스 슈나이더가 68세를 일기로 숨졌다. 그는 군대식 장례식을 치른 뒤 매장되었다. 동물원장에게 이런 의식을 치러 준 적은 없었다. 이제 하인리히 다테는 베를린 티어파르크에 더해 라이프치히 동물원까지 운영해야 했다. 그는 자신의 고향에서 동물원을 운영하는 자리에 오르려고 여러 해 동안 애써 왔고 이제 그때가 왔지만, 이제는 많은 일에 하나 더 늘어난 일일 뿐이었다. 그를 보좌하는 라이프치히 임시 부원장 로타어 디트리히는 갓 스물세 살이었다.

라이프치히 동물원으로서는 거물급 인물을 잃은 손실에서 회복하는 데 긴 시간이 걸리게 생겼다. 새로 생긴 베를린 티어파르크가 곧 이 동물원을 제치고 동독에서 가장 중요한 동물 관련 기관이 된다.

　　　　　타인의 동물원: 동서 베를린 동물원의 무한경쟁

그사이에 다테는 베를린에서 서베를린 동물원과 평화롭게 공존한다는 인상을 유지하려 애썼다. 티어파르크 개장 이틀 전, 그는 동독 신문 「노이에스 도이칠란트」를 통해 이렇게 선언했다. "베를린 동물원과 우리의 새 베를린 티어파르크는 구조가 근본적으로 달라서, 누구도 바라지 않는 '경쟁'은 벌어질 수도 없다."

하지만 두 동물원이 라이벌이 될지 아닐지에 대한 결정은 머지않아 그의 손을 떠나게 된다.

베를린 동물원의 원숭이를 따뜻하게 안고 있는 하인츠-게오르크 클뢰스의 1960년 사진.

3장

네 번째 남자

1955년 10월의 비 오는 아침 카타리나 하인로트는 옛 동료에게 작별을 고하기 위해 라이프치히를 방문했다. 추도 연설을 하기 위해 카를 막스 슈나이더의 장례식에 가는 길이었다. 그녀는 종종 슈나이더와 동물을 교환했다. 정치적 국경을 사이에 두고 하마 번식도 함께 성공시켰다. 그리고 슈나이더는 그녀가 베를린 동물원 주주들이나 감사회의 공격을 당할 때마다 그녀를 옹호했다.

하인로트는 슈나이더의 관 뒤로 걸어가면서 친구가 또 한 명 줄었다고 생각했다. 그의 관은 이 도시의 '남부 공동묘지'에 묻힐 예정이었다. 나중에 라이프치히 시장 한스 에리히 울리히가 그녀에게 다가와 슈나이더의 후임을 아직 못 찾았다고 말했다. 그는 그녀에게 원장 자리를 제안했다.

이보다 한 해 전, 하인로트는 서독의 부퍼탈 동물원에서도 비슷한 제안을 받았다. 그녀는 자신을 베를린에서 데려가려는 이런 시도를 접하며 우쭐했다. 그녀의 업적이 결국은 인정받고 있었다. 베를린의 상황은 딴판이었다. 최근에 동물원 내 포식 동물 영역에서 문제가 발생했다. 호랑이 한 마리와 표범 두 마리가 음식을 거부하고 토하며 설사를 한 것이다. 누구도 원인을 찾지 못했다. 하인로트는 어머니에게 쓴 편지에서 "우리가 끝까지 피해야 할 것은 감사회 연례 회의 전에 동물이 죽는 것"이라고 썼다. 그녀는 어머니에게 주기적으로 동물원 소식을 전했고, 앞으로도 여러 해 동안 비밀을 털어놓게 될 터였다. "불평이 또 다시 터져 나올 거에요."

카타리나 하인로트는 이제 쉰여덟 살이 되었다. 그녀 바로 밑에 있는 베르너 슈뢰더는 수족관 일에 손이 완전히 묶여 있고, 그녀가 홀로 동물원을 가까스로 이끌고 있었다. 그녀는 동물원장 일을 하면서 기술대학에서 동물학 강의를 했고, 매주 방송되는 라디오 프로그램 「동물과의 우정」에도 출연했다. 그녀가 감사회에 조수 한 명 채용을 허가해 달라고 편지를 보냈을 때, 몇몇 위원들은 추가로 공격당할 빌미를 만들지 말고 요청을 철회하라고 충고했다. 그러나 그녀는 압력에 굴하는 유형의 사람이 아니었고, 업무를 지금처럼 계속할 수는 없었다. 그녀는 하루에 16시간을 일했고 잠은 기껏 6시간밖에 자지 못했다. 그녀는 어머니에게 보낸 편지에서 "더는 말을 할 수 없는 지경"이 되는 날도 있다고 썼다. 그녀가 마침내 밤늦게 휴식을 취하게 되면 마음속에서 온갖 생각이 빙빙 맴돌았다. 그녀는 여전히 계획이 많았다. 동물원 안에 행동과학 연구소를 세우고 싶었고, 새 하마관은 이미 건축에 들어간 상태였다. 슈뢰더와 함께 동물원 확장에도 나서, 시와 땅을 교환하는 방식으로 면적을 29헥타르 늘릴 수 있었다. 동물원의 보유 동물 규모는 다시 2만 마리 수준으로 늘었다. 온갖 미움을 받으면서도 원장 자리를 포기하고 싶지 않았던 그녀는 너무나 동물원에 헌신했다.

그래서 라이프치히 동물원장직 제안을 거절했다.

강제 퇴장

하인로트가 라이프치히에 간 사이에 감사회가 베를린에서 회의를 열었다. 위원 전체가 여성이 물러나는 게 적절한 때라는 데 동의했다.

하인로트가 집으로 돌아온 지 며칠 뒤, 프리츠 슈미트-횐스도르프라는 남자가 찾아왔다. 그는 1930년대에 할레 동물원 원장을 지냈고 당시엔 베를린 자유대학에서 기생충학을 가르쳤다. 그가 베를린 동물원 감사회에서 활동한 지는 1년밖에 되지 않았지만, 하인로트는 그가 가장 사나운 적들 중 하나임을 감지했다.

슈미트-횐스도르프는 그녀 건너편에 앉아서 "짧게 합시다."라고 말했다. "감사회는 당신과 결별하기로 했다는 걸 전할 수밖에 없습니다. 당신이 사퇴하는 게 최선일 겁니다. 그러면 조기 퇴직으로 인정받을 수 있습니다."

사실 하인로트는 내려갈 생각도, 그를 편하게 만들어줄 생각도 없었다. 그래서 이렇게 대답했다. "대체 어떻게 감사회가 그런 결정을 내렸죠?"

슈미트-횐스도르프는 신중했다. "물론, 당신이 동물원을 위해 이룬 업적을 우리 모두 잘 압니다. 그리고 그에 대해 매우 감사하고 있습니다. 그러나 감사회는 여성에게 추가 건설 사업을 맡길 수 없습니다. 일이 어긋나면, 우리는 당신을 그냥 놔둔 걸 한탄하게 될 겁니다. 책임을 남자에게 떠넘기는 게 더 쉽습니다.”

하인로트는 더 말해 봐야 소용이 없다고 느꼈다. 결정은 내려졌다. 몇 주 뒤 그녀는 결정을 편지로 받았다. 편지는 이렇게 밝혔다. “베를린 동물원의 재건 작업이 장기간에 걸쳐 꾸준히 진행되도록 보장하기 위해, 감사회는 더 젊고 과학적인 동물원장이 늦어도 1957년 초부터 필요하다고 믿는다.” 그녀와 숨진 그녀의 남편이 이룬 업적에 대한 보상으로, 하인로트는 매달 900마르크(214달러)의 연금을 받게 될 터였다.

카타리나 하인로트는 수많은 걸림돌에 맞선 투쟁에 녹초가 되었지만, 스스로 사퇴할 뜻도 없었다. 그녀는 그들이 자신을 몰아내는 상황으로 몰고 갈 작정이었다. 하지만 상황은 결국 그렇게 되지 못했다. 그녀는 몇 달 뒤 공세에 지쳐 물러나는 데 동의했다. 그녀에게 후임자를 지정하고 6개월 동안 훈련시킬 시간이 주어졌다.

그녀가 가장 선호한 인물은 동베를린에서 막 티어파르크를 개장한 하인리히 다테였다. 하지만 다테를 고용하는 건 감사회로서는 정치적으로 문제가 있었다. 게다가 공식적으로는 인력 빼오기에 해당했다. 그녀는 두 번째 선택지로 프랑크푸르트 동물원장 베른하르트 그지메크를 꼽았지만, 그는 제안을 거부했다.

그지메크는 1920~30년대에 프리드리히-빌헬름대학에서 수의학을 공부했고, 베를린 동물원도 자주 방문했다. 당시 원장 루트비히 헤크는 주기적으로 그에게 무료 입장권을 제공했다. 베를린 동물원 사육사 중에는 그를 학생 때부터 알던 이들도 있었다. 그지메크는 자신이 동물원장으로 돌아온다면 그들이 자신을 존중하지 않을까 봐 걱정했다. 게다가 분단된 도시의 정치적 상황도 그를 불안하게

 타인의 동물원: 동서 베를린 동물원의 무한경쟁

했다.

세 번째 후보는 쾰른 동물원을 4년째 이끌고 있는 빌헬름 빈데커였는데, 그 또한 원장 자리를 거부했다. 하인로트가 1년 전 뮌스터에서 만난 젊은 남성을 떠올리게 된 것은 원장 자리에 대한 사람들의 무관심에 괴로워하기 시작할 즈음이었다.

*

1955년 독일의 동물원 원장들이 동물 사육법에 대한 최신 전망을 논의하기 위해 여느 해처럼 모였다. 이런 모임이 보통 그렇듯, 참석자들은 단체 기념 촬영을 했다. 이번에는 사진사가 사진 배경으로 뮌스터 동물원 창립자인 헤르만 란도이스 동상을 골랐다. 원장들은 약간 따분한 학생들처럼, 동상 앞 계단에 카타리나 하인로트를 중심으로 모인 모양새를 취했다. 베르너 슈뢰더를 뺀 모두가 미소를 짓거나 적어도 미소 짓는 시늉을 했다. 슈뢰더는 평소 표정을 유지했는데, 전후 시기의 모든 고생을 요약해 보여주는 듯한 표정이었다. 마지막 줄에는 하인리히 다테가 하인로트 머리 뒤에서 웃고 있었다.

계단 앞에는 주철로 만든 대포가 2기 있었다. 연한 갈색 모직 양복을 입은 남성이 왼쪽 대포에 올라탔다. 뒤로 넘긴 그의 노랑머리는 손으로 너무 힘차게 넘긴 탓에 헝클어졌다. 그는 스물아홉 살보다 훨씬 젊어 보였다. 사람들이 첫눈에 짐작하진 못하겠지만, 대포 위에 앉은 이 젊은이는 야심 있는 동물원장이었다. 하인츠-게오르크 클뢰스는 한 해 전에 독일 북서부 지역의 오스나브뤼크 동물원 원장 자리에 오름으로써, 동서독을 통틀어 가장 젊은 동물원장이 되었다.

클뢰스는 부퍼탈 출신으로 십 대 때 현지 동물원 사육사 대부분이 전선으로 파병된 통에 동물원 일을 도운 적이 있다. 그는 그 나이에 이미 언젠가 동물원장이 될 거라고 확신했다. 그러나 학업을 마치기 전에 전쟁이 끼어들었다. 그는 열일곱 살에 군에 징집되어 대공 업무에 투입되었다가 포병 사단으로 재배치되었다. 전쟁이 끝날 즈음엔 벨기에에서 영국군 포로가 되었다. 1945년 6월 풀려난 뒤 곧바로 애초 목표로 했던 직업을 위해 대학 입학시험을 치렀다. 하지만 당시 독일 대학 입학 허가를 받는 것은 어려웠다. 제한된 학생만 입학이 허용되었고 열아홉 살의 클뢰스처럼 어린 학생들은 기다려야 했다.

그는 진학을 기다리며 부퍼탈 수족관과 새장의 사육사로 돌아갔다. 이 시기에 동물원들이 다른 점령 구역에 있는 동물원과 처음으로 동물을 교환했다. 클뢰스는 1946년에 인도혹소 두 마리를 막 복구된 프랑크푸르트 동물원으로 보낼 때 따라갔다. 부퍼탈 동물원은 영국 점령 구역에 있었고, 프랑크푸르트 동물원은 미국 점령 구역에 있었다. 클뢰스는 프랑스 점령 구역을 경유하는 라인란트팔츠주 경로를 피해야 했다. 프랑스인들은 손에 잡히는 건 모두 압수한다는 소문이 돌았기 때문이다.

프랑크푸르트에는 숙소가 드물었기 때문에 클뢰스는 동물원장 베른하르트 그지메크의 집에 묵었다. 그 이후 몇 년 동안 클뢰스는 이 집을 자주 방문하게 된다. 1947년 여름 클뢰스는 마침내 프랑크푸르트 인근 기센의 유스투스리비히대학에서 수의학을 공부할 수 있게 되었다. 그는 주말이면 프랑크푸르트 동물원을 방문했다. 그지메크도 수의학자였는데, 당시는 수의학 전공자가 동물원 경영 직군에

     타인의 동물원: 동서 베를린 동물원의 무한경쟁

서 진급하기 어려웠다. 대부분의 동물원장은 동물학자였고, 동물학
자들은 수의학자들을 약간 깔보았다. 수의학자들이 동물원에서 일
하려면 지식을 추가로 습득해야 했기 때문이다.

그지메크는 이 젊은 수의학과 학생을 자기 아래 품었다. 그에게
동물 사육 대신 자신의 동물원 순회에 따라 다니게 함으로써 동물원
장의 책임을 깨닫게 했다.

클뢰스는 여름 방학 동안 고향으로 돌아가, 동물원에서 일하거나
「게네랄안차이거 엘버펠트바르멘」 신문에 글을 써서 돈을 벌었다.

모노레일 위의 코끼리

1950년 7월 클뢰스는 부퍼탈에서 곧 공연할 예정인 '치르쿠스(서
커스) 알트호프'에 대한 기획 기사를 청탁받았다. 서커스단의 프란츠
알트호프 단장은 현란한 광고로 유명했기 때문에, 이 젊은 기자는
실제로 벌어지는 일을 들춰 보기로 작정했다. 클뢰스는 서커스 업계
경험도 약간 있었다. 그는 학기 사이에 몇 주 동안 '치르쿠스 하겐베
크'에서 말들을 돌봤다.

알트호프의 주요 매력 포인트이자 최신 광고의 핵심은 '투피'라는
이름의 인도 코끼리였다. 이 코끼리는 새끼 때부터 알트호프가 기르
던 네 살짜리 암놈이었다. 이 코끼리는 어려서부터 사람을 두려워하
지 않았고, 그래서 서커스단이 공연한 여러 곳에서 줄곧 홍보에 동
원되었다. 바이에른주 알트외팅에서는 세례용 성수를 몽땅 마셔버
렸고, 뒤스부르크에서는 항구 구경에 나섰고, 졸링겐에서는 벽돌공
들에게 맥주를 가져다주려고 비계를 기어올랐다. 오버하우젠에서는
시청 4층에 있는 시장을 태우려고 전차를 타고 시청으로 향하기도

했다. 그날 이 코끼리는 화분에 심은 식물을 먹어 치우고 카펫에 오줌을 쌈으로써 예정된 행동에서 약간 벗어나기도 했다.

알트호프의 대변인 헬마 포크트는 투피가 부퍼탈에서 할 수 있는 것을 이미 생각해 두었다. 동물원의 코끼리들을 찾아가게 하자는 것이었다. 포크트는 동물원에 가게 되면 전차 타기 묘기가 확실히 호평을 받을 거라고 상상했다. 그녀는 "당신 생각은 어때요?"라고 기대에 차서 클뢰스에게 물었다. 이 젊은이는 생색을 내는 어투로 "부퍼탈에서는 현수형 모노레일을 타게 됩니다."라고 설명했다.

헬마 포크트는 그의 말을 생색내는 태도로 보는 대신 뛰어난 착상의 씨앗으로 여겼다. 코끼리가 모노레일에 타는 것을 생각도 해보지 못했고 자신도 모노레일을 타 본 적 없지만, 부퍼탈에서 모두 모노레일을 탄다면 투피도 타야 할 거라고 생각했다.

7월 21일 아침 부퍼탈 시내 바르멘 지역의 옛 시장 광장 교차로가 사람들로 북새통을 이뤘고, 경찰은 구경꾼들과 언론인들을 인도로 올라가게 하려고 애를 썼다. 15마리의 코끼리가 흰 가죽 복장으로 치장하고 한 줄로 역을 향해 오는 게 멀리서도 벌써 보였다. 투피는 맨 끝에 있었다.

이렇게 뛰어난 행진이 누구의 발상인지는 누구도 기억하지 못한다. 예상하듯이, 프란츠 알트호프와 시 교통 책임자가 서로 자신의 발상이라고 공개적으로 주장했다. 누구의 발상이건, 시 경계 한참 너머에서까지 서커스와 동물원, 부퍼탈에 관심이 쏠리길 기대했다.

코끼리들이 모노레일 역 계단 밑에서 기다리는 동안, 알트호프는 투피를 위해 4장의 열차표를 사는, 거창한 쇼를 했다. 투피는 코를 이용해 판매대에서 차표를 직접 집었다. 이어 알트호프와 투피가 돌

계단을 올랐고, 알트호프의 스무 살 된 아들 하리, 대변인 헬마 포크트, 코끼리 사육사, 언론인 무리가 동행했다. 투피가 가파른 계단을 놀랍도록 민첩하게 오르자, 언론인들은 코끼리 어깨 높이에서 사진을 계속 찍어댔다.

이 철도가 부퍼탈 시내를 흐르는 부퍼강을 가로지르는 지점은 12m 높이의 철제 구조물로 지탱되고 있었다. 투피는 승강장에서 편안한 모습을 유지했다. 높이를 두려워하는 기색은 좀처럼 보이지 않았다. 이 코끼리는 승강장 모서리를 가로지르는 그물에 자기 몸통을 이따금씩 밀착했다. 곧 열차가 도착했다.

13번 객차가 투피에게 배정되었다. 알트호프는 언론인들을 서커스 버스에 태워 열차가 서는 곳까지 이동시킬 계획이었다. 열차가 서면 투피가 창문 너머로 카메라를 향해 몸통을 흔들게 하고, 이어 언론인들이 열차 여행을 끝낸 투피와 합류한다는 구상이었다. 그러나 코끼리가 열차에 타자마자, 언론인 몇 명이 열차로 밀고 들어왔다. 클뢰스를 포함한 다른 이들도 더 좋은 사진을 동료들에게 빼앗길까 싶어 뒤따라 탔다. 옆 객차의 승객들이 소동의 낌새를 챘고 일부 승객은 재빠르게 13번 객차로 옮겨 왔다. 결국 13번 객차에 4명의 서커스 관계자, 약 20명의 언론인, 많은 승객들, 700kg의 코끼리가 타게 되었다. 아무도 옴짝달싹하지 않았고, 할 수도 없었다.

열차는 부퍼탈 동물원이 있는 엘버펠트 지역을 향해 윙윙거리며 달렸다. 포크트는 옆에 서 있는 클뢰스에게 "대단한 광고 아니에요?"라고 신나서 떠들었다.

이 지점까지 투피는 평온한 그림 같았지만, 불안정한 낌새가 느껴지기 시작했다. 열차가 첫 번째 곡선 구간으로 접어들며 날카로운 쉿소리를 내자, 투피는 나팔을 불 듯 크게 울고 귀를 펄럭이며 동요하는 기색을 확연히 드러냈다. 코끼리가 한 승객의 발을 밟자 그 승객이 "코끼리가 날뛴다!"라고 소리치면서 상황이 더 나빠졌다. 모두가 객차 앞에서 무슨 일이 벌어지는지 보려고 몰렸다. 앞쪽에 있던 클뢰스 등 몇 사람이 그들을 뒤로 밀었다.

코끼리는 고개를 뒤로 돌릴 수 없다. 뒤를 보려면 몸을 돌려야 한다. 투피도 즉각 돌아섰다. 사람들이 투피에게 자리를 내주려고 비키면서 한꺼번에 넘어졌다. 좌석이 부서지고, 언론인들의 카메라 장비가 망가졌다. 비명이 터져 나왔다. 투피는 포크트를 잽싸게 찼고, 포크트는 의식을 잃었다.

투피에게는 너무 가혹한 상황이었다. 투피는 열차에서 내리고 싶어 하면서 머리를 유리창에 박았다. 한 번, 두 번, 그리고는 유리창이 깨졌다. 코끼리는 계속 머리를 휘둘렀고 결국 추락했다. 알트호프는 투피를 따라 뛰어내리려 했지만, 그의 아들이 말렸다. 의식을 잃은 대변인을 부축하던 클뢰스는 갑자기 이 혼란이 슬로우모션으로 느껴졌다. 투피가 12m 아래로 떨어지는 동안 그의 머릿속에 떠오른 것은 오직 "길거리 행인들이 이 장면을 보면 어떤 표정을 짓는지 찍을 수 없구나."라는 생각뿐이었다.

멈추지 않고 계속 달린 열차는 결국 다음 역인 아들러브뤼케에 도착했다. 걸을 수 있는 이들은 모두 문으로 몰려가 빠르게 계단을 내려간 뒤 투피가 뛰어내린 강변으로 달려갔다. 부퍼강은 시내 구간 곳곳에서 깊이가 50㎝에도 못 미쳤고, 강바닥은 바위투성이였다. 그러나 다행스럽게 투피가 떨어진 곳은 물이 조금 더 깊었고, 바닥은 진흙이었다. 현장에 언론인들이 처음 도착했을 때 투피는 얕은

　　　　타인의 동물원: 동서 베를린 동물원의 무한경쟁

물에서 즐겁게 놀고 있었다. 기적처럼 투피는 옆으로 떨어지면서 몸 뒷부분에 약간의 생채기가 생긴 것을 빼고는 멀쩡했다. 헬마 포크트의 상태는 이보다 나빴다. 그녀는 갈비 쪽이 멍들고 얼굴에 깊은 상처가 생겨 병원으로 옮겨졌다. 클뢰스는 그녀를 따라 병원으로 갔다. 그녀가 정신이 들자 처음 한 질문은 "투피는 어떤가요?"였다.

프란츠 알트호프가 투피를 부퍼강에서 나오게 하는 데 꽤 시간이 걸렸다. 거리의 행인과 근처 건물에서 창밖을 내다본 주민들은 부퍼탈 거리를 지나는 특이한 행렬에 크게 놀랐다. 물이 뚝뚝 떨어지는 코끼리 한 마리와 흠뻑 젖은 서커스 단원들과 언론인들이라니. 일부 언론인은 투피 사진을 찍을 기회를 드디어 포착하려고 허리까지 차는 강으로 들어갔다. 투피의 짧은 모노레일 여행은 시작부터 끝난 뒤까지 모두 사진으로 찍혔다. 그러나 투피가 부퍼강으로 뛰어드는 장면을 포착한 이는 없었다. 소동에 너무 충격을 받아 사진을 찍을 새가 없었다. 나중에 만들어진 합성(몽타주) 사진을 담은 엽서는 불티나게 팔렸다.

예정됐던 동물원 방문은 문자 그대로 완전히 망쳤다. 열차 여행 시도가 최악의 결과를 낳을 수도 있었지만, 홍보 효과는 여전했다. 그 뒤 알트호프 서커스단이 어디를 가든, 사람들은 투피를 보려 안달했다. 팬들이 수많은 편지를 보냈고, 퀼른-부퍼탈 유업은 자사 제품에 투피 이름을 붙였다. 서투른 홍보 묘기의 고안자들인 프란츠 알트호프와 부퍼탈 교통 책임자는 재판을 받는 운명이 기다리고 있었다. 그들은 교통 위험과 신체 손상을 유발한 무모함을 이유로 450마르크(107달러)의 벌금형 판결을 받았다.

독일에서 가장 어린 동물원장

투피가 모노레일에서 뛰어내린 이야기는 확실히 별나지만, 하인츠-게오르크 클뢰스는 실제로 이 이야기 어디에도 등장하지 않았다. 이 일화는 부퍼탈 출신 동물 그림 삽화가 마르타 슈메츠(필명 마르테 슈메츠)의 잘 알려지지 않은 책『노아의 방주: 3등 선실』에 소개되었다. 클뢰스는 50년 뒤 이 구절을 자신의 비망록『동물과의 우정』에 그대로 인용한다. 이는 그가 만들고 싶은 이미지에 딱 맞았다. 그러나 사건 당시 그는 경력을 막 시작한 단계였고 동물원장이 되겠다는 목표를 위해 온 힘을 다하는 처지였다.

그는 1952년 기니피그의 내장과 자궁 근육 조직에 심장약이 끼치는 영향에 대한 논문을 쓰고 대학원 과정을 마쳤다. 한동안 홀슈타인에서 수의사로 일한 뒤 고향 동물원의 연구 조수가 되었다. 그는 언젠가 부퍼탈 동물원을 지휘하겠다고 마음먹었다. 하지만 그에 앞서 1954년 봄에 오스나브뤼크 동물원 원장이 될 기회를 얻는다.

오스나브뤼크의 '동물 정원'은 언덕이 많은 너도밤나무 숲에 있었다. 비슷한 소규모 동물원들처럼 이곳도 1930년대 중반에 세워졌다. 이 시기에 집권하던 나치들은 자연과 출신지를 중시했고 그래서 독일 고유의 동물만 기르는 동물원을 선호했다. 관련 전문 매체에 실린 발표를 보면, 동물원 쪽은 전쟁 때문에 망가진 시설을 근대 동물원으로 탈바꿈시킬 새 동물원장을 찾고 있었다. 클뢰스는 50명에 이르는 지원자 중 한 명일 뿐이었지만, 이 야심 찬 젊은 수의학자는 적절한 때에 적절한 후원자를 자주 만나는 행운이 있었다. 이번 경우는 함부르크의 유력 동물 무역상인 오토 포켈만과의 인연이 도움이 되었다.

포켈만이 어느 날 부퍼탈 동물원으로 이 젊은이를 찾아왔다. 그는 클뢰스가 자기 회사에서 훈련생으로 있을 때부터 알았고, 그 이후에도 그의 활동을 주목했다. 그는 클뢰스가 부퍼탈 동물원 원장이 되고 싶어 하는 것을 잘 알고 있었다.

그는 "클뢰스 박사, 오스나브뤼크의 자리를 정말 원합니까?"라고 말한 뒤 잠깐 있다가 암시하는 웃음을 지으며 이렇게 덧붙였다. "아니면, 당신에게 다른 선택지가 있음을 부퍼탈 경영진에게 보이려는 수법일 뿐인가요?"

클뢰스는 이렇게 답했다. "물론, 언젠가는 여기 원장이 되고 싶습니다. 그러나 의사가 나중에 수석 의사로 임명받기 위해 일단 다른 병원으로 옮기는 것처럼, 제가 먼저 다른 곳에서 능력을 보여준다면 제 기회가 커질 거라고 생각합니다."

포켈만은 이런 자신 있는 태도가 마음에 들었다. "그럼 내가 당신을 돕겠소."

"어떻게 하실 겁니까?" 클뢰스는 물었다.

포켈만은 다시 씩 웃었다. "그냥 내게 맡겨 둬요."

포켈만은 오스나브뤼크 감사회에 다음과 같은 제안을 했다. 동물원에 사자 두 마리, 하이에나 두 마리, 얼룩말 두 마리, 사자꼬리원숭이 두 마리, 펠리컨 두 마리, 두루미 여섯 마리, 독수리 여섯 마리, 플라밍고 열 마리, 오리와 거위 몇 마리를 제공할 것이다. 그 대신 동물원은 동물 구입비 3만5천 마르크(8천 달러)를 입장료 수입으로 벌 때까지 지급하지 '않아도' 된다. 입장료 수입으로 돈이 모이기 전에 동물 한 마리라도 죽으면, 그 손실은 포켈만이 감당한다. 유일한 조건은 클뢰스를 동물원장으로 임명하는 것이다.

감사회로서는 결정이 쉬웠다. 오스나브뤼크 사람들은 포켈만이 약속한 놀라운 동물들을 전에 본 적이 없었다. 그때까지 이 동물원에서 가장 유명한 동물은 불곰 '테디', 오소리 '투티', 여우 '프레키'가 고작이었다. 그리하여 1954년 4월 하인츠-게오르크 클뢰스는 원장 일을 시작하게 된다. 그는 막 28살이 되자마자 독일에서 가장 어린 동물원장이 되었다.

포켈만은 클뢰스가 원장이 되는 게 자신에게 이롭지 않았다면 그를 돕지 않았을 것이다. 클뢰스의 이름이 포켈만이 동물들을 팔기 전에 저렴한 비용으로 임시 보관해 줄 고객 명단에 더해졌다. 동물 무역상들은 자신들의 '상품'을 일시 보관할 장소를 찾음으로써 공간을 최대한 확보해야 한다.

클뢰스는 처음 몇 달 동안 많은 일을 혼자 힘으로 처리해야 했다. 필요한 사료를 계산하고 사들이며, 우리를 설계하고, 광고와 홍보를 감독하며, 가장 중요하게는 새 수익원을 확보해야 했다. 이 일에 있어서 그는 개척자였다. 그는 오스나브뤼크의 기반 시설 업체들을 설득해 북극곰을 기부하고 이 곰의 사료비를 계속 지원하게 했다. 그는 동물원 부지를 포식 고양잇과 구역, 발굽 있는 동물 구역, 조류 구역으로 나누고 각각을 돌볼 전문 사육사를 확보하는 개편 작업에 착수했다. 신참자의 이런 접근이 감사회로서는 너무 서두르는 감이 있었다. 감사회는 모든 것을 즉각 뒤집어엎으려는 그의 야심에 제동을 걸었다. 예컨대 코끼리를 확보하자는 요청을 거절했다.

하지만 라인하르트 코펜라트는 새 원장에 매료되었다. 클뢰스가 18세인 코펜라트보다 딱 열 살 많았지만 그보다 젊어 보인 데 더해서 누구로부터도 지시를 받지 않는 모습에 매료된 것이다. 감동한

　타인의 동물원: 동서 베를린 동물원의 무한경쟁

코펜라트는 클뢰스를 롤 모델로 여기게 되었다. 그의 아버지 하인리히는 오스나브뤼크 동물원 설립자들 중 한 명이었기 때문에, 코펜라트는 소년 시절 동물에게 먹이 주는 것을 도왔다. 동물이 출산할 때 또는 밖으로 도망쳤을 때, 그의 아버지는 보통 아들을 미리 보내 상황을 파악하게 했다. 코펜라트는 클뢰스가 자신을 데리고 동물원을 돌면서 계획을 이야기해 주고 본인의 사색에 동참하게 해 주는 느낌을 받는 순간을 즐겼다. 클뢰스는 "젊은이, 언제나 비전을 가져야 해."라고 말하곤 했는데, 코펜라트는 이 말을 영원히 기억하게 된다.

코펜라트는 클뢰스의 말을 주의 깊게 듣고 우러러 보는 것으로 보답했다. 적어도 키는 둘이 거의 같았지만 말이다. 클뢰스는 단신이고 마른 편이랄 수 있었지만, 주장이 강하고 자신의 아이디어를 사람들이 경청하게 만들었다. 그는 끈기 있고 말을 잘했으며 세련된 전략가였다. 사람들을 자기편으로 끌어들여 최대한 유리하게 이용하는 법을 알았다. 필요하다면 자기 생각대로 하기 위해 목소리를 높이는 것도 문제없이 했다.

클뢰스는 동물원에 질서와 위계를 부여했고, 이는 그가 아침 순회를 할 때 분명히 드러났다. 코펜라트는 아침 순회가 의사들의 회진에 참여하는 것과 아주 비슷하다는 데 놀랐다. 젊은 원장이 사육사와 수의사 무리를 대동하고 매일 아침 동물원을 천천히 걸을 때면 마치 의사 같았다.

동물원이 진용을 완전히 갖추도록 개조하는 데 2년이 걸렸다. 방문객 수는 12만 명에서 20만 명으로 늘었고, 소문이 오스나브뤼크 너머까지 퍼졌다. 어느 날 슈미트-휜스도르프라는 성을 쓰는 남성이 멀리 베를린에서 와서 클뢰스에게 자신을 소개했고, 두 사람은 동물원을 함께 거닐었다. 젊은 동물원장은 이 만남에 대해 별 생각이 없었다. 그로서는 특별할 게 없는 만남이었다. 동물원을 구경한 뒤 두 사람은 점심을 함께 들었다.

어느 순간 슈미트-휜스도르프가 아주 자연스럽게 말했다. "그런데 클뢰스, 뭐 좀 물어봅시다. 베를린으로 오겠습니까? 우리는 젊은 사람을 쓸 수 있어요." 그는 클뢰스가 네 번째 후보라는 점은 편의상 건너뛰었다.

클뢰스는 카타리나 하인로트가 몇 년 동안 감사회에 조수를 구하게 해달라고 요구해 왔다고 들었다. 그러나 그는 2인자가 될 생각이 없었고, 슈미트-휜스도르프에게도 그렇게 말했다.

슈미트-휜스도르프는 이런 반응을 예상했다. 그는 클뢰스의 눈을 똑바로 쳐다보면서 말했다. "클뢰스 씨, 당신이 지금 승낙하면 베를린에 동물원장으로 오게 됩니다."

클뢰스는 당황했다. 그는 '이런 것'을 기대하지 않았다. 28세에 오스나브뤼크에서 동물원장으로 뽑힌 것도 대단한 성과였다. 그러나 슈미트-휜스도르프가 지금 그에게 제안하는 건 물리치기 어려웠다. 그는 얼마 전 라이프치히에서도 비슷한 제안을 받은 적 있지만, 정치적 상황과 자신의 약혼녀 우르줄라 때문에 거절했었다. 그는 우르줄라를 프랑크푸르트에서 만났다. 그녀는 그곳 동물원 사상 첫 여성 자원봉사자였다. 그녀는 라이프치히로 가려고 하지 않았다. 미래의 장인은 "동독으로 가면 안돼!"라고 고집했다. 그런데 서베를린은 동독 한가운데에 있었다.

그는 한동안 생각을 모은 뒤 "물론 약혼녀에게 물어봐야 합니다."

　　　　　　　　　　　　　타인의 동물원: 동서 베를린 동물원의 무한경쟁

라고 답했다.

슈미트-휜스도르프는 일어나면서 "상의해 보세요."라고 말하고 "그러나 우리가 베를린에서 다시 만날 것임을 나는 확신합니다."라고 덧붙였다.

서베를린은 그런 곳이었다. 클뢰스가 친구들에게 물어보자, 가지 말라고 권했다. 그들은 눈썹을 찡그리며 말했다. "서베를린, 거긴 거의 시베리아야." 그러나 클뢰스가 항상 조언을 귀담아듣는 사람인 베른하르트 그지메크는 이 기회를 잡으라고 권했다. 우르줄라도 이사에 동의했다. 그래서 클뢰스는 오스나브뤼크 동물원 감사회에 자신의 계약을 끝내달라고 요청했다. 감사회 위원들은 이 소식이 반갑지 않았지만, 버금가는 제안을 할 수 없다는 현실을 알았고 그래서 동의해 주었다.

1956년 6월말 클뢰스가 계약서에 서명하려고 베를린에 갔을 때 대중은 이 젊은 노랑머리 청년에 주목하지 않았다. 베를린영화제가 열리고 있었고, 언론은 '호텔암추'에 머무는 배우들을 물고 늘어지기에 바빴다. 클뢰스는 "거의 고려 대상이 아니었다."라고 「타게스슈피겔」이 지적했다. 그는 서명하고 바로 오스나브뤼크로 돌아왔다. 그의 새 일은 이듬해 초에나 시작될 예정이었다.

*

카타리나 하인로트로서는 감사회가 약속한 대로 새 원장을 6개월 동안 훈련시킬 수 있다는 사실이 의지가 됐지만, 감사회가 약속을 깼다. 감사회 의장 아르노 바이만은 그녀에게 "동물원은 원장 두 사람에게 임금을 지급할 돈이 없다."라고 말했다.

하인로트는 발끈했다. 자신이 곧 떠나더라도 여전히 동물원을 자신의 것처럼 느꼈고 동물원의 미래는 그녀에게 아주 중요했다. 그녀는 바이만에게 "어떻게 그렇게 근시안적일 수 있죠?"라고 말했다. 이어 이렇게 말했다. "클뢰스 씨는 서른 살도 안됐습니다. 나이 많은 사육사 중에 신참을 상사로 모시는 데 갑자기 동의할 사람이 단한 사람이라도 있을 거라고 진짜 생각합니까?"

바이만은 즉각 "대학을 갓 나온 동물학자도 동물원을 운영할 수 있어요."라고 맞받았다. 또 이렇게 덧붙였다. "그게 당신한테 그렇게 문제가 되면 당신이 나중에 그를 지도하면 됩니다. 당신은 아직 관사 아파트에 머물 권리가 있어요."

그녀가 맺은 계약에는 관사에 3개월 더 머물 권리도 있었지만, 베를린의 건물이 너무 많이 파괴되었고 찾아볼 아파트도 충분하지 않았기 때문에 그녀는 관사 퇴거를 늦춰야 했다. 그녀가 어머니와 함께 한자피어텔 지구의 완공되지 않은 고층 아파트로 이사 간 때는 1957년 7월이었다. 이 건물은 서베를린 티어가르텐 끝자락에 있었다. 베르너 슈뢰더는 수족관에 하인로트의 책을 보관할 공간을 마련했지만, 감사회가 이 사실을 알고는 하인로트에게 즉각 치우라고 요구했다. 계속되는 다툼은 카타리나 하인로트에게 타격을 입혔다. 그녀는 폐렴, 편도선염, 요통으로 고생했다. 그녀는 자신의 동물원을 떠나기 싫어 몇 년 전 다른 도시에서 들어온 제안을 거절했던 것을 때때로 후회했다. 그동안의 언쟁은 상응하는 피해를 그녀에게 끼쳤다. 그녀는 20년 이상 머문 베를린 동물원에서 떠나게 되자, 조금은 안도했다.

　　　　　　　　　　　타인의 동물원: 동서 베를린 동물원의 무한경쟁

카타리나 하인로트가 동물원 직원들에게 작별 인사를 한 1956년 12월 30일에 그녀의 후임자는 베를린에 온 지 사흘째였다. 클뢰스는 이미 이사 과정에서 베를린으로 옮기는 게 이례적이라고 생각했다. 이제는 그의 부인인 우르줄라와 클뢰스는 참고 도서가 아주 많았는데, 짐을 동독을 거쳐 베를린까지 보내려면 정부의 허락을 받아야 했다.

하인로트가 원장 관사에 머무는 동안 클뢰스 가족은 새로 지은 하마관의 아파트를 최소한으로 수리해 살아야 했다. 클뢰스는 무거운 운반용 상자를 직접 옮겨야 했고 그 과정에서 미끄러지며 상자 모서리에 코를 부딪쳤다.

일주일 뒤 베를린 언론인을 상대로 한 회견에 나타난 그의 콧날에는 상처 딱지가 있었다. 설상가상으로, 사진 촬영을 위해 사육사가 그에게 안긴 새끼 사자가 그의 새 양복을 찢고 말았다. 그는 키가 작고 얼굴은 소년 같아서 경험 없는 철부지의 전형처럼 비쳤다.

클뢰스는 성급한 행동이 좋게 받아들여지지 않을 것을 감지하고 변화 선언을 참았다. 대신 잘못된 기대를 피하기 위해 먼저 "구내 구석구석을 모두 알아야 하고, 어찌 되었건 오스나브뤼크 동물원은 베를린 동물원과 비교하면 아주 작다."라고 겸손하게 말했다.

이는 온전한 진실이 아니다. 클뢰스는 몇 주 전 수족관의 새 악어 홀 개관식에 왔을 때 이미 동물원을 둘러봤다. 그는 그때 임시 우리가 여전히 너무 많은 데 충격을 받았다. 방문 당시는 산울타리와 나무들에 잎이 거의 없는 시기여서 전후에 되는대로 지은 새장과 우리를 감춰줄 수 없었기 때문에, 사태가 특히 분명하게 드러났다. 말할 것도 없이 클뢰스는 이미 개선 계획을 마음에 품고 있었다. 그는 임시 우리를 현대적인 건물과 우리로 바꾸고 보유 동물 수를 확대하고 싶었다. 그의 목표는 동물원을 세계에서 가장 다양한 종을 보유한 곳이라는 과거의 위치로 돌려놓는 것이었다.

그러나 그는 당분간 계획을 마음속에만 담아 두기로 했다. 지난 가을 방문 때 동물원에 있는 두 마리의 기린 중 암놈인 리케가 결핵을 앓고 있다는 것도 알았지만, 이 또한 남들에게 털어놓지 않았다. 하마 크나우치케를 빼면 리케는 이 동물원에서 가장 인기 있는 동물이었다. 전쟁 중에는 빈으로 피신했었고, 피신했던 동물 중 더 나중에 수족관으로 돌아온 동갈치를 빼고는 유일하게 돌아온 동물이기도 했다. 리케는 베를린 사람들에게 전후 희망의 상징이었다. 그러나 수의학자인 클뢰스는 리케가 오래 살지 못할 것을 곧바로 알았다. 그는 이 사실을 하인로트에게 알리는 대신, 자신이 동물원장에 취임하기 전에 리케가 죽기를 기대했다. 그는 대중이 사랑하는 동물이 죽으면 대중이 신참자인 자신을 용서하지 않을까 걱정했다.

*

사람들은 그가 베를린에 처음 공식 등장한 모습을 거의 기억하지 못했다. 그가 젊다는 것 정도만 기억했다. 많은 이들은 젊음을 참신함이 아니라 경험 부족과 연결시켰다. 클뢰스가 다음 날 아침 신문을 펼치자 '아주 어린 풋내기'가 유서 깊은 동물원을 운영하게 되었다고 쓴 기사를 보게 된다.

일이 쉽지 않게 돌아갔다. 그가 도착한 지 이틀 만에 구제역이 발

　　타인의 동물원: 동서 베를린 동물원의 무한경쟁

생했고, 조금 뒤 리케가 죽었다. 또 크나우치케와 불레테 사이에서 처음 태어난 새끼 하마가 하루 만에 죽자, 클뢰스의 데뷔는 공식적으로 실패로 생각되었다. 언론인, 관람객, 주주들은 클뢰스가 원장으로 적합한 선택이었는지 의심했다.

그는 처음에 사육사들의 존경을 얻기도 힘들었다. 베를린 동물원은 110년에 달하는 전통이 있고, 엄격한 규칙도 있었다. 클뢰스가 니더작센주 오지에서 하던 식으로 모든 것을 뒤집어엎을 수는 없었다. 그리고 전쟁 전부터 이 동물원에서 일해 온 고참들을 포함해 사육사들은, 가진 것이라곤 학위뿐인 30살짜리 신참자에게 업무 지시를 받으려 하지 않았다. 예를 들어 포식 동물들을 돌보는 구스타프 리델은 사자를 우리에 넣을 때 채찍질을 하는 버릇이 있었다. 클뢰스가 이런 행동의 위험성을 제기하자, 리델은 "아, 쟤들은 나를 해치지 않아요!"라며 클뢰스를 물리쳤다. 클뢰스는 게르하르트 쇤케가 일하는 모습을 보고는 더욱 놀랐다. 쇤케는 물범과 펭귄에게 먹이를 손으로 줬고, 심지어 불곰도 그렇게 사육했다.

클뢰스가 사육사들에게 주의를 주면, 그들은 보통 자기들끼리 뭐라고 속닥거렸지만 가끔은 곧바로 대놓고 투덜거리기도 했다. 여기에 익숙해지는 데 시간이 걸렸다. 오스나브뤼크에 있을 때는 이런 행동을 접한 적이 없었다. 니더작센 교육법에 익숙한 그곳 사육사들은 입을 열기 전에 30분 동안은 할 말을 곰곰 생각했다. 클뢰스가 우스운 사람이 되지 않으려면, 나이 많은 직원들에 대한 이해가 필요했다. 그래서 그는 리델과 쇤케에게 자신들의 행동을 책임지겠다는 각서에 서명하게 했다.

여전히 그의 장기 목표는 동물원의 활력을 되찾는 것이었고, 그래서 몇 주 뒤 베를린의 모아비트 지역에서 호리호리한 청년이 자신을 소개하려고 방문한 게 반가웠다. 랄프 빌란트는 언제나 동물들과 일하고 싶었다. 그는 한 해 전에 동물원 입사 지원을 한 바 있지만, 카타리나 하인로트가 받아 주지 않았다. 그녀는 직업 교육은 말할 것도 없고 그를 훈련시킬 돈도 없었다. 빌란트는 거리를 배회하지 않고 가족들에게 약간의 생활비라도 보태기 위해 한동안 도장공 훈련을 받았다. 그리고 1년 뒤 다시 동물원에 도전하기로 결심했다.

클뢰스는 그를 인터뷰할 때 "왜 안 되겠나? 나는 젊고, 젊은 사람을 주변에 두고 싶어."라고 말했다. 그는 나이 든 사육사들이 언젠가 동물원을 떠날 걸 염두에 뒀다. 그리고 젊은 직원은 자신이 원하는 모양으로 키울 수 있기 때문에 문제도 적다고 확신했다. 그래서 클뢰스는 일주일에 하루 직업학교 출석을 보장하는 조건으로 빌란트를 주저 없이 채용했다.

클뢰스가 원장으로 3개월째 되던 4월 1일 빌란트는 '동물 돌봄'을 공식 업무로 하는 계절노동자로 일을 시작했다. 동독에는 정부가 승인한 동물 사육사 훈련이 있었지만, 서독에서는 나이 든 사육사가 신참에게 비공식적으로 지식과 경험을 전수하는 것을 당연시했다. 빌란트는 열여섯이었고 클뢰스는 서른 살이었기 때문에, 클뢰스는 빌란트와 말할 때 대체로 비공식 호칭인 '너du'를 사용했다. 그는 빌란트에게 웃으며 "네가 일을 잘하면 '랄프'가 될 것이고, 일을 망치면 '빌란트 씨'가 될 거다."라고 말했다.

클뢰스가 직접 뽑은 직원 외에 그를 지원하는 세력은 그의 전임자를 몰아낸 동물원 감사회였다. 그들은 자신들이 오래도록 바라던 대로 새로운 남성을 원장으로 확보했으니, 카타리나 하인로트에게 거만하게 굴던 것과 너무나 다르게 클뢰스의 비위를 맞췄다. 하인로트가 몇 년 동안 싸워도 확보하지 못한 연구 조수를 클뢰스에게는 단 6개월 만에 채용하도록 허가했다.

클뢰스 또한 큰 도약을 할 자유는 얻을 수 없었다. 자금이 별로 없어서, 그가 처음 사들인 동물은 딱히 비싸지도 않고 추위에 민감하지도 않으며 특별히 신경을 쓸 필요도 없는 여러 종류의 오리와 거위였다. 동물원은 야외에 목초지와 연못이 많아서, 일시적으로 여기에 울타리를 치고 동물들을 수용했다. 이 때문에 그는 '울타리의 왕 Zaunkönig'—이 단어는 굴뚝새를 뜻하기도 한다—이라는 익살스런 별명을 얻었다.

클뢰스는 혁신을 원했지만, 그렇다고 인습 타파주의자는 아니었다. 그는 베를린 동물원의 역사적 유산을 잘 인식했고, 전쟁을 버텨낸 건물들을 보존해야 한다고 느꼈다. 많은 시청 직원들, 특히 롤프 슈베틀러는 동물원이 유서 깊은 건물을 유지하는 것을 좋아하지 않았다.

슈베틀러는 폐허를 신중하게 다루는 사람이 아니었다. 그는 도시개발부의 우두머리로서, 최근 몇 년 동안 서베를린 재건축을 밀어붙여 왔다. 사람들은 슈베틀러 아래서 철거된 건물이 전쟁 통에 파괴된 것보다 더 많다고 투덜거렸다. 그는 언젠가 동물원을 밑바닥부터 완전히 새로 재건하기를 바랐다. 그러나 이 부분에 있어서는 클뢰스가 이겼다. 그는 토템 기둥, 러시아식 통나무집과 함께 유럽들소와 아메리카들소 우리 같은 역사적인 건물을 보존하는 데 성공했다. 들소 우리는 20세기에 접어들 시점 아메리카 원주민식 가옥 형태로 건축된, 나지막하고 장식이 많은 목조 주택이었다.

클뢰스가 홍보에 노력했지만, 베를린 언론계는 그가 알던 오스나브뤼크 언론과는 아주 달랐다. 기자 회견에서 특히 한 젊은 기자가 클뢰스로서는 거의 답할 게 없는 질문들을 던졌고, 그가 할 수 있는 반응은 어깨를 으쓱하는 것뿐이었다. 이는 놀라울 게 없다. 클뢰스보다 여섯 살 어린 기자인 베르너 필리프는 어린아이 때부터 이 동물원을 알았다. 그도 한때는 동물원장이 꿈이었다.

필리프는 1953년 봄 부모와 함께 동베를린의 소련 점령 구역에서 탈출해 개인 강사 일로 생계를 꾸리다가, 최근 AP통신에서 일하기 시작했다. 그는 무엇보다 동물원에 대해 자주 보도했다.

클뢰스는 얼마 지나지 않아 "필리프가 내 대변인이 되면 일이 많이 줄어들 텐데."라고 혼자 생각하게 된다. 그는 사업 책임자 한스-요아힘 빌데가 필리프에게 제안을 하도록 지시했다.

빌데는 필리프에게 "이는 중요한 디딤돌이 될 것"이라고 했지만, 필리프는 고개를 저으며 대답했다. "아니요, 빌데 씨, 이건 종말이 될 겁니다. 나는 이십 대 초반이에요. 동물원에서 내가 하는 건 모두 낭비에요."

빌데는 이런 오만함에 놀랐지만, 필리프의 논리를 이해하고 결국 그가 아마 옳을 것이라고 인정했다. 그래서 베르너 필리프는 클뢰스와 동물원을 비판적인 눈으로 계속 주시하는 위치에 남았다.

그 이후 몇 년 동안 클뢰스와 필리프는 즐거운 관계와 긴장된 관계를 오락가락했다. 이 관계는 클뢰스가 필리프의 최근 기사를 좋게 봤는지 또는 필리프에게 뭔가 바라는 게 있는지 여부에 따라 달라졌다. 좋을 때는 상당히 유쾌하게 그를 대했다. 이럴 때는 자전거를 타고 동물원을 돌다가 이 언론인을 보면, 멀리서부터 인사를 하고 자

   타인의 동물원: 동서 베를린 동물원의 무한경쟁

전거를 급히 세운 뒤 능숙하게 그를 대화에 끌어 들였다. 그러나 필립의 기사가 짜증나면—이런 때가 잦았는데—말없이 계속 자전거를 몰았다. 그렇지만 두 젊은이는 몇 가지 공통점이 있었다. 동물원과 서커스에 대한 열정도 그중 일부다. 두 사람은 작은 플라스틱 동물 모형과 『브레엠의 동물의 생활』의 삽화가 빌헬름 쿠네르트의 그림도 수집했다.

동쪽 돼지에 대한 대가로 서쪽 당나귀를

어느 날 아침 클뢰스는 동물원 운전기사에게 동베를린으로 가자고 요구했다. 그는 떠나기 전에 본부 사무실에 들러 행선지를 알렸다. 그가 국경에서 억류될 때를 대비한 조처였다. 국경에서 어떤 일을 당할지는 누구도 몰랐다. 그는 동베를린 동물원장인 하인리히 다테와 중요한 문제를 논의하기 위해 티어파르크로 향했다. 클뢰스는 눈에 띄게 기분이 상했고, 자신이 그럴 만한 이유가 있다고 느꼈다. 그의 전임자인 카타리나 하인로트는 서베를린 시 당국이나 동물원 감사회가 모르게 다테와 번식용 수컷 당나귀 한 마리와 중국산 메이산돼지 몇 마리를 교환한 바 있다. 하지만 어느 시점에 한 언론인이 이 사실을 알아내 보도했고, 클뢰스는 이 기사를 자신의 상대에게 들이밀었다. 기사 제목은 '동쪽 돼지에 대한 대가로 서쪽 당나귀를'이었다. 클뢰스는 이 일로 감사회와 문제가 생길까 걱정했다.

두 사람 모두 이 일로 곤란해지지 않았지만, 이 사건은 그들의 상호 작용이 본질적으로 문제를 내포하고 있음을 부각시켰다. 하인로트의 퇴진은 베를린 동물원과 티어파르크의 관계를 근본적으로 바꿔 놓았다. 두 기관의 감사회를 거치지 않고 동물을 교환하던 시절은 지나갔다. 그리고 다테와 클뢰스 사이에는 아무런 애정도 없었다. 다테는 클뢰스가 하인로트 퇴진으로 이득을 봤다고 생각해 그를 개인적으로 싫어했다. 그가 주저하지 않고 하인로트의 자리를 차지했기 때문에 더욱 그랬다. 다테는 이런 일은 그냥 벌어지지 않았을 테고, 클뢰스의 나쁜 품성을 보여준다고 느꼈다. 그는 이런 감정을 자신보다 열여섯 살 어린 서른 살 청년 클뢰스에게 너무나 분명하게 드러냈다.

공식적으로 다테와 클뢰스는 계속 협력하게 된다. 1958년 가을 그들은 독일동물원장협회 연례 회의를 함께 조직했고, 이듬해에는 동물원 수의사 심포지엄을 이틀 동안 개최했다. 그러나 뒤에서는 그들의 경쟁이 이미 오래전에 불붙은 상태였다.

다테는 베를린 동물원을 티어파르크에 유리하게 활용하려고 했다. 그는 동베를린 문화 담당 시의원 요하나 블레하에게 보낸 편지에서 난방이 되는 우리 건축을 촉구했다. 그는 일단 이렇게 썼다. "나는 건축 경쟁에 뛰어들 의도가 없습니다. 우리의 힘은 다른 영역에 있기 때문입니다." 이때까지 티어파르크는 난방이 되는 우리 없이 1년 내내 밖에 둘 수 있는 동물종들만 보유하고 있었다. 그는 이어서 이렇게 지적했다. "그러나 난방이 되는 우리를 갖추는 방법을 보여줄 건물을 단 한 채도 내세울 수 없다는 것은 유감입니다." 다테는 이 요청을 승인받기 위해 길게 말을 늘어놓았고, 결국 성공했다. 몇 주 뒤 다테는 쓸 수 있는 시멘트가 없다는 사실을 알게 되자 동독 정부 수반인 발터 울브리히트를 직접 접촉했다. 그는 1,600톤의 시멘트를 요청했다. "지금 이 순간, 잃어버린 명성을 만회하기 위해 전력투구하고 있는 서베를린 동물원에 뒤처지지 않아야 합니

　타인의 동물원: 동서 베를린 동물원의 무한경쟁

다.”라고 강조했다. 그는 나중에 쓴 편지에서도 이를 반복했다. “존경하는 총리님, 저는 우리의 발전상을 매의 눈으로 주시하고 있는 서독이 1년 뒤 우리의 기운이 바닥나는 걸 의기양양하게 목격하는 꼴을 피하고 싶습니다.”

새로 생긴 티어파르크가 서베를린 동물원의 무해한 보완 시설에 불과하지 않다는 것을 분명히 보여주는 징후는 이미 있었다. 개장 이듬해인 1956년 서베를린 동물원 방문자는 한 해 전보다 8만5천 명 줄었다. 비록 다테가 공개 발언과 신문 기사를 통해 티어파르크는 서베를린 동물원과 경쟁할 의도가 없다고 누누이 강조해왔으나, 클뢰스는 경쟁이 이미 꽤 된 일임을 알았다. 증거를 찾기 위해 굳이 동베를린까지 갈 필요도 없었다. 코끼리관 옆 건물에 있는 자기 사무실에서 하르덴베르크플라츠를 가로질러 가장 가까운 기차역으로 몇 걸음만 걸어가면 그만이었다. 동물원에서 100m도 떨어지지 않은 곳에 “티어파르크 베를린을 찾아주세요.”라고 적힌 폭 12m, 높이 4m의 광고판이 있었다. 클뢰스는 광고를 막을 수도, 광고로 대응할 수도 없었다. 베를린 전체에서 기차역과 철도망은 동독이 통제하고 있었기 때문이다. 그리고 다테는 이것만으로 부족하다는 듯, 1958년 8월 베를린 사람들을 사상 최대 규모로 프리드리히스펠데 동물원으로 끌어들일 행사를 준비하고 있었다.

동베를린의 티어파르크에 1958년 8월 2일에 처음 도착한 자이언트 판다 '츠츠'는 인기 절정의 스타로 떠올랐다. 비록 짧은 임대 기간이었지만 수십 만 명의 베를린 시민들의 사랑을 독차지 했다.

4장

판다와 명성

하인리히 다테는 냉정한 모습으로 특징 없는 원형 우리에 기대어 있었다. 왼손은 엉덩이에 올렸고 오른손은 우리의 창살을 잡고 있었다. 자신이 어떤 짓궂은 장난을 했는지 자랑스레 떠벌리는 학생처럼 사육사 앞에 서 있었다. 그 뒤에서는 최근 확보한 동물이 분주하게 우리를 들쑤시고 있었다. 이번에 들어온 동물은 아주 이례적으로 매력적인 동물이어서, 콘크리트 바닥의 단순한 우리, 몸을 씻을 물통, 시소, 그리고 우리 한가운데 나무 그루터기만 있으면 족했다.

서독에서는 경제 기적이 절정에 이르렀지만, 동독은 1958년 5월까지 식량배급 카드를 유지했다. 서독보다 8년이나 더 유지된 것이다. 온갖 파괴와 몰수를 겪은 터라 사람들에게 더 충격을 줄 것이 별로 없었다. 그러나 사람들은 움직이고, 숨쉬며, '살아 있는' 것을 볼 수 있다면, 아주 쉽게 관심을 쏟았다. 전쟁이 끝난 지 13년이 흘렀고 새 세대가 자라나고 있었지만, 동물원은 여전히 매력을 잃지 않았다. 특히 동독 수도의 티어파르크가 뽐내는 매력은 여전했다. 동물원에서 코끼리나 사자를 보는 건 특별한 경험이었지만, 지금 다테 뒤에 있는 우리 안의 동물은 훨씬 더 호기심을 끌었다. 한마디로 흥분의 도가니였다.

1950년대의 아이들은 아마도 이 놀라운 동물을 『브레엠의 동물의 생활』에 실린 그림이나 다른 데서 본 사진으로만 알았을 것이다. 실제로 본 적은 전혀 없었다. 그들의 부모들은 전쟁 전 잠깐 동안 베를린 동물원에 판다가 있었다는 것을 기억했다. 이름은 '해피'였다. 그들은 이런 동물은 인생에 딱 한 번 볼 뿐이라고 말하곤 했다. 그러나 이제, 거의 20여 년 만에 베를린에 다시 자이언트 판다가 등장했다.

'츠츠'가 1년 6개월 된 이 암컷 판다의 이름이다. 이 동물은 동서독 언론에 큰 소동을 불렀다. 한 해 전 여름, 중국의 사냥꾼들은 쓰촨성의 산속 숲에서 어린 새끼 츠츠를 생포했다. 사냥꾼의 개들이 어미 판다를 추격하자, 6개월 된 츠츠는 어미를 따라가지 못하고 옆에 있는 나무에 올라가 숨었다. 사냥꾼 하나가 츠츠를 나무 아래로 데려오기란 어렵지 않았다. 츠츠는 베이징 동물원으로 보내졌고, 오스트리아의 동물 무역상 하이니 데머가 얼룩말, 기린, 하마, 코뿔소를 배 한 척에 가득 싣고 와서 츠츠와 교환했다. 츠츠는 곧 소련 모스크바 동물원으로 보내져 임시로 머물렀다. 데머는 츠츠를 미국 시카고의 브룩필드 동물원에 팔 생각이었는데, 막판에 미국 국무장관 존 포스터 덜레스가 수입을 막았다. 당시 미국은 중국산 상품 450가지를 수입 금지하고 있었는데, 살아 있는 동물도 금지 품목에 있었다. 츠츠는 발음을 정확하게 하면 '멋진 소녀'라는 뜻이지만, 성조 없이 발음하면 '창녀'라는 뜻이 된다. 그러나 이름은 데머로서는 마지막 걱정거리였다. 어린 판다를 미국의 수입 금지 대상에서 제외하는 특별 허가를 기다리는 동안, 그는 판다 구입으로 발생한 적자를 메워야 했다. 게다가 이 판다를 일시적으로 보관할 곳이 필요했고 그래서 몇몇 유럽 동물원에 제안을 넣었다. 츠츠는 제 이름과 소유주의 이름이 적힌 팻말이 달린 나무 상자에 담겨 독일 프랑크푸르트로 보내졌다. 여기서 츠츠는 동물원 100주년 기념 행사의 가장 눈길을 끄는 동물이 되었다. 그 뒤에는 덴마크 코펜하겐으로 갔다.

클뢰스가 츠츠를 사서 베를린 동물원으로 데려올 수도 있었을 것이다. 그랬다면, 20년 전 잠깐 머물던 해피를 이을 동물을 확보하는 적절한 조처였을 것이다. 그러나 동물원장이 된 지 18개월밖에 안 된 클뢰스는 주저했다. 그는 데머의 제안이 뭔가 수상하다고 느꼈다. 공개적으로는 무역상이 부른 과도한 금액이 문제라고 주장했지만, 언론인 베르너 필리프에게는 이렇게 털어놓았다. "만약 저 동물이 내 앞에서 죽으면, 클뢰스가 베를린 동물원에서 돌보던 중 죽었다고 모두들 말할 겁니다. 나는 이런 꼴을 못 봅니다!"

하지만 다테는 마음을 홀리는 제안을 즉각 받아들였다. 그는 유럽의 다른 동물원 원장들처럼 구입 비용 20만 마르크(4만 8천 달러)를 지불할 능력이 없었지만, 데머를 오래전부터 알았고 두 사람은 빠르게 합의점을 찾았다. 다테는 동독의 동물 전문 매체「게르트너포스트」에 기고한 글에서 이렇게 썼다. "하이니 데머가 그동안 받았던 도움에 감사를 표하려고 이 동물을 새로 생긴 티어파르크 프리드리히스펠데에서 전시하는 것과 별개로, 그의 제안은 티어파르크에 존경을 표하는 행동으로도 볼 수 있다. 비록 티어파르크가 3년밖에 되지 않았지만, 이미 동독 국경 너머에서도 명성을 얻었다. 그렇지 않다면,

이런 제안이 우리에게 들어오는 일은 없을 것이다.”

츠츠는 1958년 8월 2일 저녁 늦게 프리드리히스펠데에 도착했다. 20년 전 독일 곳곳의 동물원을 돌면서 온 나라 대나무를 몽땅 먹어 치운 해피와 달리, 츠츠는 대체 식량에 적응했다. 하루에 세 번 밥을 먹었는데, 때에 따라 달걀, 바나나, 사과, 오렌지, 당근, 분유, 포도당의 일종인 덱스트로오스, 비타민 정제, 소금, 라임, 이스트, 뼛가루가 첨가되었다.

츠츠가 건강을 유지하도록 애쓴 사육사들의 노력은 보상을 받았다. 3주 동안 프리드리히스펠데에 40만 명의 관람객이 몰렸다. 그들은 이 희귀한 동물을 한번 보려고 원형 우리 앞으로 몰려들었다. 수십 년 뒤에야 곰 한 마리가 이에 버금가는 관람객 몰이를 하게 된다.

티어파르크에서는 츠츠의 움직임 하나하나를 기록했다. 어쨌든 이런 동물을 이렇게 세세하게 연구할 기회를 얻은 적이 있었던가? 츠츠의 털 견본은 가닥 단위 또는 다발 단위로 떼어내 노란색 작은 봉지에 보관했다. 연구 보조원 한 명은 츠츠가 사람처럼 앉아서 두 발로 음식을 먹는 모습을 그림으로 남겼다. 기지개를 켜는 모습, 배변하는 모습, 다리 사이를 핥는 모습도 기록되었다.

언젠가 한 번은 영국 런던 동물학회 소속의 몇 사람이 방문해 판다를 며칠 동안 연구했다. 그들은 이어 츠츠를 런던으로 데려가 3주 동안 시범적으로 돌봤고, 결국 데머에게 약 12만 마르크(2만9천 달러)를 지불하고 츠츠를 사들였다. 영국에서도 이 어린 판다는 관람객들에게 기쁨을 주는 존재가 되었다. (자연 보전 운동가) 피터 스콧은 츠츠에게 너무나 매혹돼, 츠츠를 자신이 공동 설립한 자연 보전 단체 ‘세계야생동물기금(현재 세계자연기금)’의 상징으로 삼을 정도였다.

     타인의 동물원: 동서 베를린 동물원의 무한경쟁

츠츠의 티어파르크 일시 체류는 이미 상당한 명성을 얻은 이 동물원과 동물원장의 명성을 더 높였다. 티어파르크가 문을 연 다음 해인 1956년에 실시된 설문 조사는 다테를 베를린 거주자 중 가장 유명한 인물로 꼽았다. 매주 일요일 아침 8시 30분께 방송되는 그의 주간 프로그램 「동물원에서 듣다」는 동독 주민의 절반을 라디오 앞으로 모았다. 그는 외국에서도 갈채를 받아, 국제동물원장연합 회원으로 선정되었다. 그는 곧 (동독의) 독일과학아카데미와 제휴해 티어파르크에 동물학 연구센터도 세웠다.

동독은 동물학자나 수의사와 별도로 동물 사육사를 공식적인 직업으로 인정한 세계 첫 번째 나라다. 1955년에 숨진 라이프치히 동물원 원장 카를 막스 슈나이더가 1930년대에 정식 동물 사육사 훈련 과정을 개설했다. 그러나 대학에 관련 교육 과정을 처음 만든 사람은 다테였다. 1955 학년도에 6명의 학생이 베를린에서 몇 시간 거리에 있는 작센주의 한 교육 기관에 개설된 '사육 기술과 과학' 과정에 등록했다. 라이프치히와 드레스덴에서 온 학생이 각각 두 명씩이었고, 나머지 두 명은 할레와 베를린 출신자였다.

다테는 한동안 알고 지내며 좋게 평가했던 두 사람을 티어파르크 동물원 보조원 자격으로 받아들였다. 그들은 한스 귄터 페촐트와 볼프강 그룸트이며, 학생 시절 라이프치히대학에서 다테의 강의를 들었다. 그룸트는 다테처럼 조류학자였고, 페촐트는 백조에 대한 논문을 썼으나 주 관심사는 어류·양서류 같은 무양막無羊膜 동물이었다. 페촐트는 티어파르크에서 곰도 다루게 된다. 다테에게 우정은 호감보다 공통의 직업적 전망을 바탕으로 형성되었다. 그에게 있어서 친구는 동물원 관련 사안에 대한 관점이 자신과 가까운 사람이었다.

1958년이 되면 티어파르크는 세계 동물원 중 가장 넓은 90헥타르에 달하게 된다. 서베를린 동물원의 3배 규모다. 3년 전 문을 연 이후, 유럽들소와 아메리카들소를 위한 넓은 우리가 새로 생겼고 사슴, 멧돼지, 영양이 사는 첫 번째 우리에 늑대도 살게 되었다. 1956년에는 '뱀 농장'이 문을 열었으며, 여기에는 거북이와 악어 그리고 혈청 생산을 위해 독을 채취하는 독사들이 살게 되었다. 반대편 끝에는 베를린 중앙은행의 폐허에서 가져온 진한 회색 화강암으로 반도 모양의 시설이 세워졌다. 86m 길이의 해자로 둘러싸인 이곳에는 북극곰들이 살았다. 어떤 관람객들은 "이 시설이 비밀경찰 슈타지의 재정 지원을 받았기 때문에 너무나 섬뜩해 보인다."라고 농담했다. 아니나 다를까, 아메리카검정곰이 사는 우리에는 "이 곰의 골짜기를 국가안보부 직원들의 기부로 지었다."라고 적힌 금속 현판이 도드라지게 걸려 있었다. 하지만 다테는 동베를린의 전형적인 모습으로 굳은 정치 슬로건과 깃발을 티어파르크에서 멀리했고 서방 언론들은 이를 긍정적으로 언급했다.

티어파르크는 이제 동베를린에서 첫손에 꼽는 여가 시설이 되었고, 서베를린에서도 즐겨 찾는 곳이었다. 누적 100만 명째 방문객과 200만 명째 방문객이 모두 서베를린 주민이었다. 티어파르크가 1955년 여름 문을 연 이후 6개월 동안 방문자가 55만 명이었고, 1958년이 되면 이 숫자는 170만 명으로 늘어난다. 서베를린 동물원과 수족관 방문자를 합친 것보다 20만 명이 많은 것이다.

서베를린 관람객이 몰리는 것이 동베를린 주민들에게는 거슬렸다. 시 당국은 서쪽에서 온 방문객들이 "모든 음식과 음료를 앞다퉈

사가고, 식당의 자리를 대거 차지하려고 아침 일찍 티어파르크에 온다."라는 동독인들의 불만 제기가 있다고 지적했다. 그러나 서쪽 사람 모두가 티어파르크를 이렇듯 흥미롭고 새로운 시각으로 보지는 않았다. 1959년 3월 베를린 동물원이 서독 하원의장에게 보낸 편지는 솔직하게 "티어파르크 프리드리히스펠데가 우리에게 위험을 제기한다."라고 인정했다. 하인츠-게오르크 클뢰스는 아무것도 없던 동쪽에서 뭔가 튀어나오는 데 주목해 왔다. 그가 전후의 낡은 땜질식 대응을 조금씩 고쳐 가는 동안, 다테는 아무것도 없는 상태에서 근대적인 동물원을 설계하고 건설할 자원을 넉넉히 끌어 모은 것처럼 비쳤다. 넓은 대지의 상당 부분이 거의 개발되지 않고 있던 건 사실이지만, 자원봉사자들과 건설 요원들이 바쁘게 도량을 파고 새로운 우리를 준비하기 위해 덤불을 치우는 모습에 클뢰스는 주목했다. 특히 한 건설 현장이 걱정스러웠다. 몇 년 전만 해도 단층 건물들이 띄엄띄엄 있는 게 고작이었지만, 이제 그 자리에는 콘크리트 널빤지와 강철 핀으로 세운 대형 구조물이 하늘 높이 치솟았다. 이 구조물은 포식 동물관인데, 대지가 5,000㎡를 넘고 최대 70마리의 대형 고양잇과 동물을 수용할 수 있는 규모로 설계되었다. 클뢰스가 경쟁자를 앞지르고 싶다면, 티어파르크에 없는 특징을 추가해야 했다. 마침 그가 염두에 두는 게 있었다. 시 운영위원회가 동물원을 방문했을 때 그는 새로운 원숭이관 건설을 제안했다. 클뢰스는 이렇게 설명했다. "무엇보다 원숭이는 외화가 없으면 구하기 힘듭니다. 그리고 두 번째로 원숭이 우리에는 철제 난간이 필요합니다. 원자재가 부족한 현재 상황에서 이는 외화보다 구하기 더 어렵습니다."

클뢰스는 원자재를 구하려고 온갖 노력을 다했다. 그는 특히 코뿔소에 애착을 보였고, 오래전부터 인도에서 한 쌍을 사오는 것을 염두에 두고 있었다. 전에 베를린에 있던 코뿔소가 죽은 지는 50년이나 되었다. 하지만 육지 동물 가운데 코끼리에 이어 두 번째로 덩치가 큰 인도 코뿔소는 자연에 아주 드물었고 구하기도 힘들었다. 인도와 네팔의 자연보전지역에 몇백 마리가 살고 있을 뿐이었고, 더군다나 유럽의 동물원에는 몇 마리뿐이었다. 이중에 스위스 바젤 동물원에 있는 코뿔소만 몇 년 사이 번식에 성공했는데, 이 동물원은 두 마리는커녕 한 마리도 양도할 생각이 없었다. 그래서 클뢰스는 하겐베크 동물무역회사와 접촉했지만, 곧 거절하는 편지를 받았다. 그러자 그는 오랜 친구인 오토 포켈만에게 편지를 썼다. 포켈만은 (그에게 첫 번째 동물원장 자리를 주선해줬을 뿐 아니라) 각종 희귀종을 구하는 것도 종종 도와 왔다. 얼마 뒤에는 적어도 코뿔소 한 마리를 구할 방법이 있다고 통보했다.

우연히도 인도의 카지랑가 국립공원이 유럽으로 보낼 수 있는 '아르준'이라는 이름의 어린 코뿔소를 갖고 있었다. 값은 3만 마르크(7천 달러)로 꽤 비쌌다. 게다가 더 큰 문제가 있었다. 이 코뿔소는 이미 드레스덴 동물원에 보내기로 약속이 되어 있었다. 운 좋게도, 포켈만은 인도와 좋은 관계를 맺은 이탈리아 토리노의 동물 무역상과 협력하고 있었다. 이 무역상이 연락하는 이들 중 한 명이 종교 학교를 운영하며 인도 정부 쪽에 인맥이 있는 이탈리아 성직자였다. 그는 액수가 공개되지 않은 뒷돈으로 인도 당국을 설득해 코뿔소를 포켈만에게 팔게 했다. 1959년 가을 아르준은 드레스덴이 아니라 베를린으로 보내졌다. 클뢰스는 사실 드레스덴 동물원의 볼프강 울리히 원장과 사이가 좋았고, 그를 친구로 여기기까지 했다. 그러나 우정은 인도 코뿔소처럼 희귀한 것을 두고서는 깨질 수 있는 것이다.

동물원장들 사이의 신뢰는 좋게 봐도 미심쩍을 뿐이었다. 클뢰스는 프랑크푸르트 동물원에서 자신을 훈련해 준 베른하르트 그지메크 동물원장에게서 영양을 구하면서 건강 상태를 미리 꼼꼼히 점검하지 않았을 때 이 점을 뼈저리게 배웠다. 클뢰스는 그지메크가 자신을 이용하지 않을 거라고 생각했다. 그들은 친구였으니 말이다. 하지만 영양이 도착하고 보니, 아래 턱 절반이 없었다.

클뢰스는 하인리히 다테와도 동물을 놓고 경쟁을 벌였다. 독일의 유력 동물무역업체 소유주인 헤르만 루에가 새로 동물들을 들여올 때면, 동서독의 동물원장들이 니더작센주의 알펠트안데어라이네 마을로 달려가곤 했다. 루에가 까맣게 탄 채 동아프리카 원정에서 돌아온 뒤, 클뢰스는 감사회로부터 얼룩말 두 마리와 타조 한 쌍을 살 예산을 받았다. 그는 자신이 딱 원하는 동물을 얻는 재주가 있었다. 그는 '클뢰스-베를린 동물원'이라고 적힌 이름표 한 뭉치를 항상 갖고 다녔다. 그는 처음 둘러볼 때, 가장 끌리는 동물들에게 모조리 이 이름표를 붙여 동료 동물원장들에게 자신이 소유하고픈 것들이 뭔지 알렸다. 그리고 마지막에 그중에서 가장 질이 좋고 건강한 동물 두 마리만 골랐다.

이와 대조적으로 다테는 동독 문화부로부터 재량권을 부여받았다. 아니면 적어도 클뢰스만큼은 이렇게 믿었다. 한번은 언론인 베르너 필리프에게 "내가 트럭을 몰고 도착하면, 다테는 철도 차량 한 칸을 통으로 갖고 온다."라고 불평을 늘어놓았다. 클뢰스로서는 다테의 행동 방식을 달리 설명할 길이 없었다. 다테는 동물 몇 마리를 고르는 대신 루에에게 그냥 "모두 가져가죠."라고 말하곤 했다.

루에는 "그중 일부는 아주 건강한 편이 아닙니다."라고 경고하곤 했다. 그는 비록 거친 사업가였지만, 다테가 예민한 데다가 누군가 아픈 동물을 떠넘기려 하면 원한을 품는 성격임을 알았다.

다테는 "그건 문제가 안돼요. 우리가 건강을 되찾도록 돌볼 겁니다."라고 말하곤 했다.

클뢰스와 다테는 사업 방식이 극명하게 달랐다. 클뢰스로서는 가능한 한 돈을 적게 들이면 좋은 거래였다. 다테에게는 돈 문제보다 독특한 동물을 확보하는 게 더 중요했다. (화폐 차이 덕분에 회계를 덜 신경 쓸 수 있었던 것은 그로서는 행운이었다. 다테를 포함한 동독의 동물원장들은 클뢰스 등 서독의 동물원장들 보다 10배는 돈을 더 지불해야 했다.) 두 사람이 비슷한 부분은 동물 수집에 대한 열정이었다. 두 사람은 공간이 부족할지언정 한 마리만 구하기보다는 두 마리를 구하는 이들이었다. 가져갈 수 있는 건 뭐든 베를린으로 가져갔다. 그 뒤에야 새로 구한 동물들을 어디에 수용할지 걱정했다.

특히 다테는 티어파르크에 우리가 준비되기 전에 동물을 데려오는 습관이 있었다. 큰 고양잇과 동물들은 버려진 열차 객차에 수용했고, 코끼리는 트레스코 가문이 프리드리히스펠데 공원 내 궁전에 살 때 지은 낡은 우리에 넣었다. 사육사들은 일주일에 한 번씩 코끼리들을 몇백 미터 떨어진 유럽들소 우리로 데려가 해자에서 목욕을 시켰다. 다만 암컷 새끼인 '코스코'만은 예외였는데, 이 동물은 티어파르크를 마음껏 돌아다녔다. 이 새끼 코끼리는 북베트남 국가 원수 호찌민이 프리드리히스펠데에 선물로 보냈는데, 동물원에 도착했을 때는 오래된 우리가 꽉 차 있었다. 다행히 두 살짜리인 데다가 몸집도 큰 여행가방 정도의 크기였다. 이 코끼리는 어린이 관람객들과 달리기 경주를 하며 온 동물원을 돌아다니느라 지루한 줄 몰랐다.

집 없는 집주인

하인리히 다테조차 처음 베를린에 왔을 때는 다른 곳에서 거처를 찾아야 했다. 그는 원장을 위한 빌라 형태의 새 집이 완공될 때까지 라이프치히 부동물원장 로타어 디트리히의 장모 집에 묵었다. 이 집은 티어파르크 근처에 있었다. 그는 주말에만 부인과 세 자녀를 봤다. 가족은 사택이 완성되기 전까지 그를 따라 베를린으로 이사하지 않았다.

다테는 원장 사택이 아파트보다 별로 나을 게 없다는 것을 신경 쓰지 않았다. 어쨌든 동독에서 누가 부동산이 필요할까? 게다가 다테는 티어파르크를 자신의 제국으로 여겼다. 다테의 사택은 공원 입구에서 몇백 미터 떨어진 곳에 있었다. 그의 자식들인 알무트, 홀거, 팔크는 아침에 등교할 때 사슴과 들소를 지나쳐 갔고, 이 동물들의 소리에 점점 적응했다. 붉은사슴은 가을에 큰 소리로 울었고, 베트남 꽃사슴은 높은 소리를 내질렀으며, 공원 울타리 바로 뒤 거대한 오크 나무 밑에 누워 조는 들소는 코로 숨을 내뿜는 소리를 냈다.

사택은 밖에서 보면 마녀의 집을 바우하우스 양식으로 재창조한[7] 사회주의적 시도처럼 보였다. 정면에서는 회반죽 벽면과 기와로 꾸민 뾰족한 지붕이 보였다. 뒤쪽으로는 평지붕이 뻗어 있었다. 거실 벽을 따라 젖빛 유리창이 있는 진한 갈색 독립형 벽장이 설치되었고, 공원이 보이는 쪽에는 큰 창문이 있어 백로와 꿩이 그려진 터키

7　Bauhaus. 1919년 건축가 발터 그로피우스가 설립한 미술 및 공예학교. 1933년 폐교 이후에도 많은 교수진과 학생들이 미국 등으로 망명하여 건축, 가구, 그래픽 디자인 등 다양한 분야에 영향을 미쳤다—편집자 주.

석 기둥이 내다보였다. 다테의 사무실에는 오랑우탄 얼굴을 표현한 나무 조각품들이 벽에 걸려 있었다. 캐비닛에는 회색이 약간 도는 흰색 자기로 만든 곰 모형이 장식되어 있었다. 바닥에 세워 둔 대형 시계는 똑딱똑딱 소리를 내며 다테의 일과에 박자를 불어넣었다.

그는 단어장에서 찢어낸 종이든, 광고지 뒷면이든, 손에 잡히는 모든 종이에 메모를 했다. 책상에는 산더미 같은 서류철, 탑처럼 쌓인 책들, 그리고 문서 더미가 쌓여 있어서, 뒤에 앉은 그가 거의 보이지 않을 지경이었다. 큰 종이 크기의 공간만 글을 쓰기 위해 비워 두었다. 시간이 지나면서 그는 업무에 몰두한 결과물들을 모두 보관하기에는 책상 하나로 부족하다는 것을 깨달았다. 그래서 곧 그의 서류들이 사택의 다른 탁자들, 심지어 세 자녀들의 탁자까지 뒤덮게 되었다. 그는 탁자별로 각각 다른 주제의 서류와 관련 문헌을 보관했다. 자녀들은 감히 어지럽힐 수도 없었다.

다테는 일하는 시간과 쉬는 시간을 구별하지 않았다. 그는 아침 8시에 집을 나서 티어파르크로 갔다. 점심시간은 보통 2시 15분 전쯤부터 1시간이었다. 그러나 동물이 새로 들어오거나 출산이 임박한 경우는 점심 식사가 늦어졌다. 부인이 음식이 식지 않게 유지하려 애쓰는 사정은 상관없이 말이다. 그는 점심을 먹은 뒤 침실로 올라가 몇 분 동안 낮잠을 잤다. 짧은 낮잠으로 나머지 일과를 위한 활력을 충전했다. 그는 오후 7시 전에 귀가하는 일이 드물었다. 저녁을 먹은 뒤에 다시 책상 앞에 앉았다. 티어파르크가 그 무엇보다 한참 우선이었다.

그의 부인은 남편과 함께 쇼핑을 하기가 아주 힘들었다. 다테에게 새 양복이 필요하면, 보통은 그와 같은 크기의 옷을 입는 운전기사

　　　　　　　　　타인의 동물원: 동서 베를린 동물원의 무한경쟁

가 대신 치수를 맞춰야 했다. 다테가 따라가는 때는 마지막으로 입어볼 때 정도였다. 심지어 가족이 한 해에 한 번 발트해 근처에서 3주간의 휴가를 보낼 때조차, 그는 현지에서 한두 건의 강의를 했다. 해변의 의자에 앉아서 쉬거나 아이들과 모래성을 쌓는 다른 아빠들과 달리, 다테는 새들을 관찰하기 위해 차이스Zeiss 쌍안경을 들고 하루 종일 주변을 걸었다. 그는 몇 걸음 걸은 뒤 서서 하늘을 올려다보고, 희귀종을 발견하거나 특이한 행동 양식을 목격하면 메모를 위해 호주머니에서 공책을 꺼냈다.

다테의 자녀들은 아버지가 집에 올 때까지 한참을 기다려야 했기에, 여가 시간을 스스로 짜는 데 익숙해졌다. 그러나 동물원의 삶이 장점도 있었다. 엉덩이나 다리부터 거꾸로 나오는 분만이 어떻게 진행되는지, 코끼리에게 어떻게 주사를 놓는지 말할 수 있는 학생이 그들 말고 누가 있겠나? 막내인 열 살짜리 팔크는 보통 어두워질 때까지 집 뒷마당에서 친구들과 축구를 했다. 가끔은 막대기로 경기장 경계 표시를 했고, 낡은 세발자전거 바퀴를 원반처럼 이용해 마치 자신들이 올림픽 출전 선수인 양 경기를 했다. 겨울에 도로가 얼면, 얼음 표면이 유리처럼 매끈해질 때까지 스케이트를 탔다. 이럴 때는 넘어지지 않고 집에 들어가는 게 거의 불가능했다. 아버지가 집에 돌아오면 팔크는 진입로를 미끄럽게 만들었다고 혼이 났다. 대부분의 경우 밖에 다시 나가 얼음 위에 뭔가를 뿌리라는 지시가 떨어졌다.

다테 가족의 삶 상당 부분은 집에서 이뤄졌다. 하인리히 다테는 식당을 좋아하지 않는 데다가 근처에는 손님들, 특히 서쪽에서 온 손님들을 데려갈 만큼 괜찮은 식당도 없었다. 그는 집에서 손님들에게 여흥을 제공하기를 좋아했다. 집에 있으면 도청을 당하지 않는 장점도 있었다. 팔크라면 어떤 도청도 알아차렸을 것이다. 그는 기술에 흥미가 있었고, 오래전부터 소형 도청장치용 소켓을 조사해 왔다.

다테가 저녁에 손님이 올 거라고 말할 때마다, 그의 부인 엘리자베트는 서둘러 상점에 가서 식료품을 사다가 저녁 식사를 마련해야 했다. 아이들에게는 담배나 케이크를 사오라는 심부름을 시켰다. 다테는 담배를 피우지 않았고 술도 거의 마시지 않았지만, 손님이나 일꾼들이 올 때를 대비해 집에 술과 담배가 떨어지지 않았다. 일꾼들은 보통 일을 마치면 술 한 잔과 담배 한두 개비 대접을 받았다.

다테가 좋아하는 나쁜 습관은 초콜릿과 가당 우유였다. 우유는 팔크가 티어파르크에서 길 건너편에 있는 식료품점인 '마우어스'에 가서 양철 주전자로 받아 와야 했다. 집 주변 교통은 좋아 요하니스탈과 발터울브리히트 경기장을 오가는 69번 전차가 근처를 지났지만, 프리드리히스펠데 주변 동네는 분주한 수도보다는 브란덴부르크 농촌 마을과 더 유사했다. 조만간 '암티어파르크'라는 이름으로 바뀌게 되는 슐로스슈트라세에는 낡은 3층 또는 4층짜리 건물 몇 채뿐이었다. 식료품점을 빼면 의원이 두 곳 있었고 '조니'라는 이름의 주점이 있었다. 조금 남쪽에는 보육원이 있었고, 그 너머로 눈에 보이는 것은 헛간과 곡물을 키우는 밭뿐이었다.

고집 센 부원장

라이프치히 시 당국은 다테의 후임을 찾는 데 시간을 많이 쏟았다. 몇몇 후보들은 고사했다. 그중에는 1955년 제안을 받았던 카타

 타인의 동물원: 동서 베를린 동물원의 무한경쟁

리나 하인로트도 있었다. 다테가 티어파르크 일로 바빴기 때문에, 카를 막스 슈나이더의 사망 이후 그가 책임졌던 라이프치히 동물원의 일상 관리는 그의 조수 출신으로 부원장에 오른 로타어 디트리히가 맡아야 했다. 다테는 베를린에서 과중한 업무에 시달렸음에도, 디트리히에게 주목할 사태가 벌어지면 계속 자신에게 알리도록 지시했다.

1956년 가을 폴란드 노동자들이 소비에트 체제에 항의하기 위해 거리로 나서고 헝가리 부다페스트에서는 학생들이 시민권 확대를 요구하며 시위를 벌이자, 다테는 디트리히에게 전화를 걸었다. 동독 사람들은 1953년 6월 17일 건설 노동자들의 파업을 기억했다. 이 파업은 동유럽 진영에서 시민들이 정부에 맞선 최초의 사건이었다. 일터에서 사람들은 이와 비슷한 일이 다시 벌어질지 몰래 의견을 주고받았다. 티어파르크의 직원들은 다른 이야기는 거의 하지 않았다. 다테는 이런 식으로 주의가 산만해지면 좋을 게 없다고 보고, 라이프치히의 분위기 파악을 위해 디트리히에게 전화했다. 디트리히가 전한 이야기는 다테가 좋아할 내용이 아니었다.

디트리히는 "여기서도 사육사들이 그 이야기를 합니다. 이미 일부는 만약 시위가 벌어진다면 시위에 나가고 싶다는 뜻을 비쳤습니다."라고 말했다.

다테는 "그리고 당신은 그에 대응해 뭘 할 건가?"라고 물었다.

디트리히는 "만약 시위를 하겠다면 막지 않을 겁니다."라고 답했다. 이어 "물론, 모든 부서가 일손이 비는 일이 없게 보장할 것"이라고 장담했다. 또 참지 못하고 이렇게 덧붙였다. "그런데, 그들이 옳아요. 무슨 일이 터져야 합니다. 앞으로도 이 나라 상황이 너무나 근시안적이고 편협하게 전개될 수는 없어요. 저도 어떻게 참여할지 곰곰이 생각해봤어요."

다테는 귀를 의심했다. 그는 전화에 대고 "당신은 그런 일 벌이면 안돼. 동물원 직원 단 한 명도 시위에 참여하지 않을 거야. 알았어?"라고 소리쳤다.

다테는 바로 그날 운전기사에게 라이프치히로 차를 몰고 가자고 했다. 가서는 부원장을 앞에 놓고 누구도 동물원을 떠나지 못하게 하라고 명령했다. 그는 격분해서 디트리히에게 "동물원에만 전적으로 집중해. 그 무엇도 안 돼. 정치는 분명 안 돼!"라고 말했다.

다테의 목표는 국가 수호가 아니었다. 어차피 그런 명분으로 디트리히를 설득할 수도 없었을 것이다. 다테는 그저 정치적 성향의 인물이 아니었을 뿐이다. 그는 나치당 입당으로 호되게 당한 경험 때문에 최대한 정치를 피했다. 굳건한 실용주의자인 그의 신조는 "가이사의 것은 가이사에게"[8]였다. 그는 티어파르크에 이로운 일에만 몰두했고 그 외는 관심 밖이었다.

다테는 이런 한결같은 태도 때문에 늘 친구만 얻지는 못했다. 1950년대 말에 동베를린 시장 프리드리히 에베르트는 문화 담당 시의원 요하나 블레하에게 편지를 보냈다. 이 편지는 에리히 밀케 국가안보부 장관과 빌리 슈토프 국방부 장관이 동물원장에 대해 불만을 제기한 데 따른 것이었다. 밀케의 국가안보부가 새로운 포식 동물 우리 건축용 자금을 배정하자, 다테는 액수가 부족하다며 증액을 요청했다. 밀케는 이런 반응을 배은망덕하고 괘씸하게 여겼다. 슈토

8　신약 성경에 등장하는 예수의 발언이다. '가이사(카이사르)'는 로마 황제를 통칭하며, 이 발언은 세속 권력에 대한 의무와 신앙의 의무를 구분하는 것으로 해석된다.

프에게는 다테가 더 무례하게 비쳤다. 그는 슈토프에게 국가인민군 군인들에게 기부를 촉구할 것을 거듭 거듭 주장했다. 그래도 다테는 이미 아주 유명해서, 자신 또는 티어파르크가 심각한 타격을 입을까 걱정하지 않고 이런 행동을 거침없이 할 수 있었다.

몇 년 전 소련 모스크바 동물원은 티어파르크를 동유럽과 서유럽 간 동물 운송의 공식 환적지로 지정했다. 여기에 도착한 동물들은 동유럽 또는 서유럽으로 이동하기 전에 검역소에서 몇 주를 머물러야 했다. 그리고 다테는 이동하는 동물들을 모두 수용할 공간이 있었다. 동유럽에서 온 동물들은 코카서스에서 왔건, 중앙아시아 초원에서 왔건, 시베리아 숲에서 왔건 상관없이 베를린에 머무는 동안 '독일산'이라는 동독 당국의 공식 검인을 받았다.

클뢰스가 여전히 베른하르트 그지메크 프랑크푸르트 동물원장 겸 신임 독일동물원장협회 회장의 그늘 아래 있는 처지인 것과 달리, 다테는 이미 한참 전에 동독의 핵심 동물원장이 되어 있었다. 그가 없이는 어떤 일도 제대로 돌아가지 않았다. 그는 동독에서 가장 중요한 동물원을 운영했고 그래서 중앙집중화한 국가 구조가 그의 희망을 충족시켜 주었다. 그지메크는 미국의 동료에게 보낸 편지에서 이렇게 지적했다. "동독 정부가 정치적 이유와 명성을 위해 이 새 동물원을 구축하는 것 같다. 동시에 드레스덴, 할레, 라이프치히의 오래된 동물원들은 재건이나 근대화에 필요한 물자를 얻지 못하고 있다."

동독 동물원장 몇 명도 생각이 같았다. 할레 동물원 원장 한스 페치가 다테의 과도한 영향력에 가장 강하게 목소리를 높인 인물이었다. 티어파르크가 개장했을 때 그의 할레 동물원은 황새 한 마리와 낙타 한 마리를 처음으로 기부했다. 그러나 이제 다른 동물원들이 어떤 동물을 확보할지를 베를린에서 논의하는 상황이 되었다. 페치는 어떤 회의에서 탁자를 주먹으로 내리치며 이렇게 외쳤다고 한다. "베를린 교황은 필요 없소. 나는 독립된 할레 대공이요!"

라이프치히 동물원의 로타어 디트리히도 경제난의 영향을 느꼈지만, 어려운 시절에 맞춰 견딜 의향은 없었다. 하지만 그의 분노는 다테를 향하지 않았다. 그를 가장 괴롭히는 것은 편협한 동독 관료체제였고, 그는 당 간부들과 충돌했다. 그러나 반대의 위험은 분명했다. 한스 페치는 어느 날 밤 술에 취해 공공장소에서 "뾰족 턱수염쟁이는 물러가야 한다."라고 꽤 크게 외쳤다. '뾰족 턱수염쟁이'는 동독 정부 수반 발터 울브리히트를 가리킨다. 이런 별명을 부르는 건 국가에 대한 모독으로 간주되었고 징역형까지 가능했다. 페치가 교도소에 가진 않았지만, 이 발언 때문에 할레 동물원 원장 자리를 잃었다. 그는 그 이후 자유 기고가로 분투해야 했다.

디트리히는 1960년까지도 여전히 라이프치히 동물원의 2인자 자리를 벗어나지 못했다. 베를린 출신자 루트비히 주코프스키가 결국 다테 후임자로 임명되었다. 디트리히는 여전히 국가의 감시를 받았다. 다테와 달리 그는 정치적 공격을 받지 않는 인물도 아니었고, 동물원 세계 밖에서 벌어지는 불쾌한 일들을 떨쳐버릴 생각도 없었다. 이는 곧 문제를 일으켰고, 결국 디트리히로 하여금 중대한 결심을 하게 만들었다. 그러나 그가 어떻게 이런 상황까지 가게 됐는지 이해하려면, 먼저 그의 인생사를 조금 더 알아야 한다.

디트리히가 곤경에 처한 것은 카를 막스 슈나이더가 라이프치히 동물원 원장이고 디트리히가 그의 조수였던 몇 년 전부터였다. 당시

   타인의 동물원: 동서 베를린 동물원의 무한경쟁

슈나이더는 중국과 동물 교환에 합의했다. 냉전 시대 들어 처음으로 베이징에서 라이프치히로 시베리아 호랑이를 보내고, 대신 라이프치히는 세계적으로 유명한 자신들의 번식센터에서 하이에나 4마리와 사자 6마리를 보내기로 했다.

1954년 호랑이 한 쌍이 기차로 도착했고, 이듬해에 다시 한 쌍이 왔다. 이제 라이프치히에서 동물들을 보낼 차례였지만, 교환이 마무리되기 전 슈나이더가 숨졌다. 다테는 이미 동베를린에 머물고 있어서, 디트리히가 교환의 후속 작업을 책임지게 되었다. 그런데 어떻게 보낼 것인가? 시베리아 횡단 열차로 동물들을 수송하는 작업은 너무나 복잡했다. 가장 쉬운 방법은 해상을 통해 선박으로 운송하는 것이었다. 그런데 구성된 지 몇 년밖에 안된 동독의 상선단은 아직 동물 수송에 적합한 배가 없었다. 체코슬로바키아가 대신 수송을 맡겠다고 했지만, 라이프치히로서는 구할 수 없는 서방 화폐로 운임을 지불하라고 요구했다. 그러던 차에 디트리히는 어느 날 라이프치히 박람회에서 '함부르크 아메리칸 라인' 해운사의 중개인을 만나 대화를 하게 되었고, 대화 도중 동물 운송 문제를 꺼냈다.

"있잖아요, 우리에게 운송을 맡기면 무료로 해드리죠." 중개인은 말했다.

디트리히는 행운이라고 생각했다. 그는 사자와 하이에나를 운송용 상자에 담아 함부르크로 보냈다. 중국 도착까지 몇 주는 걸리기 때문에 이들의 먹잇감으로 양 수백 마리를 함께 보냈다. (이스라엘의 이집트 침공으로 촉발된) 수에즈 위기로 운하가 폐쇄된 탓에 수송선은 아프리카 대륙을 돌아가야 했다.

배가 출발하는 날, 아주 많은 언론인이 함부르크 항구에 모였다.

어쨌든 서독 회사가 동독의 동물을 중국으로 수송하는 것은 항상 있는 일은 아니었으니까. 디트리히는 기자들에게 "내 말을 인용하시려면, 정확히 말 그대로 인용하십시오."라고 말했다. 그는 조심할 필요가 있음을 인식했다. 동독에서는 자본주의 서방 기업과의 거래에 눈살을 찌푸렸기 때문이다.

그가 걱정한 기사 제목이 다음 날 대중 타블로이드 신문에 대문짝만하게 실렸다. "중공을 위한 빨갱이 사자들." 라이프치히에서는 당 대표들이 계급적 적대 세력인 서독의 함부르크 아메리카 라인을 도와 중국과 관계를 구축하게 했다고 디트리히를 공격했다. 스탈린이 숨진 지 2년이 지난 당시는 소련과 중국의 갈등이 최고조에 달해 있었고, 이제 서방과 중국이 맺어졌으니 모욕으로 느낀 것이다.

디트리히는 "해운사가 무료로 수송해주었다."라고 항변하려 했지만, 당 간부들에게는 이 사실이 중요하지 않았다. 그들의 눈에는 디트리히가 "몇 가지 정치적 실책"을 저지른 것으로 비친 반면, 디트리히의 눈에는 거물들이 경제 측면에서 생각할 능력이 없어 보였다.

이 일은 일회성 사건이 아니었다. 1958년에 또 일이 터졌다. 거의 60년이 다 된 라이프치히 동물원 원숭이관의 지붕이 부실한 상태로 상당 기간을 버텼다. 들보 하나가 거의 완전히 녹슬어 무너질 판이었다. 그러나 재빨리 대체하는 게 쉽지 않았다. 시 전체가 소비재와 원자재 부족에 시달렸고, 뭔가를 손에 '넣는다' 해도 수도 베를린에서 '찜'하곤 했다. 베를린이 우선이었고 동독의 나머지는 나중에 고려할 대상으로 취급되었다. 건축 자재가 할당될 때까지 기다리면, 지붕이 무너질 수도 있는 상황이었다.

그래서 디트리히는 라이프치히 오페라단의 도편수(우두머리 목수)를

 타인의 동물원: 동서 베를린 동물원의 무한경쟁

고용해 베를린에 인접한 헤니히스도르프의 한 공장에서 새 철제 빔을 확보하게 했다. 도편수가 철제 빔을 갖고 동물원으로 돌아오니, 이미 슈타지가 기다리고 있다가 그를 '계획 위반' 혐의로 체포했다. 디트리히는 이 사실을 접하고 슈타지 지역 사무소로 전화를 걸었다. 그는 이렇게 말했다. "어떻게 그를 구금할 수 있습니까? 그는 허락을 받았어요. 그를 체포하면, 나도 체포해야 할 겁니다."

슈타지는 이런 주장을 받아들이지 않고 디트리히에게 "우리는 일을 저지른 사람을 체포합니다."라고 말했다.

다음 날 디트리히는 눈물을 흘리는 도편수의 부인과 마주앉았다. 그는 이렇게 약속했다. "남편을 석방시키기 위해 내 힘이 닿는 한 모든 조처를 취하겠습니다. 물론 그는 죄가 없어요."

다음 날 또 다른 사람이 방문했다. 그는 상당히 화가 난 오페라단 단장이었다. 카를 마리아 폰 베버의 오페라 「마탄의 사수」 공연이 며칠 뒤로 잡혀 있었고, 도편수가 없으면 무대를 완성할 수 없었다. 디트리히는 단장에게 "좋아요. 함께 슈타지에 가서 그가 없으면 일이 안된다고 말합시다."라고 제안했다. 머지않아 죄 없는 도편수는 풀려났다.

디트리히에게 이 사건은 한 번 더 정부의 바보짓을 확인해 주는 사건일 뿐이었다. 해가 거듭되면서 이런 일이 점점 더 자주 벌어지게 된다. 그리고 이와 함께 슈타지의 디트리히 파일은 점점 두꺼워졌다. 그는 현 체제에서는 국가의 교리를 존중할 각오가 없으면 주도적인 위치를 유지할 수 없다는 것을 잘 알았다. 다테는 티어파르크에서 사회주의통일당의 포스터를 금지하고 정치인들에게 자금을 부탁하며 귀찮게 할 수 있었는데, 이는 그가 완전히 다른 지위를 누린 덕분이었다.

사회주의통일당이 라이프치히 동물원에 우호적이지 않은 데는 다른 이유들도 있었다. 당의 청년 조직 자유독일청년단이 그때까지 동물원에서 기반을 다지지 못했고, 동물원 실습생 중에 군대에 자원입대한 이도 없었다. 마침내 한 명이 자원하고 나서자 대대적으로 환송해 줬지만, 그는 머지않아 서독으로 망명했다. 슈타지는 1960년 디트리히를 불러 심문하면서 이 사건을 그의 탓으로 돌렸다.

디트리히는 심문 도중 책상 위에 펼쳐진 자신의 파일을 봤는데, 두께가 5cm 정도에 달했다. 심문관이 자리를 잠깐 떴을 때 살짝 엿보았다. 한 문장을 식별할 수 있었다. "데(D.)는 불투명한 인물이다."

탈출 계획

이로부터 얼마 뒤인 1961년 초, 디트리히가 보기에 무분별한 예산을 정부가 새로 책정했으며, 이는 동물원에 더 심한 제약을 가했다. 디트리히는 더는 안 되겠다고 마음을 굳혔다. 그는 4월에 임신 6개월인 아내, 여섯 살짜리 딸, 장모와 함께 서베를린으로 망명했다. 거기서 그는 라이프치히 동료들에게 보내는 작별 편지를 썼다. 이 편지에서 그는 떠나기로 마음먹은 이유를 언급했다.

동독 정부 수립 약 12년 동안, 250만 명이 서독으로 빠져 나갔다. 그들 대부분은 디트리히처럼 서베를린으로 갔다. 서베를린에 도착하면 첫 번째 할 일은 시 남쪽에 있는 마리엔펠데 난민 수용소에 신고하는 것이었다. 여기에서는 서독 망명을 신청하려는 사람들이 사무실 앞에 길게 줄을 섰다. 길면 며칠씩도 기다렸다. 임시 숙소로 3층짜리 흰색 건물 25채가 있었지만, 금세 발 디딜 틈이 없게 되었다. 숙

　타인의 동물원: 동서 베를린 동물원의 무한경쟁

소 공간을 더 확보하기 위해 주방에 2층 침대까지 들여놓았다.

디트리히는 미국인들을 설득해 자신이 심문을 위해 수용소에 머무는 동안 부인과 딸, 장모는 베를린 샤를로텐부르크 지구의 친구 집에 머물 수 있게 했다. 심문을 하는 이유는 모든 피란민이 잠재적 간첩으로 간주됐기 때문이다. 미군 사령관들은 필요한 경우 통역사를 대동하고 인터뷰를 진행했다. 그러나 디트리히는 영어를 꽤 잘해서 통역사가 거의 필요 없었다.

그는 며칠 뒤 모든 것이 잘 처리되었다는 통보를 받았다. 그와 가족이 신분증을 수령했고, 이제 서베를린 시민이 되었다. 그들은 비행기를 타기 위해 다음 날 아침 10시까지 테겔 공항으로 오라는 지시를 받았다. 디트리히는 샤를로텐부르크에서 기다리는 가족에게 가서 기쁜 소식을 전했다. 그런데 그가 도착하자마자 초인종이 울렸다. 난민 수용소에서 보낸 전령이 "비행 계획이 변경됐으니, 테겔 공항에 8시까지 오라."는 소식을 알렸다.

디트리히 가족이 떠나자마자 샤를로텐부르크 아파트 건물 앞에 차 한 대가 섰다. 슈타지 요원 3명이 내려 2층으로 올라와 초인종을 눌렀다. 디트리히 가족을 묵게 해준 여성이 문을 열었다. 그녀는 "누굴 찾아 오셨나요?"라고 물었다.

"로타어 디트리히"라는 대답이 돌아왔다.

그녀는 "미안하지만, 그런 이름의 사람은 몰라요."라고 말했다.

요원들이 예상했던 대답이었다. 그들은 그녀를 옆으로 밀치고 아파트 안으로 들어가 모든 방을 뒤졌다. 그러나 로타어 디트리히 가족의 흔적은 없었다. 그들은 디트리히가 대체 어디로 갔을지 의아해했다. 그중 한 명이 "아마, 서쪽의 동료들에게 작별 인사를 하려고 동물원에 갔을 수도 있겠네."라고 중얼거렸다. 요원들은 이 집에 왔을 때처럼 갑작스럽게 차를 몰고 떠났다.

베를린 동물원에서는 클뢰스가 조수와 수의사 무리를 거느리고 아침 순회를 돌며 모든 구역을 점검하고 있었다. 아침 순회는 항상 같은 형태로 진행되었다. 구역 책임자가 최신 상황을 설명하고 이어 클뢰스가 질문을 한다. 동물원장이 첫 질문을 하기 전에는 직원 누구도 입을 열 수 없다. 클뢰스는 보통 마음에 들지 않는 사항을 발견하곤 했다. 하마관의 관람 구역에 거미줄이 그대로 있는 것 따위다. 그는 "이건 어제도 있었어요. 빗자루로 다시 제거해요."라고 사육사들을 꾸짖었다. 그는 우리의 안내판이 반짝일 만큼 깨끗하지 않으면 격분했고, 아침 순회 의식이 방해받으면 조금의 인내심도 발휘하지 않았다. 이날 번쩍이는 값싼 가죽 재킷을 입은 남성 3명이 그의 앞에 나타나자, 그는 똑같은 반응을 보였다.

그는 짜증스럽게 "무슨 일이죠?"라고 물었다.

그들은 "로타어 디트리히 씨를 찾습니다."라고 답했다.

클뢰스는 이제 귀찮게 느끼는 것을 넘어 그들이 제정신인지 의심할 지경이었다. 그는 거만한 어조를 억누르지 못한 채 말했다. "신사분들, 그렇다면 라이프치히로 가셔야 합니다. 여기는 베를린 동물원이에요."

그들은 디트리히가 어디 있는지 추가 단서를 확보하지 못해 언짢은 기분으로 사라졌다.

디트리히는 서독에 안전하게 자리 잡은 뒤 슈타지의 추적 사실을 알게 되었고 이에 대해 마리엔펠데 난민 수용소 책임자에게 알렸다. 사령관은 부하들을 시켜 디트리히의 출발 계획을 아는 인물들이 누군지 따져 배신자를 알아내도록 했다.

디트리히 가족에게 오전 10시까지 공항에 도착하라는 내용의 애초 비행 계획이 전달된 때는 오후 5시께였다. 계획이 전달된 직후 디트리히 심문 자리에 있던 통역사 여성이 퇴근했다. 그녀는 집에 가서 계획이 바뀐 줄 모르고 애초 계획을 슈타지의 연락관에게 전달했다. 로타어 디트리히는 순전히 운으로 납치를 모면했다.

로타어 디트리히와 그의 가족에게 서독에서의 새 삶은 니더작센주 알펠트의 텅 빈 아파트에서 시작되었다. 디트리히는 일주일 만에 이미 1만 마르크(2천 달러)의 빚을 졌다.

디트리히는 대학 학위가 있었다. 주요 동물원의 부원장도 지냈다. 이제 그는 완전히 새로 시작해야 했다. 그러나 이는 문제가 되지 않았다. 중요한 것은 가족이 마침내 탈출했다는 사실이었다. 그와 언론인 출신인 아내는 다시 기반을 다질 수 있으리라는 기대에 부풀었다. 두 사람은 미래가 힘들지언정 더 밝을 것이라고 생각했다. 그러나 그들을 다시 동독으로 데려가려는 시도가 이후에도 이어졌다.

디트리히는 곧 현지 동물 무역상 헤르만 루에 아래서 일하는 사육사 자리를 구했다. 어느 날 아침 그가 영양 무리를 우리로 몰고 가는 동안 낯선 사람이 울타리 앞에 나타났다.

그는 "안녕하세요, 저는 알펠트 수사반에서 왔습니다."라고 자신을 소개했다. 이어 "물어볼 게 몇 가지 있습니다. 잠깐 나오실 수 있나요?"라고 덧붙였다.

디트리히는 "안타깝지만 안 되겠습니다. 보시다시피 제가 바빠서요."라고 답했다.

경찰관은 미소를 지으며 "잠깐이면 됩니다."라고 말했다.

디트리히는 "제가 지금 나가면 영양들이 싸우기 시작합니다."라고 답했다.

이 경찰관은 쉽게 포기할 기세가 아니었다. 그는 "저를 믿으세요. 아주 잠깐이면 끝납니다."라고 우겼다.

그러나 디트리히도 포기하지 않았다. 그는 이렇게 말했다. "미안합니다. 정말 안 돼요. 동물들을 모두 우리에 몰아넣는 데 적어도 1시간 30분은 걸릴 겁니다. 그러나 오늘 저녁 6시 30분에 시청 지하 식당에서 만날 수는 있어요. 거기서 기꺼이 질문에 답하죠."

경찰관은 결국 이를 받아들이고 떠났다. 그가 떠나자마자 디트리히는 동물들을 우리에 가두기 시작했다. 일은 10분 만에 끝났다.

디트리히는 베를린에서 납치 시도를 겪은 터라, 지금처럼 의심스러운 상황에 어떻게 대처할지를 서독 연방정보원(해외 전담 정보기관)으로부터 안내 받았다. 그가 처음 한 행동은 알펠트 경찰서에 전화해 "왜 경찰관을 내게 보냈냐?"라고 묻는 것이었다.

경찰서 본부의 경찰관은 깜짝 놀랐다. 그는 이렇게 말했다. "이상하군요. 우리는 수사반이 없어요. 수사반은 힐데스하임에 있어요. 전화 끊지 말고 잠깐 기다리세요. 그들에게 알아보죠."

디트리히는 경찰관들이 '힐데스하임? 아무도 안 보냈는데.'라고 말하는 소리를 수화기 너머로 들었다.

잠시 뒤 경찰관이 다시 디트리히에게 말했다. "들으셨나요? 힐데스하임의 동료들도 금시초문이랍니다. 하노버에 있는 상사에서 물어 보고 전화를 드리죠."

한 시간 뒤 디트리히 앞의 전화기가 울렸다. 전화를 건 경찰관은 이렇게 말했다. "물론 아무도 보내지 않았군요. 그러나 오늘 밤 약속 장소에 가시죠. 우리도 현장에 사람을 보내겠습니다. 생명의 위험은 걱정하지 않으셔도 됩니다."

그날 밤 디트리히는 시청 지하식당으로 향했다. 약속 시간에 맞춰 도착했을 때 그는 나쁜 범죄 소설 속에 들어간 것처럼 느꼈다. 문에서부터 남자들이 테이블 앞에 앉아 있는 게 보였다. 모두 평상복을 입은 경찰들이었는데, 그들은 서로 모른 척 했다. 디트리히는 빈자리에 앉아 잠깐 기다렸지만, 아침에 찾아왔던 불길한 방문자는 나타나지 않았다.

로타어 디트리히는 몇 년 뒤에 에리히 밀케 동독 국가안보부 장관이 사회주의통일당 중앙위원회에 개인적으로 제출한 명단에 자신의 이름이 있다는 것을 알게 된다. 이 명단은 동독으로 다시 데려올 탈출자 명단이었다. 밀케의 의도는 디트리히를 라이프치히 동물원에 복귀시키는 것이 아니라 바우첸의 특별 보안 교도소(슈타지의 특수 교도소)에 가두는 것이었다.

전선이 그려지다

1961년 8월 초 베를린 동물원 행정 사무실에 편지 한 통이 배달되었다. 한 여성 동물원 관람객이 허가 없이 동물들에게 먹이를 주다가 연간 이용권을 빼앗겼다. 얼마 전까지는 동물들에게 먹이를 주는 것을 그냥 놔두었다. 클뢰스는 먹이 주기를 금지하기 전에 잠깐 망설였다. 아마도 대중들의 항의를 의식해서 그랬을 것이다.

동물원 행정 담당자들은 그녀에게 이용권을 돌려주기로 했다. 그녀는 나이 든 동베를린 주민이었다. 동물원은 소련 점령 구역에서 오는, 몇 안 되는 고정 관람객을 막을 처지가 아니었다. 최근 몇 년 사이 너무 많은 동베를린 사람들이 티어파르크로 발길을 돌렸다.

이 여성이 다시 베를린 동물원을 방문할 기회가 있었는지는 모른다. 아마도 다시 찾지 못했을 것이다. 일주일 만에 베를린 동물원은 시 동쪽에서 오던 관람객들을 영원히 맞지 못하게 된다. 8월 13일 아침 일찍 누구도 예상하지 못한 일이, 4개월 전 동독을 탈출한 로타어 디트리히조차 예상 못 한 일이 벌어졌다.

미국과 소련의 관계가 지난 몇 년 동안 악화일로로 치달았다. 쟁점은 서베를린의 지위 문제였다. 2년 6개월 전부터 소련 정부 수반은 연합국에게 베를린에서 군대를 철수하라고 요구했다. 니키타 흐루쇼프는 1961년 6월 오스트리아 빈에서 열린 존 F. 케네디 미국 대통령과의 정상 회담에서 서베를린이 '지구상에서 가장 위험한 곳'이라고 선언하고 '악성 종양'을 잘라내겠다고 위협했다. 케네디는 연합군이 기존 점령 구역을 계속 통제할 것이고 소련 점령 구역 출입도 계속 허용되어야 한다고 주장했다(군인은 처음부터 동서 베를린을 자유롭게 오갈 수 있는 사람에 포함되어 있었다).

로타어 디트리히가 보기에, 탈출 행렬을 저지하기 위해 동독 정부가 조만간 뭔가 조처를 할 수밖에 없을 게 분명했다. 그러나 그가 아침에 알펠트의 자택 부엌에서 라디오로 소식을 들었을 때는 거의 의자에서 떨어질 뻔했다. 그와 그의 가족이 서독으로 빠져나온 지 반년도 채 지나지 않은 시점에, 동독의 노동자 민병대와 무장 보안군이 갑자기 서베를린으로 가는 검문소를 폐쇄하고 국경을 따라 철조망을 설치하기 시작했다. 이어지는 며칠 동안 장벽 건설에 필요한 콘크리트 블록이 동베를린 전체에서 운반되어 왔다. 이 장벽은 그로부터 몇십 년 동안 이 도시의 풍경을 규정하고 상징하는 것이 된다.

　　　　타인의 동물원: 동서 베를린 동물원의 무한경쟁

베를린 장벽은 거리를 가로지르고 집을 가로질러 세워졌다. 필요하면 창문을 벽돌과 회반죽으로 막기도 했다. 가족이 생이별했고, 서베를린은 봉쇄되었다. 콘크리트 블록으로 이뤄진 경계선은 티어파르크와 베를린 동물원 중간을 가로질렀다.

그 이후 두 동물원의 경쟁은 대리전의 양상을 띠었고, 두 동물원장은 각자의 도시에서 정치의 상징이 되었다. 그리고 다테와 클뢰스는 베를린 장벽을 사이에 두고 있으면서, 이 경쟁에서 승리는 관람객의 구미를 맞추는 문제가 아니라 서독의 본과 동독의 동베를린에 있는 거물들을 기쁘게 해 주는 문제임을 이해하게 된다.

1961년 8월 12일 밤, 동독 지도부가 회의를 마친 직후, 3만 4천 명의 동독 경찰과 군인들이 철조망과 함께 서베를린 경계에 도착했다. 다음날 오전 7시, 국경 폐쇄 작전이 완료되었고, 베를린 서부 지역은 80cm 높이의 철조망으로 둘러싸였다. 사진은 서베를린 프랑스 관할 구역과 동베를린 경계 지점.

5장

미래의 동물원

기묘한 소음이 서베를린 거리의 아침 소동을 뚫고 들려왔다. 동물원의 긴팔원숭이들이 재즈 밴드가 열광하듯 소리를 냈다. 이날처럼 바람이 딱 맞춰 불 때면, 원숭이들이 영역을 구별 지으려 내는 소리가 장벽을 넘어 동베를린까지 울렸다. 마치 이 도시가 여전히 하나인 것처럼 말이다.

그러나 지난 8월의 그날 밤 이후 모든 게 변했다. 그 어느 때보다 강한 공포가 서베를린을 지배했다. 동독의 국가인민군이, 더 심하면 소련의 적군이 침공하게 될까? 미국인들은 소련의 공격에 대한 사전 경고성 조처로 프랑스에 200기의 전투기를 배치하고 있었다. 베를린 사람들은 강대국들의 충돌 곧 3차 세계대전이 일어나는 상황을 상상하고 싶지 않았다.

베를린 장벽이 처음 설치된 때로부터 두 달 반이 지난 10월 27일에는 위험이 코앞에 닥친 듯했다. 그날 아침 동물원에서 시끄러운 소리를 낸 원숭이들은 인간종들의 영역 싸움을 의식하지 못했다. 그들은 동서 베를린을 오가는 국경 검문소 중 하나인 '체크포인트 찰리'라는 이름의, 나무라곤 없는 지점에 대해 아무것도 몰랐다. 그리고 이 검문소에 있는 인간들은 노래를 몰랐다. 그들은 서로 마주 보고 서 있었고, 일부는 탱크를 몰고 나왔다. 그들은 전투 준비를 마치고 지휘관의 사격 명령을 기다렸다. 그들에게 전쟁은 비정상이 아니었다.

체크포인트 찰리에서의 대결은 결코 위협 행위 이상으로 번지지 않았다. 불안한 16시간이 지난 뒤 두 쪽의 군인들은 경계 태세를 풀었다. 그러나 동독과 서독의 더 큰 대결이 끝나는 건 아득한 이야기였다. 이 시점부터 그 대결은 탱크를 동원한 싸움이라기보다 상징적인 전투가 되었다. 연합국은 '붉은 바다' 한가운데에 있는 '자유의 섬' 서베를린에 대한 권리를 계속 주장했다. 또 다른 봉쇄에 대비해 서베를린은 9개월치 식량을 비축했다. 동물원도 동물들을 위한 식량을 모으기 시작했고, 새 헛간과 냉장 보관실도 갖췄다. 생선만은 비축하지 않았다. 이는 식량이 부족해지면 물범류의 동물은 비행기를 동원해 밖으로 보내야 한다는 이야기다. 그럼에도 물범들은 가축들보다는 운이 좋았다. 동물원의 가축들은 도시에 최악의 상황이 발생하면 고기 공급에 쓰일 주요 자원으로 지정되었다.

*

케네디 미국 대통령이 베를린을 방문하기 한 해 전인 1962년 2월 21일, 동생 로버트 F. 케네디 법무부 장관이 베를린 동물원을 찾았

　　　　　　　　　　　　　타인의 동물원: 동서 베를린 동물원의 무한경쟁

다. 동물원 출입구에서 한참 떨어진 곳에서부터 사람들이 그를 에워 싸고 바싹 붙어서 조금씩 움직였다. 그래서 동물원 문지기가 결국 문을 활짝 열고 모두가 입장료를 내지 않고 들어오게 허용했다. 동 물원장 하인츠-게오르크 클뢰스로서는 이 일이 오랫동안 마음에 사 무쳤다.

케네디는 자기 나라의 상징인 흰머리수리를 가져왔고, 즉석에서 '빌리 브란트'라는 이름을 붙였다. 이는 당시 서베를린 시장 빌리 브 란트에 경의를 표하는 것이었지만, 한 언론인은 "이 독수리의 성별 을 미리 확인하지도 않고" 이름을 붙였다고 비판했다. 동독 사회주 의통일당의 기관지 「노이에스 도이칠란트」는 곧 '창살 뒤에서'라는 제목 아래 "죽은 쥐 먹기를 좋아하는 빌리 브란트의 습관"에 대해 상세하게 보도했다. 동독 언론들은 서베를린 시장과 이름이 같은 이 동물에 대해 몇 주 동안 보도를 이어갔다.

국가간 공식 선물은 골칫거리를 동반하곤 한다. 선물하는 나라가 보유하고 싶지 않은 동물을 보내는 경향이 있다. 하인리히 뤼프케 서 독 대통령은 아프리카를 방문하는 동안 표범 수컷 하나를 떠안게 됐 는데, 나중에 알고 보니 이 표범은 거세된 상태였다. 흰머리수리 빌 리 브란트는 음식을 거의 삼키지 못하는 지경이었고, 발톱이 굳어 나뭇가지를 잡고 앉거나 먹이를 움켜잡는 것도 불가능했다. 동물원 의 수의사는 이 독수리를 "퇴물이 된, 늙은 새"라고 칭했다. 이 독수 리는 2년 뒤 죽었지만, 클뢰스는 어린 독수리를 한 마리 확보해 두 었다. 함부르크에서 발행되는 잡지 「슈피겔」은 어린 독수리가 "케 네디의 독수리가 류머티즘 때문에 밖에 나가 앉을 수 없을 때 진짜 빌리 브란트인 것처럼 대신 공개돼 왔다."라고 우쭐하며 보도했다.

이런 책략은 클뢰스가 서베를린의 정치인과 유명 인사들, 그중에서도 브란트 시장을 자기편으로 끌어들이려 애썼기 때문이다. 그는 자신의 목표를 이루고 싶을 때라면 상당한 설득력을 발휘할 수 있었다. 클뢰스는 브란트를 동물원으로 끌어들일 새로운 아이디어를 계속 생각해낸 게 분명하다. 그는 "아들을 데려오세요. 분명 좋아할 겁니다."라고 말하곤 했다.

한번은 브란트와 그의 열한 살짜리 아들 라르스를 베를린에서 '원숭이 발터'라는 애칭으로 불리던 쿠르트 발터에게 데려갔다. 영장류 책임자였던 발터는 어린 침팬지 두 마리를 젖병으로 우유를 먹여 키우고 있었다. 라르스는 감동을 받았고 발터의 집에서 본, 요람에 누운 침팬지 모습을 결코 잊지 못했다. 열한 살짜리 라르스는, 많은 어린이 중에 왜 자신이 이면에 숨은 장면들을 엿볼 수 있고 수족관 관장 베르너 슈뢰더가 왜 자신에게 살무사가 탈피한 껍질을 선물로 주는지 생각하기엔 너무 어렸다. 그러나 빌리 브란트는 클뢰스가 노리는 게 무엇인지 알았고 그에 협조했다. 브란트는 이 도시와 도시 주민들에게 동물원이 얼마나 중요한지 잘 인식했다.

*

베를린의 결정적인 분단으로 베를린 동물원은 하루아침에 100만 명 이상의 잠재적 관람객을 잃었다. 그래서 클뢰스는 시청에 보조금 확대를 요청했다. 그는 심지어 시내버스의 시점과 종점을 동물원 앞으로 바꿔서 더 많은 여행객들이 지나갈 수 있게 할 것을 제안했다. 그에게 있어서, 새로운 상황의 긍정적인 결과는 동물원 방문객들이

프리드리히스펠데로 빠져 나갈 걱정을 하지 않게 되었다는 것뿐이었다. 베를린 사람들은 베를린 동물원과 티어파르크 중에 하나를 고를 수 없게 되었다. 서베를린 사람들이 동베를린 여행이 다시 가능해진 것은 베를린 장벽이 세워진 지 2년 6개월이 지난 1963년 12월이었다.

그사이 클뢰스는 동물원 입장료를 다시 올림으로써 주민들을 괴롭혔다. 그가 1957년 이 동물원에서 처음 일하기 시작한 지 얼마 안 된 시점에 입장료를 1마르크(0.2달러)에서 1.5마르크로 올렸다. 그는 동물원에서 열리던, 인기 있는 옥토버페스트도 폐지했다. 언론들, 특히 타블로이드 신문인 「빌트」와 「나흐트데페셰」가 분개했다. 성난 시민이 신문사 편집자에게 보낸 편지에서 날카롭게 지적했듯이, 옥토버페스트 폐지는 연간 약 5만 마르크(1만 2천 달러)의 확실한 수입원을 거부하는 것이었다. 그리고 곧 동물원 관람객은 성인 관람료로 2마르크(0.5달러)나 내야 했다!

전임자 카타리나 하인로트와 그녀의 동료 베르너 슈뢰더는 1년 중 추운 6개월 동안 관람객을 더 끌어들임으로써 동물원 파산을 피하려고 옥토버페스트를 시작했다. 그러나 그때는 1940년대 말이었다. 클뢰스는 최신 대차대조표를 살폈다. 지난 몇 년 수입이 줄었고 옥토버페스트를 통해 얻는 수익이 없었다. 그로서는 옥토버페스트를 계속하는 게 그저 풍습을 유지하는 데 불과했다. 축제는 동물들을 불편하게 하고 예산에 부담을 주었다.

세계 최대의 동물용 건물

입장료 인상을 둘러싼 초기의 소동은 곧 잠잠해졌다. 베를린 사람들은 동물원을 너무 소중하게 여겼기 때문에 계속 항의하지는 않았고, 게다가 동물원이 확장되고 있음을 체감할 수 있었다. 클뢰스는 1962년 12월 새들이 자유롭게 날 수 있는 열대홀 내 새장 개장식을 주관했다. 1913년 수족관의 악어홀 개장 이후 베를린에서 이처럼 특별한 일은 없었다. 하인리히 다테가 성대한 개장식에 초대받아 시설을 둘러봤다. 새장에 대한 그의 대응은 6개월 뒤에 나타났다.

1963년 6월의 어느 날 이례적일 만큼 많은 동베를린 사람들이 프리드리히스펠데로 몰려갔다. 단지 찬란한 햇볕을 즐기기 위해서가 아니었다. 아주 대단한 행사가 기다리고 있었다. 대형 고양잇과 동물들을 위한 알프레트브레엠관이 공개될 예정이었다. 이 관은 단지 또 다른 신축 건물이 아니었다. 개장식이 열린 건물 입구 위에는 이런 현수막이 걸렸다. "사회주의 쟁취의 이정표." 5,000㎡ 규모의 알프레트브레엠관은 "세계에서 가장 근대적인 동물용 시설"이자 세계 최대 규모였으며, 동베를린 언론들은 이 사실을 지칠 줄 모르고 언급했다.

개장일은 대충 정해진 게 아니다. 다테는 사회주의통일당 중앙위원회 총서기이자 정치국과 국무원 의장인 발터 울브리히트의 70번째 생일이자 일요일인 6월 30일을 특별히 골랐다. 울브리히트는 티어파르크를 방문한 적 없었으며 자신의 70번째 생일에 맞춰진 개장식에도 오지 않았다. 부인 로테는 열정적인 동물원 관람객이었지만, 그는 동물을 신경 쓰지 않았고 운동경기 관람을 좋아했다. 그럼에도 상징은 중요했고, 멀리서부터 울브리히트에 대한 정중한 감사가 표현되었다. 이 행사 덕분에 프리드리히 에베르트 시장은 오래도록 고대하던 개막식 리본 자르기 기회를 얻었다.

 타인의 동물원: 동서 베를린 동물원의 무한경쟁

동베를린 시장은 프리드리히스펠데 방문을 좋아했는데, 특히 이 동물원에 6년째 살고 있는 양쯔강 악어 '마오' 때문이었다. 에베르트는 온갖 악어에 특별한 애착을 느꼈고, 다테가 서베를린의 경쟁 동물원을 압도하도록 수많은 이색 동물 구입 비용을 시 기금에서 할당해 주었다. 아마도 그가 티어파르크를 좋아한 건, 아이들이 그 어디에서보다 더 기쁘게 인사한다는 점도 작용했을 것이다.

다테는 에베르트가 공공장소에서 인정받는 것을 얼마나 좋아하는지 알았다. 에베르트가 프리드리히스펠데에 오면 다테는 언제나 한 무리의 학생들이 우연을 가장해 시장과 '마주치고' 환호하며 손을 흔들도록 근처에 세워 두었다. 그는 티어파르크 안내 책자에도 에베르트의 사진을 꼭 실었다.

에베르트가 알프레트브레엠관 앞에서 리본을 자르고 참석자들의 박수가 잦아들자, 초대 손님들은 약간 어두운 실내로 서서히 입장했다. 그들은 걸으면서 파스텔톤의 타일로 장식된 우리에 줄무늬와 얼룩무늬의 고양잇과 동물들이 들어 있는 광경을 보면서 놀라워했다. 그들은 사자와 호랑이를 마치 영웅 영화 촬영장의 집 고양이처럼 보이게 하는 거대한 바위 구조물을 보고 입을 벌리고 감탄했다.

고양잇과 동물들은 그동안 철도 객차를 개조한 궁전 근처의 임시 우리에서 지내 왔다. 동물들을 새로운 우리로 옮길 시점이 되자, 한 마리씩 진정제를 투여하고 문 경첩을 뜯고 밖으로 데려 나온 뒤 작은 트럭에 실어 티어파르크를 가로질러 운송했다. 4명의 사육사들이 졸고 있는 동물 옆에 쪼그리고 앉아 수송 중 진정제 효과가 다하면 즉각 대응할 준비를 했다. 다테는 동물 운송 현장에 나타나지 않았다. 이런 일은 다른 사람들에게 맡기길 좋아했다.

열대홀로 몰려든 관람객들은 가느다란 야자나무에 거꾸로 매달려 있는 날여우박쥐를 경탄하며 지켜보느라, 이런 일이 벌어지는지 까맣게 몰랐다. 고양잇과 동물용 건물 건축은 6년이 걸렸다. 다테는 보통 때도 유창한 이야기꾼이지만, 동베를린 공영 방송에 출연해 이 계획을 설명할 때는 훨씬 유창했다. 방송 내내 활기가 빛을 발했다.

그는 '두 발을 뻗고 누운 스핑크스 모양의 건물'에 대해 열변을 토했다. 그는 이렇게 표현했다. "건물 내부에 야외 스타일의 시설들을 설치했고, 최고 높이 18m의 건물 중간에는 새들이 자유롭게 움직이고 사람도 들어갈 수 있는 원시림이 조성되어 있다." 그는 자신이 쌓은 가장 크고 아름다운 모래성을 상기하는 소년처럼 말했다. 그리고 실제로 다테는 열두 살 때 학교에서 쓴 글에서 이런 종류의 시설을 상상했었다.

유럽 각국의 동료들은 깊은 인상을 받았다. 국제동물원장연합의 에른스트 랑 회장은 1965년 프리드리히스펠데를 방문한 뒤 이렇게 선언했다. "이 동물원에는 논할 게 없다. 그저 감탄할 것만 많다." 그 뒤 몇 년 동안 다테는 스위스 베른 동물원의 모니카 마이어홀츠-아펠 원장의 말을 티어파르크 홍보 안내물에 넣었다. "이곳은 우리가 그린 미래 동물원의 모습이다."

다테는 외국의 동물학자들을 공개적으로 환영했고, 자신이 하는 일을 숨기지 않았다. '비사회주의 경제권 인사들과의 접촉'에 대해 슈타지의 심문을 받을 때, 그는 자신이 접촉하는 범위가 "세계 전체에 걸쳐 있고, 국제동물원장연합의 회원이자 「국제 동물원 저널」의 편집자여서 접촉이 다면적"이라고 진술했다. 다테는 자신의 지평선을 좁힐 생각이 없었다. 동물원 운영에서 국제적 접촉은 아주 중요했고, 그는 독일이 스스로를 세계의 중심으로 여기던 때의 일들을 직접 목격했었다.

서양의 동물학자들이 국경을 넘을 때 티어파르크나 다테를 방문한다고 밝히면, 보통은 추가 심사를 받지 않고 통과되었다. 이런 방문자 중 하나가 젊은 미군 장교였다. 마빈 존스는 십 대 때인 2차 세계대전 중에 뉴욕 브롱크스 동물원에서 자원봉사 활동을 했다. 그는 여기서 동물들의 가계도를 기록하기 시작했는데, 당시로는 상당히 이례적인 작업이었다. 존스는 군대에서 10년을 복무한 뒤 흥미로운 동물원이 있는 지역 파견을 요청했다. 그리고 베를린에는 동물원이 두 곳이나 있어서 두 배로 끌리는 도시였다. 그는 미군 병사 자격으로 동베를린 방문이 허락됐지만, 동독에서 차를 타는 것은 금지되었다. 납치 위험이 너무 큰 탓이었다. 그래서 티어파르크의 다테를 방문하고 싶을 때는 다테의 조수 볼프강 그룸트에게 체크포인트 찰리로 마중 나오게 했다. 두 사람은 함께 프리드리히스펠데까지 11㎞를 걸었다. 저녁에는 그룸트가 다시 그를 국경까지 걸어서 바래다줘야 했다.

다테가 누린 자유는 종종 티어파르크 벽 너머에까지 파문을 일으켰다. 다테 부부가 막내아들 팔크의 학교에서 열린 사친회에 참석했을 때, 그들도 보통 부모들처럼 집에서 서방 텔레비전을 시청하지 않는다는 각서에 서명을 해야 했는데 이를 거부했다. 그는 당황한 교사에게 이렇게 말했다. "죄송하지만, 저는 이를 지킬 수 없습니다. 제 직업은 꾸준히 정보를 습득하는 게 필요하고, 국제 잡지와 텔레비전 방송이 없으면 정보를 접할 수 없습니다."

다테는 텔레비전이 필요한지 회의한 적도 있다. 1958년에는 텔레비전이 주의를 흩뜨릴 뿐이라고 생각했다. 그러나 이제 티어파르크는 자체 텔레비전 프로그램 「티어파르크텔레트레프」가 있다. 다테가 매 회 등장해 동물 우리를 소개하고 우리 안의 동물에 관한 정보를 제공하는 내용이다.

아무튼 다른 부모들도 그의 이의 제기를 반겼다. 그들은 즉각 "그럼, 우리도 서명하지 않을 겁니다!"라고 말했다. 그때부터 학급 전체가 이 규정을 면제받았다.

사슴과 함께 운송 상자 속으로

베를린의 공식 분단은 다테가 자신의 작업을 계속하는 데 거의 제약이 되지 않았지만, 동료들은 아주 다른 환경에 직면했다. 장벽 구축 이후 많은 이들은 서베를린의 가족과 친구를 방문할 수 없게 되었다.

베른트 마테른은 소 사육 실습을 거쳐 1960년부터 티어파르크에서 사육사로 일해 왔다. 그는 처음에 티어파르크의 북동쪽 가장자리에 해당하는 '외부 링' 구역에 배치되었다. 희귀한 야생 소, 영양, 양, 염소 같은 동물이 별 특징 없는 임시 우리에 사는 구역이다.

마테른은 베를린-트렙토 지역에 살았고, 그의 집 정문에서 점령 구역 경계까지는 100m밖에 안되었다. 100m를 더 가면 미군 점령 구역에 있는 그의 누이 집이 나온다. 도로 5개만 건너면 닿는 거리다. 오래도록 마테른은 이 경계를 인정하지도 피하지도 않았으며, 정기적으로 누이 집을 방문했다. 그러나 1961년 8월 13일 갑자기 베를린 장벽이 등장했다.

마테른은 동독에서 하루도 더 머물고 싶지 않았다. 그러나 그때

　　타인의 동물원: 동서 베를린 동물원의 무한경쟁

다테가 그에게 동물원에서 가장 규모가 큰 시설들 중 하나인 사슴 부문 감독 업무를 제안했다. 마테른은 고작 스물한 살이었지만, 동물원장은 그를 높게 평가했다. 게다가 이 자리는 아마추어 잠수부인 전임자가 하벨강을 헤엄쳐 서베를린으로 가 버린 통에 '자리가 비었다.' 돌아보면, 그의 탈출은 그렇게 놀라울 게 없을지도 모른다. 앞서 그는 다테의 맏아들 홀거도 참여한 다이빙 모임을 시작했다. 이 모임은 일주일에 한 번씩 인근의 카를 프리드리히 프리젠 수영장에서 연습을 했다. 그들은 산소통을 갖추고 훈련했는데, 누구도 훈련 의도를 의심하지 않았다.

먼저 탈출한 동물 사육사가 몇 명 있었다. 티어파르크는 동유럽과 서유럽이 거래하는 동물들을 환적하는 핵심 시설이었기 때문에 거의 매일 동물 운송 상자가 적어도 하나는 지나갔다. 그래서 검역소 책임자 게르트 모르겐에게는 매력적인 기회로 보였다. 스물한 살의 이 젊은이는 캐나다 위니펙 동물원에 대한 영화를 본 뒤, 어느 날 꼭 한 번 가보는 모습을 상상해 왔다. 그의 계획은 운송 상자에 숨어서 서베를린으로 가는 것이었다. 문제는 운송되는 동물이 곰뿐이었다는 점이다. 곰과 함께 상자에 들어가 몰래 국경을 넘는 것은 최선이 아니었다.

모르겐은 "다른 동물이 지나갈 때 시도를 할 거야."라고 생각했다.

1961년 가을 어린 북아메리카산 사슴(무스) 암놈 한 마리가 독일 북부의 한 동물원으로 가기 위해 러시아에서 도착하자, 그는 탈출 기회를 노렸다. 그러나 이 사슴은 밖에서 훤히 보이는 더러운 나무 상자에 실려 왔다. 그는 동물원의 목수에게 "이런 상태로 연방공화국으로 보낼 수 없다."라고 지적하며 외부가 막힌 나무 상자를 만들라고 요구했다. 그는 앞문의 윗부분에만 좁은 틈을 낸 상자를 원했다.

동료들은 사슴이 출발하기 전날 모르겐이 자신의 계획을 털어놓을 때까지 그가 왜 큰 상자를 골랐는지 의아해했다. 그는 이렇게 설명했다. "열차가 베를린 동물원에서 가장 가까운 역에 서면, 내려서 어머니 집으로 갈 겁니다. 난 거기 머물 거에요." 다른 이들은 이것저것 묻지 않았다. 마테른도 마찬가지였다. 이런 기회를 잡게 되면 자신도 기회를 놓치지 않았을 테니까 말이다.

모르겐의 계획은 운송 상자가 동베를린 역에 도착한 뒤에 사슴 상자로 들어가는 것이었다. 그런데 문제가 하나 있었다. 세관이 철로 위에 설치한 유리 부스에서 승강장을 감시했다. 동료 사육사들이 해법을 제시했다. 그들은 세관의 감시 부스에서 보이지 않는 지점이 어딘지 알았다. 그들은 10월 26일 저녁 수송 상자를 역으로 가져가서 모르겐이 눈에 띄지 않고 들어갈 자리에 놓았다. 그는 상자 앞문에 박힌 못을 볼트 절단기로 짧게 줄여, 안에서 문을 열고 나올 수 있게 미리 손을 써 두었다. 동료들은 짧은 못을 상자에 박는 척했다. 이어 상자를 승강장 앞으로 가져가 첫 번째 차량에 넣었다. 열차가 시동을 걸어 서쪽으로 향했다.

상자 내부는 어둡고 답답했다. 모르겐은 자리를 잡고 건초로 몸을 감췄다. 사슴의 뜨거운 숨결이 얼굴에 닿는 게 느껴졌다. 그는 자신과 사슴이 충분히 들어가도록 상자를 길게 만들었지만, 사슴이 돌아서서 자신을 발로 차지 못하도록 폭을 줄였다. 운 좋게도, 이 사슴은 소련에서부터 장거리 여행을 한 터라 좁은 상자에서 여러 날을 보내는 데 익숙했다. 열차가 출발한 직후, 사슴은 드러누워 모르겐을 신경 쓰지 않았다. 마치 모르겐이 옆에 있는 것이 세상에서 가장 자연

　　　　　타인의 동물원: 동서 베를린 동물원의 무한경쟁

스러운 일이라도 되는 듯 행동했다.

열차는 몇 분을 달린 뒤 날카로운 소리를 내며 멈췄다. 프리드리히슈트라세 역, 국경 바로 앞이었다. 멀리서부터 교통경찰 트라포의 쿵쿵거리는 발소리가 들렸다. 그들이 신은 장화가 차츰 가까이 다가왔다. 모르겐은 나무 벽을 통해 철도 차량의 문이 활짝 열리는 나직한 소리와 몇몇 사람이 다가오면서 시끄럽게 떠드는 소리를 들었다. 교통경찰들은 사슴 상자 앞에 멈춰 섰고, 그중 한 명이 앞면 윗부분의 틈을 들여다봤다. 모르겐이 상자 위에 틈을 낸 게 바로 이 때문이었다. 틈을 내지 않았다면 경찰들은 상자 옆면의 틈으로 들여다봤을 것이다. 앞면의 틈으로는 바로 아래 사각지대에 숨은 탈출자를 볼 수 없었다. 경찰은 약간 어두운 내부에 있는 사슴의 긴 귀만 볼 수 있었다.

경찰은 "일어나, 늙은 당나귀야!"라고 호령했다.

모르겐은 웃음을 참으려고 아랫입술을 꽉 깨물었다.

다행히 경찰들이 다음 차량으로 이동했고 곧 열차가 서베를린을 향해 떠났다. 모르겐의 얼굴에는 땀이 흘렀다. 사슴은 여전히 침착했다.

열차가 동물원역에 도착하자 모르겐은 서독 승객들이 타서 가방을 정리할 때까지 기다렸다가 상자 앞문을 옆으로 밀고 가까스로 넘어 나왔다. 그제야 다리가 마비된 것을 깨달았다. 상자를 닫고 승강장으로 나갈 길을 찾았지만, 가장 가까운 문은 잠겨 있었다. 다시 열려고 해 봤지만 소용없었다. 그는 복도를 달려 열린 문을 찾아냈다. 자, 봐! 드디어 밖으로 나왔다.

모르겐은 가죽 재킷을 벗으며 "이 심한 열기!"라고 생각했다. 그는 속에 티어파르크의 짙은 녹색 유니폼을 계속 입고 있었다.

역사 바로 뒤의 철로는 완만한 곡선이어서 역사의 중앙 홀도 약간 비스듬한 구조였기 때문에 승강장 전체가 한눈에 보이지 않았다. 누구도 모르겐이 첫 번째 차량에서 나오는 모습을 보지 못했다. 갑자기 그를 향해 다가온 교통경찰들도 마찬가지였다. 서베를린 철도역은 동베를린 철도 시스템이 운영을 맡았고, 객차에 망명하려는 사람이 있는지도 확인했다. 모르겐도 이 사실을 알았지만, 예상보다 교통경찰이 훨씬 많았다. 세어보니 거의 20명이었고 그 옆에는 서독 경찰 8명이 있었다. 그들은 승강장에 몇 미터 간격으로 서 있었다.

그는 열차를 타고 오는 동안 두려워하지 않았고, 지금도 마찬가지였다. 할 일만 생각했다. 첫 번째 동독 교통경찰 옆을 지나고 두 번째, 세 번째 경찰을 지나면서 "누군가 멈춰 세우면, 철로로 뛰어내려 달릴 거야."라고 생각했다. 모르겐은 그들이 의심스럽게 살피는 시선을 느꼈지만, 누구도 그에게 멈추라거나 서류를 보여 달라고 하지 않았다. 아마도 그의 유니폼 가슴과 소매 부위에 그려진 베를린 곰을 보고 그를 철도 노동자로 생각한 듯했다. 그는 마지막 교통경찰을 지나치고, 경찰과 다름없이 사나워 보이는 열차 차장도 지나쳐 역 입구로 내려가는 계단에 도착했다.

어머니가 사는 크로이츠베르크로 갈 차표를 사려면 어디선가 환전을 해야 했다. 그는 "어머니가 놀라지 않을까?"라고 생각했다.

시각은 이미 밤 10시를 넘었다. 환전소는 벌써 몇 시간 전에 문을 닫았다. 그는 마땅한 아이디어가 떠오르지 않자 승객 지원 창구로 갔고, 다행히 직원 한 명이 그에게 20페니히(5센트)를 주었다.

모르겐은 그 직원에게 "저 위에 경찰이 왜 그렇게 많죠?"라고 물었다. "누군가 탈출했대요."라는 답이 돌아왔다.

게르트 모르겐이 이틀 연속 결근하자, 티어파르크에 흥분이 고조되었다. 모든 사육사가 조사를 받았지만, 누구도 아는 사실을 털어놓지 않았다. 그의 아파트도 수색했지만 나온 게 없었다. 결국 베른트 마테른을 비롯한 몇몇 직원들이 티어파르크 바로 옆에 있는 슈타지의 지역 사무소로 소환되었다. 그들은 몇 시간 동안 괴롭힘을 당한 뒤 풀려났다. 슈타지는 아무것도 알아내지 못했다.

마테른은 사육사들이 왜 그리 가볍게 풀려났는지 이유를 잘 몰랐지만, 다테가 개입했을 거라고 추정했다. 그는 아마 대강 이렇게 말했을 것이다. "이 사람들이 없으면 안 됩니다. 하루도 견딜 수 없어요." 그리고 다테의 말은 무게가 있었다. 그는 당원이 아니었지만, 원하는 대로 할 자유가 있었다. 그렇지 않았다면, 마테른은 감옥에 갇혔을 것이다.

마테른은 다테가 자유를 지키려면 당 거물들을 교묘한 술책으로 이겨야 한다는 것을 알았다. 그러나 마테른은 더 이상 어떤 제약도 피하고 싶었다. 그는 서방의 신문을 읽고 미군해외방송AFN을 듣고 싶었다. 그는 다른 많은 이들처럼 한동안 새로운 환경을 마지못해 견뎠지만, 이 또한 1964년 국가인민군에 징집되면서 바뀌게 된다. 1년 6개월 만에 그는 탈출을 결심했다. 물론 뭘 감수해야 할지 알았다. 3년 전에 그의 친구 귄터가 발각되었다.

베를린 장벽이 세워진 지 11일 만에 당시 스물네 살이던 귄터 리트핀은 철로를 몇 군데 넘어서 도시 서쪽의 레어터 역으로 가려고 했다. 교통경찰이 그를 발견해 경고 사격을 하자, 운하로 뛰어 들었다. 그는 반대편에 거의 다 갔으나, 갑자기 수영을 멈췄다. 이보다 이틀 전 동독 정치국은 국경 수비대에 탈출을 시도하는 사람에게 사격을 하도록 명령했다. 총알이 귄터의 목과 아래턱을 관통했다. 그는 베를린 장벽에서 총에 맞아 살해된 첫 번째 희생자였다. 그럼에도 마테른은 위험을 감수했다. 한동안 탈출을 계획했고, 계획도 상세하게 짰다. 그와 몇 명의 친구가 서베를린 쪽 연줄을 이용해 배를 확보했다. 그들은 반제 호수를 건너 서베를린의 그루네발트 지구로 넘어갈 계획이었다.

그들은 배를 띄우기도 전에 잡혔다. 그들의 연줄이 슈타지를 위해 일하는 인물이었다. 마테른은 3년형을 받고 감옥에 갔지만 운이 좋았다. 1963년부터 서독은 동독에 외화를 주고 동독 정치범의 자유를 확보해 왔다. 마테른은 2년 만에 석방되어 서독에 정착하는 것을 허락받았다.

그는 나중에 다테가 자신의 탈출 계획을 미리 알지 못했다고 분개했음을 알게 되었다. 다테는 마테른이 감옥에 가지 않고 티어파르크에 복귀하게 할 수 있다고 생각한 게 분명하다. 그러나 마테른은 동베를린으로 돌아가는 데 관심이 없었다.

그사이에 게르트 모르겐은 서베를린에 정착한 뒤 베를린 동물원에 찾아가 자신을 소개했다. 그는 베를린 장벽이 생기기 전에 정기적으로 동물원을 찾았기 때문에 사육사 몇 명을 알았다. 그중에는 영장류 책임자 쿠르트 발터도 있었다. 모르겐은 동물원에서 일자리를 얻고 싶었겠지만, 클뢰스는 다테와 동쪽에서 탈출한 사육사를 고용하지 않는다는 신사협정을 맺은 터였다. 모르겐이 서베를린에 머문 지 8개월이 됐을 즈음 클뢰스가 다시 만나자고 불렀고, 그때 모르겐은 자유대학의 말 클리닉에서 일자리를 찾은 상황이었다. 클뢰스는

   타인의 동물원: 동서 베를린 동물원의 무한경쟁

"바젤로 가는 걸 상상할 수 있겠어요? 랑 박사가 원숭이 사육사를 한 명 더 찾고 있어요."라고 말했다. 모르겐은 주저하지 않았다.

나름의 기반을 갖춘 경쟁자들

다테는 서베를린의 관계자들과 계속 접촉했다. 수족관 관장 베르너 슈뢰더는 친구였다. 그와는 라틴어로 기술 용어에 대해 의견을 주고받을 수 있었고, 국제회의에서는 호텔 방도 함께 썼다. 클뢰스는 동료들과 잘 지내기가 더 어려워졌음을 깨달았다. 그러나 이제는 한동안 동물원 안에서 경쟁이 심해지는 게 신경 쓰였다. 경쟁 상대는 수족관을 지키는 내성적인 괴짜인 슈뢰더 같은 인물이 아니라 존재 자체가 동물원장에게 위험한 인물이었다.

볼프강 게발트가 1959년 연구 조수로 베를린 동물원에 들어왔을 때는 갓 대학을 졸업한 뒤였다. 그는 완벽하게 클뢰스와 반대되는 인물이었다. 얼굴은 각지고 수염이 무성했으며 키는 190cm에 달하는 거인이어서 난간을 힘들이지 않고 무심하게 뛰어넘었다. 동물원을 찾는 여성들은 그를 보면 황홀해했다. 게발트와 비교하면 모든 면에서 클뢰스는 더 뻣뻣하고 서툴러 보였다.

클뢰스의 여섯 살짜리 아들 하이너는 열정적인 사냥꾼인 게발트와 산책하기를 좋아했다. 게발트는 허락도 받지 않고 동물원 부지 안에서 야생 여우, 까마귀, 비둘기를 사냥했다. 그가 보기에, 이 동물들은 그저 유해 동물이었다. 하이너는 전쟁 이후 총에 손을 댄 적이 없는 자기 아버지와 아주 다른 게발트로부터 아주 강한 인상을 받았다.

게발트는 클뢰스보다 두 살 어렸지만, 키는 머리 두 개 만큼 컸고 말도 두 배쯤 많이 했다. 그리고 그는 클뢰스에게 이의 제기를 마다하지 않았고, 동료들 앞에서도 마찬가지였다. 의사들의 오전 회진이 민주적인 토론처럼 보인다는 말이 나올 정도로 엄격한 아침 동물원 순회에서도, 게발트는 클뢰스가 질문하기 전에 누구도 먼저 질문하지 않는다는 불문율을 지키지 않았다.

어느 날 아침 코뿔소관 앞에서 클뢰스와 부하들이 새로 도착한 말레이맥을 조사하고 있었다. 동남아시아에서 생포된 이 동물은 진짜 보물이었다. 암컷 한 마리가 이미 2년째 이 동물원에 있었는데, 이제 암컷 두 마리와 수컷 한 마리가 비좁은 우리에 합류할 예정이었다. 맥은 천성적으로 단독 행동을 하는 동물이지만, 합사가 불가피했다.

게발트가 불쑥 말했다. "박사님, 말씀 좀 해보세요. 저기가 약간 비좁다고 생각하지 않으세요?"

클뢰스는 곧바로 코웃음을 쳤다. "세 마리를 더 구하면, 그들도 저기 넣을 거요."

함께 있던 사육사, 검사관, 수의사들이 모두 기대감을 갖고 게발트를 바라봤다. 그는 씩 웃으며 대꾸했다. "거참, 그 모습을 보고 싶군요, 박사님."

볼프강 게발트는 철두철미한 베를린 사람이었다. 그는 티어가르텐 지구에 있는 유명한 공립 고등학교인 프란최지세스 김나지움을 나왔고, 1948년 동베를린에 있는 훔볼트대학에 들어가 동물학을 공부했다. 그는 나중에 서베를린의 자유대학으로 옮겨 1959년 박사 학위를 받았다. 그의 학위 논문은 자그마하고 털이 많으며 꼬리가 덥수룩한 동물인 담비의 시각 능력에 대한 것이었다.

   타인의 동물원: 동서 베를린 동물원의 무한경쟁

게발트는 학생 시절부터 저돌적이어서 한겨울의 차가운 발트해에서 수영을 하고 칡부엉이를 둥지에서 낚아채려고 소나무를 오르기도 했다. 그는 학생 시절 다람쥐, 미국너구리, 마도요, 그리고 중부 유럽 대부분의 지역에서 멸종된 덩치가 큰 새 느시(들칠면조)에 관한 과학 논문들을 썼다. 그는 베를린 북부 지역인 프로나우에 있는 부모의 집에서 새끼 느시 몇 마리를 부화시켜 키우기도 했다. 손님들이 집에 오면 길들여진 느시가 탁자 주위를 뽐내며 걷거나 사람이 주는 케이크 조각을 먹는 모습에 놀라곤 했다. 이윽고 그는 더 큰 동물들을 키우게 된다. 베를린 동물원에서는 어린 고릴라 두 마리를 제 손으로 키웠다. 이 때문에 관람객들에게 더 인기를 얻었다. 특히 여성들에게 인기가 높았다. 클뢰스는 자신의 조수가 더 주목을 받는 데 불만을 품고 그를 경계했다.

게발트는 주목을 받기를 즐겼지만, 할 수 있는 한 다른 동료 사육사들을 도왔다. 그가 도운 이들 중에는 라이프치히에서 다테의 오른팔이었던 로타어 디트리히도 있다. 디트리히는 서독으로 탈출한 뒤 헤르만 루에의 동물무역회사에서 경력을 밟아 나갔다. 처음에는 동아프리카에서 가젤을 포획했다. 이어 루에가 판매할 동물들을 전시하려고 운영한 하노버 동물원의 원장이 되었다.

베를린 장벽이 생기기 전 디트리히가 라이프치히에서 일하던 시절, 그는 '자본주의 국가' 여행을 하고 싶으면 서베를린을 방문해야 했다. 서유럽은 그때까지 동독을 주권 국가로 인정하지 않았기 때문에, 먼저 서독 임시 여권을 신청한 뒤 이를 갖고 방문할 나라의 대사관에서 비자를 받아야 했다. 게다가 이 모든 일을 하루에 처리해야 했다. 디트리히는 택시를 탈 여유가 없었고 걸어 다니며 이 업무를 처리할 수도 없었기 때문에, 게발트가 자신의 차로 그를 태우고 다녔다. 두 사람은 함께 다니면서 동물원의 최신 동향에 대해 말을 나누었다. 디트리히가 어떤 일에 대해 "왜 그렇게 처리했냐"라고 물으면 게발트는 "그러니까, 노랑머리 하인츠와 조율한 겁니다."라고 답하곤 했다. '노랑머리 하인츠'는 상사인 하인츠-게오르크 클뢰스를 말한다.

원장 자리가 하나뿐인데 게발트와 클뢰스 둘이 함께 있는 것은 곤란했다. 게발트는 승진의 길이 보이지 않자 7년을 머문 뒤 베를린을 떠난다. 그가 떠난 이유로 몇 가지가 떠돌았다. 그중 하나는 그가 근무하는 중에 영양 한 마리가 죽었고, 그래서 신문들이 그에게 등을 돌렸다는 것이다. 다른 주장은, 그가 아침에 여우 사냥을 하다가 동물원 경내에 있던 여성의 다리에 총을 맞췄다는 것이다. 세 번째 주장이 정확한 것인데, 게발트와 클뢰스가 크게 충돌했다는 것이다. 게발트는 클뢰스의 고유한 영역에서 그를 능가하고 있었다.

게발트는 새 일자리를 찾기 시작했고, 1966년 4월 1일 뒤스부르크 동물원 원장으로 임명되었다. 그의 전임자 한스-게오르크 티네만은 한 해 전에 돌고래 수족관을 열었다. 독일에서는 처음이었고 유럽에서도 돌고래 수족관은 손에 꼽았다. 그러나 몇 달 뒤 티네만은 갑자기 뇌졸중으로 56살의 삶을 마감했다. 이 동물원은 더는 베를린 동물원을 따라갈 수 없었고, 라인강과 루르강이 합류하는 지점에 있는 이 칙칙한 산업도시는 꿈의 행선지라고 할 곳이 못 되었다. 클뢰스는 언론인 베르너 필리프에게 "게발트 이야기는 다시 듣지 않게 될 것"이라고 만족스럽게 말했다.

클뢰스가 심하게 틀린 적은 아주 드물지만, 그는 곧 자신이 틀렸

　　　　타인의 동물원: 동서 베를린 동물원의 무한경쟁

음을 깨닫게 된다. 알고 보니 뒤스부르크는 볼프강 게발트에게 최선
이었다.

회색 라인강에 나타난 흰고래

1966년 새해 첫날 독일 텔레비전에서 「플리퍼」라는 연재물의 첫
회가 방송되었다. 동서독 전역의 어린이들은 토요일 오후 이 프로그
램의 주제 음악이 나오는 순간부터 텔레비전 화면에 딱 붙어 있었
다. 어린이들 모두는 돌고래 플리퍼 같은 친구를 원했고, 뒤스부르
크의 운 좋은 어린이들에겐 이 새 친구가 전차로 몇 정거장만 가면
있었다. 동물원에서는 큰돌고래가 묘기를 부리는 광경을 볼 수 있었
고, 잘하면 돌고래가 끄는 배를 타고 풀장을 돌아다닐 기회를 얻을
수도 있었다. 이 작은 동물원에 관람객이 떼를 지어 몰려왔다. 그해
말에는 관람객 수가 100만 명을 넘었다.

게발트의 전임자는 돌고래 수족관 건설에 가장 좋은 때를 골랐고,
동서독의 다른 동물원장들도 빈둥거리며 지켜만 보지는 않았다. 다
테는 티어파르크 구성 초안에 돌고래 수족관을 포함시킬 생각이었
고, 이제 라이프치히도 계획을 짜기 시작했다. 해변 도시 로스토크
의 수족관 건설이 가장 진척된 상황이었지만, 착공 직전 동독 정부
수반이자 운동경기광인 발터 울브리히트가 이 계획을 퇴짜 놓았다.
그는 '돌고래 수영장보다 인간용 수영장을 먼저 지어야 한다'는 취
지의 말을 했다고 한다. 이로부터 5년이 더 지나도록, 클뢰스 또한
미국 플로리다의 돌고래쇼를 여름철 베를린에 도입할 수 없었다.

게다가 게발트에게는 또 한 번의 기막힌 운이 따랐다. 그가 뒤스
부르크에서 일을 시작한 지 두 달 만에 약 천 년의 이 도시 역사에서

누구도 본 적 없는 동물이 라인강에 갑자기 나타났다.

5월 18일 아침 두 명의 선장이 유조선 '멜라니'를 타고 강을 항해하던 중 라인강 778.5㎞ 지점의 회색 강물에 흰 물체가 등장한 것을 목격했다. 이 물체의 길이는 4m 가량이었고 물과 공기를 내뿜고 있었다. 선원들은 즉시 하천 경찰에 무전으로 보고했다. "여기서 하얀 괴물이 헤엄치고 있다." 경찰은 두 사람이 전날 밤 술을 너무 많이 마셨거니 생각했다. 경찰은 도착하자마자 혈중 알콜 농도 검사부터 했다. 음성이었다. 경찰들도 이 물체를 직접 보게 된다. 하얀 등에 흉터와 채찍질 흔적이 있었고, 물 위로 몸통을 드러낸 채 공기를 내뿜었다.

경찰은 이 물체가 정말 고래라면 대체 어떻게 라인강에 올 수 있었을지 궁금해했다. 이보다 사흘 전에 라인강이 바다와 만나는 하구인 네덜란드 로테르담에서 고래를 봤다는 신고가 있었다. 전에도 있던 일이다. 그러나 하구에서 450㎞나 상류에 위치한 이곳, 유럽 최대의 내륙 항구에 나타난다고? 고래는 짠 물에서 살지 않나? 경찰들은 지체 없이 내무부에 연락했고, 전화를 처음 받은 직원은 장난 전화로 생각했다. 그는 귀찮은 투로 "그런데 누구시죠?"라고 물었다.

그다음 날 볼프강 게발트가 이 사실을 통보받았다. 그는 이런 전화에 익숙했다. 걱정하는 시민들이나 소방관들이 봄철 건물 지붕에 버려진 독수리 새끼를 발견했다고 동물원에 전화하는 일이 종종 있었다. 사육사들이 가서 보면, 독수리가 아니라 칼새로 확인되곤 했다. 이제는 아마도 흰고래가 라인강에서 수영을 하고 있다니. 게발트는 물에 빠져 표류하는 돼지일 거라고 상상했다. 그는 투덜거리며 이 동물이 마지막 목격된 지점으로 자신을 데려다줄 경찰선을 수

　　　타인의 동물원: 동서 베를린 동물원의 무한경쟁

배했다. 그러나 이번엔 잘못된 알림이 아니었다. 이 젊은 동물원장은 자기 눈을 믿을 수 없었다. 진짜 고래가 있었다. 바로 '벨루가'로 불리는 흰고래였다. 길이는 최대 6m이고, 무게는 1톤 이상까지 나간다. 게발트는 길이 4m에 무게는 750kg 정도 나가는 이 고래를 보자, 무심코 "맙소사, 굉장한 놈이다!"라고 중얼거렸다.

게발트는 이때 이미 동물원 돌고래들을 위해 더 큰 풀장을 계획하고 있었다. 그리고 그는 여기서 멈추지 않을 작정이었다. 기존의 풀은 고래 전용관으로 쓰고 싶었다. 그리고 지금 눈앞에 첫 번째 '입주' 대상이 헤엄치고 있었다. 이 고래는 많은 동물원 동료들이 한 번도 본 적 없는 희귀종이었다. 그래서 게발트는 대중들에게 이렇게 설명했다. "뒤스부르크 동물원이 문 앞에서 떠도는 고래를 그냥 놔두다니 기괴한 일이다. 이 종의 고래는 미국 알래스카에서만 포획할 수 있다."

그리하여 언론들이 미국 작가 허먼 멜빌의 소설 제목인 '모비딕'이라는 이름을 붙여준 고래 포획 작전이 시작되었다. 그러나 라인강 하류에서 고기를 잡는 어부들은 고래를 포획할 준비가 되어 있지 않았다. 따라서 게발트는 창의성을 발휘해야 했다. 동물원장과 조수들은 근처 테니스장에서 구한 울타리 기둥과 그물로 포획 도구를 짜맞추었다. 그들은 배를 이용해 모비딕을 얕은 물로 몰아간 뒤 잡으려고 했지만 실패했다. 고래는 계속 그물 아래로 헤엄쳤다.

게발트는 독일 양궁 챔피언을 초빙해 고래 주변에 작은 원형 부표를 고정함으로써 고래가 강물 밑으로 헤엄쳐 사라지지 못하게 하려고 했다. 동물권 활동가들은 헬리콥터를 빌려 타고 포획에 나선 이들을 몰아내려고 오렌지를 던져댔다. 그들은 옳은 일을 한다는 확신에 차 있었다. 게발트도 확신에 차 있긴 마찬가지였다. 그는 고래가 진흙이 많은 라인강에서는 일주일도 생존할 수 없다고 생각했다.

루르 지역의 석탄과 철강석이 독일의 전후 경제 기적을 이끄는 동안 환경에 끼치는 영향은 대체로 간과되었다. 라인강은 다량의 화학 물질과 산업 폐수로 오염된 오물통이 되었고, 제철소에서 내뿜는 이황산가스는 과실수와 정원의 채소밭을 초토화했다. 철을 만드는 과정에서 나오는 폐기물인 '토마스 인비燐肥'가 마치 붉은 회색 눈처럼 창틀에 쌓였다. 1960년대는 뒤스부르크 철강 생산의 전성기였고, 이 시기에 세계 최대의 철 생산지 중 하나로 번영을 이뤘다. 그러나 주민들이 자랑스럽게 이름 붙인 '석탄과 철의 도시'는 대기 오염에서도 다른 도시들을 크게 앞질렀다. 이 도시의 극악한 대기 상태에 '스모그'라는 낯설고 새로운 이름이 붙은 것도 이미 한참 전의 일이다.

*

동독에서는 환경 오염을 거론하는 게 금기였고, 보도는 금지되었다. 경제적 진보가 최우선 순위였고, 그래서 정부 말을 따르자면 사회주의에는 스모그 따위가 없었다. 자본주의만 이런 오염을 생산한다고 했다.

"로이나에서 생산한 상품이 빵, 번영, 아름다움을 가져다준다⋯." 동베를린 벽에서 볼 수 있던 광고 문구다. 그러나 할레 남쪽에 위치한 화학산업단지 '로이나베르케'는 대기 중으로 유황을 대량 방출했고, 사람의 눈과 코를 화끈거리게 만드는 시꺼먼 연기가 거리로 퍼졌다. 이른바 '화학의 삼각 지대'로 불린 할레, 메르제부르크, 비터펠트 세 도시가 배출한, 수은과 납을 다량 함유한 폐수가 엘베강과 주변 지류를 오염시켰다. "비터펠트, 비터펠트, 그 더러운 공기는 최강이라네."라는 노래가 유행이었다. 동독은 1970년 포괄적인 환경보전법을 통과시키게 되는데, 이는 유럽에서 가장 진보된 환경 보호 조처들 중 하나로 꼽힌다. 그러나 실질적인 변화는 굴뚝 높이를 높이는 것뿐이었다. 공장들이 이제 독극물을 더 멀리 퍼뜨리게 된다는 뜻이었다. 여러 해 동안 국가의 선전 활동은 스모그가 '반제국주의 보호벽' 앞에서 차단된다는 인상을 주었다. 그러나 시간이 지나며 동독의 대기 오염이 너무나 급격하게 심해져 더는 부인할 수 없는 지경에 이르렀다. 그래서 해롭지 않은 것처럼 들리는 '산업 안개'라는 신조어가 언론과 라디오에서 쓰였다.

스모그에 찌든 서독에서는 당시 사회민주당(사민당)의 총리 후보로 뛰던 빌리 브란트가 이미 1961년부터 공해를 비판해 왔다. 그는 "루르의 하늘은 다시 푸른색을 찾아야 한다."라고 역설했다. 처음에 브란트는 동료들로부터 비판을 받았는데, 그는 나중에 이런 비판 공세를 "양동이 몇 개 분량의 냉소"라고 표현했다. 그가 발전소, 용광로, 제철소 200곳 앞에 서서 '푸른 하늘'을 약속하자, 사민당 내부에서 비난이 쏟아졌다. 도르트문트와 뒤스부르크를 아우르는 지역에서는 '달걀을 깨지 않고는 오믈렛을 만들 수 없다.'라는 통념이 지배했고, 경제적 진전은 하늘에 내뿜는 약간의 연기를 감당할 가치가 충분했다. 아무튼 미세 먼지가 뭔지 정말 누구도 몰랐고, 주부들이 일주일에 한 번씩 찬장에서 털어내야 하는 것 정도로 인식되었다. 맑은 공기에 대한 대중의 관심이 나타날 때까지는 연방 정부도 이 명분을 회피했다.

그러나 법이 조금 바뀌었다고 상황이 개선되지는 않았다. 몇 년 전 베른하르트 그지메크의 자연 다큐멘터리 「야생동물을 위한 땅은 없다」와 「세렝게티는 죽지 않는다」를 보기 위해 사람들이 극장으로 몰려갔지만, 여전히 환경 운동 논의는 거의 없었다. 1960년대 중반 많은 서독인들에게 자연 보존은 아프리카에서 펼치는 활동일 뿐이었다. 그래서 어떤 이들에게는, 이 하얗고 순진무구한 고래가 용광로 그늘 아래 더러운 물에서 떠오른 것이 신의 섭리 같았다. 이 동물이 라인강을 거슬러 올라와 그들에게 등장했다! 이 강의 악취가 얼마나 심한지 사람들이 깨닫도록 도우려고 말이다.

*

몇 주 동안 매일 라인강변에는 모비딕을 한 번 보려는 구경꾼 무리가 끊이지 않았다. 「쥐트도이체 차이퉁」은 신문 1면에 "고래가 왜 라인강에서 즐거운 때를 보내고 있는가?"라고 물었고, 「빌트」 신문은 고래를 공중에서 찍으려고 비행선을 띄웠다.

동독 신문들도 모비딕을 언급했다. 5월 20일 「노이에 차이트」는 에를랑엔에서 벌어진 11살 소녀 성폭력 사건, 뮌헨의 반유대주의 낙서, 필리핀의 태풍보다 뒤스부르크 외곽의 흰고래 모습을 앞세웠다. 고래 포획 작전이 진행되는 동안 동독도 계속 보도했다. 시간이 지나며 언론들은 고래의 몸길이가 초기에 알려진 4m가 아니라 6m라고 전했다.

그사이 볼프강 게발트는 라인강 한가운데 배 위에 서서 동물용 캡처Cap-Chur 권총으로 고래 피부 아래에 진정제를 투입하려고 시도했

 타인의 동물원: 동서 베를린 동물원의 무한경쟁

다. 이 총의 긴 총열은 숀 코너리가 영화 「007 위기일발」에서 제임스 본드 역을 맡아 악당을 추격할 때 쓴 총을 연상시켰다. 게발트가 모른 사실은 진정제가 든 화살의 침이 두께가 20cm나 되는 고래의 지방층을 뚫고 들어가기에 너무 짧다는 점이었다.

사람들은 친구들과 모여 이 포획 시도의 결과를 놓고 내기를 시작했고, 강변의 한 식당 주인은 손님들에게 "포획에 성공하면 우리가 흰고래 커틀릿을 메뉴로 내놓을 겁니다."라고 농담을 했다. 그러나 모비딕이 게발트가 쏜 화살을 맞고 갑자기 깊은 물속으로 잠수해 며칠째 모습을 드러내지 않자, 분위기가 바뀌었다. 고래에게 진정제를 놓는 건 위험한 시도였다. 고래가 숨을 쉬려면 결국 물 표면으로 올라와야 하기 때문이다. 많은 이들이 벌써부터 모비딕이 익사했을 거라고 걱정하기 시작했다. 한 신문은 "게발트 박사를 체포하라!"라고 요구했다.

게발트의 적들이 보기에, '폭력'이라는 뜻을 지닌 그의 이름이 모든 것을 말해 주었다. 그러나 공격을 당한 장본인은 비판을 무시하지 않았고 사실 기뻐했다. 그는 자신의 예리한 인상에 흡족해했다. 그는 자신의 목을 노리는 기사 제목 모두를 사냥한 기념물이라도 되는 양 자기 아파트에 붙여 놓았다.

5월 하순 게발트는 고래 사냥을 잠시 중단한다. 그는 고래가 '인류에 대한 신뢰'를 다시 회복하게 하는 것이라고 주간지 「슈피겔」에 약간 비꼬는 투로 설명했다. 그는 독자들에게 "고래로서는 내수면에서 수영하는 것이 분명 보통 일이 아니다."라고 상기시켰다.

모비딕의 방랑 여행은 1966년 초 캐나다 동부 해안의 물살이 약하고 수심이 얕은 만에서 잡히면서 시작됐을 여지가 가장 크다. 이

고래는 영국의 한 동물원으로 보내기 위해 화물선에 태워졌는데, 배가 목적지에 도착하기 바로 전 영국해협에서 폭풍을 만나게 된다. 거센 파도가 고래를 배 밖의 북해에 빠뜨렸다. 그 이후 어느 날 갑자기 라인강에 등장할 때까지 몇 달 동안 종적을 감췄다.

이 고래는 뒤스부르크에서의 모험 이후 네덜란드에서 다시 목격된 것으로 알려졌다. 그곳에선 이 고래를 '빌리 더 발'이라고 불렀다. 네덜란드에서는 이 고래 사냥이 금지되었고, 유럽에서 돌고래 수족관을 처음 건립한 인물인 프리츠 덴헤르더르는 언론에서 독일의 '야만적인 포획 방법'을 맹비판했다. 모비딕에게 더 영향을 끼친 건 포획 방법이 아니라 라인강의 유독한 수질이었다. 나쁜 수질이 고래의 피부에 갈색의 얼룩을 남겼다.

네덜란드 사람들은 이 고래를 바다로 돌려보내려 애썼지만, 고래는 강 분기점에서 로테르담 방향 지류로 빠지지 않고 댐으로 막힌 에이설메이르호로 향했다. 북해로 빠져나가도록 호수의 수문을 열어줬지만, 이 고래는 수문을 찾지 못하고 다시 독일로 향했다. 독일에서는 게발트 박사와 수천 명의 호기심 어린 구경꾼들이 라인강 강둑에서 고래를 기다렸다.

＊

모두가 모비딕을 보려고 열광하지는 않았다. 프랑크푸르트 동물원 원장이자 출중한 동물학자인 베른하르트 그지메크는 「슈피겔」을 통해 이렇게 불평을 터뜨렸다. "수십만 명의 사람이 벨루가 한 마리 때문에 마음을 졸이고 있지만, 노르웨이인들이 스피츠베르겐

 타인의 동물원: 동서 베를린 동물원의 무한경쟁

에서 똑같은 고래들을 피비린내 나고 잔인한 방식으로 사실상 몰살시키고 있는 것에 대해선 아무도 신경 쓰지 않는다. 스피츠베르겐은 여기서 멀리 떨어져 있기 때문이다.” 그지메크는 게발트의 행태를 공개 비판하지 않았지만, 그에게 개인적으로 보낸 편지에서는 고래를 동물원에 수용하려는 의도에 대해 의문을 제기했다. 뒤스부르크의 돌고래 수족관은 가로세로가 각각 10m이며 깊이는 3m인 콘크리트 구조물이어서 필시 너무 좁았다.

6월 초 게발트는 「차이트」의 지면을 통해 독자들에게 자신의 행동을 정당화하려 했다. 그는 “기린 한 마리가 뒤스부르크 외곽 숲에서 길을 잃었다면, 우리는 포획하려 할 것이다.”라고 썼다. 기린이 빠져 나갈 길을 찾을 수 없기 때문이라는 것이었다. 게다가 이렇게 덧붙였다. “우리가 마련한 우리에서 같은 종의 동물에 둘러싸인 채 지극한 보살핌을 받을 것이다.”

다른 이들도 거들고 나섰고, 선거가 가까워지며 이 고래의 어려운 상황은 정치적 성격까지 띠게 되었다. 기독교민주연합(기민련)은 모비딕을 그냥 놔두라고 촉구한 반면 사민당은 포획해 넓은 바다에 풀어 줄 것을 권했다. 그사이 모비딕은 침착하게 물결을 거슬러 올라 뒤스부르크, 뒤셀도르프, 쾰른을 지나면서 사냥꾼들을 따돌렸다.

6월 13일 아침 본에 있는 의회 건물의 연방 기자회견장은 빈자리가 하나도 없었다. 정부 대변인 카를귄터 폰하제가 북대서양조약기구NATO 관련 주요 관심사에 대한 회견을 막 시작했을 때, 갑자기 한 남성이 달려 들어와 모비딕이 의회 앞에 나타났다고 알렸다. 한순간에 세계 정치 문제는 마땅히 받을 만한 관심을 잃어 버렸다. 정치인들과 언론인들이 밖으로 몰려 나갔다. 강둑에서 사람들이 샌드위치와 절인 청어를 강으로 던지고 있었지만, 고래는 거들떠보지도 않았다. 고래는 얼룩지고 상처난 등을 마지막으로 한 번 보여 주고 남쪽으로 향했다.

이 고래는 상류를 향해 라인강 전체 길이의 거의 절반에 해당하는 600㎞를 올라간 뒤 레마겐 마을 근처에서 하류로 되돌아갔다. 볼프강 게발트도 이번엔 그냥 놔두었다. 이 벨루가는 베젤 외곽에서 하룻밤 지낸 뒤 6월 15일 국경을 넘어 네덜란드의 라인강 하구로 방향을 잡았다. 이 고래의 마지막 여정을 강둑에서는 네덜란드 경찰차 두 대가, 강에서는 배 3척이 따라갔다. 다음 날 저녁 6시 40분께, 한 달 내내 독일에 마법을 걸었던 흰고래 모비딕이 완전히 사라지기 직전 마지막 모습이 포착되었다.

라인강 근처에 사는 사람들은 그 이후 몇 년이 되도록 이 고래를 생생하게 기억했다. 유람선에 그의 이름을 붙였고, 메디움 삼중창단은 이듬해 봄에 이 고래에 대한 민속적인 노래를 작곡했다.

> *흰고래, 라인강의 흰고래가 바라는 건 과연 뭘까?*
> *라인강에 물이 아니라 고급 라인 포도주가 넘친다고 들었노라.*
> *흰고래가 바라는 건 뭔가, 쉽게 점칠 수 있다네.*
> *흰고래는 식사 때 라인 포도주를 바란다네.*

오염된 라인강이 회복을 시작할 때까지는 10년 이상이 걸렸지만, 라인강에 등장한 고래는 환경 보호가 대세로 자리 잡는 데 보탬을 주었다.

뒤스부르크 동물원 원장 볼프강 게발트는 인기가 없었을 테지만,

    타인의 동물원: 동서 베를린 동물원의 무한경쟁

1966년 6월에 이르면 유명해지긴 했다. 모비딕을 포획하지 못했다고 그의 고래 확보 시도가 중단되지는 않았다. 실제로는 더 치열하게 노력했다. 뒤스부르크의 돌고래들은 1968년에 더 큰 풀장으로 옮겼고, 옛 풀장은 고래 전용관으로 바뀌었다. 게발트는 이듬해 캐나다의 허드슨만을 방문했다. 여기서 그는 선주민들의 도움을 받아 흰고래 두 마리를 잡아 왔다. 고래 포획 여행은 그 뒤에도 이어졌다. 아르헨티나의 티에라델푸에고에서는 '야코비타'라고도 부르는 커머슨돌고래 한 마리를 잡아 왔고, 베네수엘라에서는 아마존강돌고래 한 마리를 그물로 낚았다. 1970년대에 이르면 뒤스부르크 동물원이 보유한 고래와 돌고래는 모두 6종으로, 중부 유럽에서 가장 다양했다. 그러나 관련 비용이 컸고 따라서 적자도 상당했다. 처음에 들여온 야코비타 6마리 중에 단 한 마리만 몇 주 이상 생존했고, 아마존강돌고래 5마리 중 3마리는 3년 안에 죽었다.

그럼에도 게발트의 포획 여행은 동물원과 자신을 홍보하는 도구로 작용했다. 그는 자신의 이미지를 만들려고 밖으로 다녔다. 이 목적이 아니라면 포획을 남들에게 맡기는 게 비용 측면에서 더 효율적이었을 것이다.

게발트의 동물 포획 열정이 과도할 수 있지만, 그 혼자 그런 것은 아니다. 전 세계 동물원들은 멸종 위기종들을 구하려고 번식을 꾸준히 시도해 왔다. 클뢰스는 (독일 중북부) 하르츠 산맥에 수리부엉이들을 풀어준 것을 자랑스럽게 신문들에게 전했고, 동독은 비버를 (독일 동부에서 북부로 흐르는) 엘베강의 본래 서식지로 돌려보내고 싶어 했다. 하지만 많은 희귀종은 기껏 한두 마리밖에 없었기 때문에 사실상 번식이 불가능했다. 결국 번식 사업을 성사시켜줄 동물들을 먼저 야생에서 포획해야 했다는 뜻이다.

동물 포획꾼으로서는 황금기였다.

자본주의의 산악맥을 위한 공산주의의 호랑이

철의 장막 양쪽의 동물원들은 동물 무역으로 이익을 챙겼다. 매년 가을 오직 서독의 포획꾼들만 동독을 방문해 개체수가 풍부한 동물들을 포획하도록 허가되었고, 이들은 잡은 동물을 서독 동물원들에 팔았다. 그 대가로 동독의 동물원들은 희귀한 동물들을 받았다. 하지만 때로는 동물 교환이 정부를 거치지 않고 이뤄졌으며, 이런 거래가 모두 합법은 아니었다.

포획꾼들은 1950년대 이후 동물원들이 가장 원하는 동물 목록을 만들어 꾸준히 갱신했다. 동베를린에서 탈출한 뒤 잠깐 동안 바젤에서 원숭이 사육사로 일했던 게르트 모르겐은 곧 동물원을 떠나 아프리카 카메룬 남부에서 고릴라와 침팬지를 사냥했다. 바이에른주 출신의 젊은이 마르틴 슈투머는 남아메리카 에콰도르에서 명성을 떨쳤다. 슈투머의 인생에서는 모든 게 그렇듯, 이 또한 우연이었다. 스물네 살의 이 청년은 그저 모험가였기에 우연히 이 일에 뛰어들게 되었다.

슈투머는 십 대 시절 뮌헨에서 그리스 아테네까지 자전거 여행을 했다. 그 이후에는 더 멀리까지 여행을 다녔고, 목적지는 더 높은 산악 지역이었다. 그는 학교를 결석하고 친구와 파키스탄의 해발 6,000m 높이 산을 오른 적도 있다. 학업을 마친 뒤에는 아프리카로 가서 가봉에 있던 유명한 의사이자 신학자 알베르트 슈바이처를 만났고, 그 뒤 남아메리카로 옮겨 정착했다.

  타인의 동물원: 동서 베를린 동물원의 무한경쟁

그는 에콰도르의 작은 마을에서 원주민들이 돼지와 비슷한 동물인 산악맥을 잡아, 키워 먹는 모습을 목격했다. 산악맥 새끼들은 다른 가축들과 나란히 줄에 묶여 살았다. 새끼들이 계속 커져도 줄을 느슨하게 풀어주지 않아, 결국은 줄이 살을 파고 들었다. 이 때문에 산악맥의 목은 피투성이었다. 슈투머는 산악맥들이 유럽이나 미국 동물원에 있다면 훨씬 좋은 환경에서 살게 될 거라고 판단했다. 그리고 이 과정에서 돈을 벌더라도 자신의 행동은 명예로운 것이라고 확신했다.

그는 동물 무역회사를 세우고 이름을 '아마존 동물'이라고 지었다. 처음에는 동물들이 원주민의 냄비로 들어가는 것을 막으려고 돈을 주고 샀다. 그러나 머지않아 미지의 것에 이끌려 태평양 연안, 아마존 열대림, 안데스산맥 고지대로 돌아다니며 퓨마, 뱀, 금강앵무를 사냥했다. 그는 동물 수출 허가서를 쉽게 받으려고 정부 당국에 연줄을 댔고, 동물 수집 장소도 몇 군데 확보했다.

그는 포획을 잘했는데, 특히 해발 2,000m 이상 안데스 고지대의 접근 불가능한 숲에 사는 신비로운 동물인 산악맥 포획을 잘했다. 유럽 동물원에서는 산악맥을 구경하는 것도 드문 일이었다. 한 마리가 20세기 초 베를린 동물원에 잠깐 살았다.

슈투머를 돕는 이들은 수줍음을 타는 산악맥을 개들을 이용해 추격한 뒤, 수영을 잘하는 이 동물이 (에콰도르 중부의) 팔로라강의 격류 속으로 뛰어들어 도망가기 전에 올가미 밧줄로 잡았다. 운송이 쉽고 적응도 잘하는 산악맥 새끼들은 독화살을 만드는 데 쓰는 독극물인 쿠레라를 소량 투여해 마취시켰다. 슈투머는 산악맥들을 안데스산맥에서 자신의 근거지가 있는 키토로 데려왔다. 키토에서는 민감한 초식 동물인 산악맥들을 우리에 가둔 채 몇 주 동안 이런저런 식물을 먹이며 적응시켰다. 이 독일인의 포획물에 대한 소문이 빠르게 퍼졌고, 이 희귀 동물은 미국과 유럽의 동물원 몇 곳에 공급되었다. 그는 산악맥 한 쌍으로 5,000달러를 벌었다.

그러던 어느 날 슈투머는 1964년 라이프치히 동물원 원장으로 새로 취임한 지크프리트 자이페르트한테서 동베를린으로 오라는 초대를 받았다. 슈투머가 자이페르트를 동독 수도에서 만난 날은 추운 겨울날이었다. 두 사람은 운터덴린덴과 프리드리히슈트라세가 교차하는 사거리 모퉁이에 있는 인터호텔에서 만났다. 두 사람이 호텔 로비 뒤쪽의 탁자 앞에 앉자, 자이페르트가 바로 용건을 꺼냈다. "우리는 산악맥 한 쌍이 필요합니다."

슈투머는 "원장님, 문제없습니다."라고 말하고 "저는 얼마 전 10마리를 잡아 수출 허가까지 받았습니다."라고 덧붙였다.

자이페르트는 "아주 좋군요."라고 말했다. 그는 잠깐 주저하다가 "문제는 우리가 서방 화폐가 없다는 점입니다."라고 덧붙였다.

슈투머는 괜히 먼 여행을 하게 된 데 짜증을 느끼며 "그건 좋지 않군요."라고 답했다.

자이페르트는 "알아요, 알아요."라고 말하며 그를 달랬다. 그는 몸을 앞으로 수그리고 거의 속삭이듯 말했다. "그러나 대신 시베리아 호랑이 수컷 한 마리와 암컷 세 마리를 드리죠. 모두 보증된 순종입니다. 정부 허가와 복잡한 서류 작업은 우리가 할 겁니다. 당신은 아무 일 하지 않아도 됩니다."

슈투머는 여전히 짜증을 누그러뜨리지 않은 채 "그렇더라도 조심스럽게 진행해야 합니다."라고 조금 크게 말했다.

　타인의 동물원: 동서 베를린 동물원의 무한경쟁

동물원장은 팔을 위아래로 흔들며 말했다. "슈투머 씨, 목소리를 낮추세요. 이 호텔에는 눈과 귀가 많습니다. 온갖 곳에 숨은 벌레들이 있어요. 그리고 슈타지가 항상 지켜봅니다. 그들이 시베리아에서 온 공산주의의 호랑이를 자본주의의 산악맥과 교환하는 게 사회주의의 이해에 일치하지 않는다고 판단하면 우린 곤란해질 겁니다."

결국 두 사람은 합의에 이르렀다. 자이페르트가 왕뱀 몇 마리도 함께 주문하되, 슈투머는 그가 제시한 지침에 따라 이 뱀들을 산악맥 수송용 상자에 함께 넣어 보내기로 했다. 뱀 수입 허가서를 받을 수 없을 것이기 때문이었다. (이때 뱀들이 같은 상자에 있는 산악맥을 질식시켜 죽이지 못하도록 삼베 부대에 넣어 분리해야 했다.) 자이페르트는 슈투머와 악수하고 헤어지며 이렇게 말했다. "우리 말고는 누구도 믿지 마세요. 우리는 정치에 관심 없습니다. 동물만 다룹니다."

슈투머는 에콰도르로 돌아가는 비행기에서 시베리아 호랑이 4마리를 열대 지방에서 어떻게 할지 궁리하느라 점점 신경이 날카로워졌다. 다행히 세계에서 가장 큰 고양잇과 동물인 시베리아 호랑이는 서방에서 수요가 많았다. 동유럽권 밖에서는 쉽게 볼 수 없기 때문이다. 슈투머는 서독 동물원 몇 곳에 제안을 넣었다. 슈투트가르트의 동·식물원 빌헬마가 산악맥 한 쌍, 기타 야생동물과 함께 이 호랑이들을 데려갔다.

슈투머는 키토에 진짜 미니 동물원을 세웠고 벌새 전문가로 명성도 얻었다. 그가 알게 된 동물 포획꾼들은 보통 수상한 인물들이었고 슈투머의 눈에는 모두 밑바닥 인생들로 비쳤다. 그럼에도, 포획꾼을 헐뜯는 이들은 동물원장도 헐뜯을 게 분명하다고 스스로에게 합리화했다. 두 부류 모두 동물을 더 구하려는 욕심이 한이 없기는 마찬가지니 말이다. 존경 받는 인물인 베른하르트 그지메크는 멸종 위기종 수출 금지를 공개적으로 촉구했지만, 슈투머로부터 희귀 동물을 독점하고 싶어 했다. 슈투머는 거래 액수만 맞으면 동물원이 원하는 것은 뭐든지 잡을 용의가 있었다.

그는 서베를린에서도 위탁을 받았다. 서베를린에서는 클뢰스가 세계에서 가장 작은 사슴인 북방푸두를 꼭 구하기로 마음먹었다. '토끼 사슴'이라고도 알려진 이 동물은 안데스 산맥의 4,000m 이상 고지대에 산다. 그는 슈투머에서 보낸 편지에서 "합법이건 불법이건 푸두를 구해주시오."라고 밝혔다. 이어 필요한 신청서와 관련 양식도 준비했다.

그러나 동물 포획은 1960년대 후반부터 이미 퇴조하고 있었다. 동물원들이 자체적으로 동물을 번식시키게 되자 헤르만 루에 같은 무역상들은 수익을 노린 동물 판매에 점점 어려움을 겪게 되었다. 엄격한 검역 규정도 어려움을 더했다. 그럼에도 1970년대에 이르러서야 동물 포획 비판이 대세가 되었다. 미국의 1973년 '멸종위기종법' 등 야생동물 무역을 제한하는 법들이 국제적으로 제정된 것도 이때에 이르러서다.

이때쯤이면 게르트 모르겐은 침팬지 같은 유인원 사냥을 이미 중단한 상태였다. 더는 돈벌이가 되지 않았다. 그는 카메룬을 떠나 몇십 년 동안 바다에서 일하는 요리사 생활을 했다. 그는 젊었을 때 캐나다 위니펙을 여행하고 싶어 했지만, 캐나다는 그에게 너무 추운 나라였다. 동독에서 뭣 모르고 그의 탈출을 도왔던 나무 상자 속 사슴도 다시 보지 못했다.

동독은 1976년 멸종위기에 처한 야생 동식물종의 국제거래에 관

　타인의 동물원: 동서 베를린 동물원의 무한경쟁

한 협약에 서명했고, 서독도 이듬해 뒤를 따랐다. 하지만 이런 국제법들은 초기에는 말뿐이었다. 동물원들은 희귀 보호종을 확보하는 창조적인 방법들을 계속 찾아냈다.

1970년대가 저물고 80년대로 접어들 즈음, 볼프강 게발트 뒤스부르크 동물원 원장은 동물 포획 여행을 수없이 다니면서 점점 더 자주 비판의 표적이 되었다. 이와 동시에 돌고래를 동물원에 가둬두는 것에 대한 항의도 더욱 높아졌다. 사람들이 동물원에서 동물들을 구경하는 데 익숙해지자, 동물 복지에 대한 걱정도 새로 생겨났다. 돌고래와 고래는 갑자기 친근하고 똑똑한 동물로 미화되었다. 게발트는 이런 신화화에 당황했다. 그는 한 인터뷰에서 "이 동물들을 물범처럼 그냥 평범한 동물로 놔두세요."라고 말했다.

마르틴 슈투머는 몇 년 더 에콰도르에서 동물을 포획했고, 클뢰스는 마침내 1972년에 그로부터 북방푸두를 구했다. 하지만 불행하게도 베를린에서 6개월도 채 생존하지 못했다. 수컷은 폐렴으로 죽었고, 암컷은 조금 뒤 식중독에 굴복하고 말았다. 어떤 동물학자들은 우리에 갇힌 채 재생산도 못하고, 오래도록 생존도 못하는 동물들을 '(포획 종말을 부르는) 마지막 결정타'라고 표현했다. 유럽의 동물원에서 잠깐 생존했던 산악맥도 그중의 하나다.

결국 마르틴 슈투머마저 남아메리카를 떠났다. 처음엔 파푸아뉴기니로 갔다. 사람을 사냥한다는 그곳의 원주민들에겐 그가 처음 보는 백인이었다고 한다. 이어 필리핀으로 옮겨 갔고, 거기서 작은 섬나라의 왕이 되었다. 그는 다음번 모험을 위해 계속 움직이는 사람이었다.

티어파르크 베를린이 건설되기 전 동독을 대표하던 라이프치히 동물원(Zoologischer Garten Leipzig). 1878년 문을 열었으며 1920년부터 시 정부가 운영하고 있다. 통일 직후 위기를 겪었으나, 대대적인 투자로 현대화한 덕분에 '미래의 동물원'이라는 호평을 받고 있다. 약 27헥타르의 면적에 850종의 동물을 보유하고 있다.

6장

거대한 계획, 작은 물고기

외르크 아들러가 시속 95㎞의 속도로 베를린을 향해 고속도로를 달렸다. 이 젊은 사육사는 한 시간 전 라이프치히 동물원에서 출발했다. 이 속도로 2시간 30분 만에 티어파르크 프리드리히스펠데에 도착할 것이다. 자동차 엔진 문제가 없다면 이제 그 누구도 그를 멈춰 세우지 못한다. 교통사고는 거의 문제가 안되었다. 이날 아침 도로에는 다른 운전자가 딱 한 명뿐이었다. 1970년대 초 동독에서는 자동차를 소유하기가 힘들었다. 아들러가 베를린을 향해 가면서 다른 차량을 마주친다면, 꽤나 흥분되는 사건일 것이다.

확실한 것은 소요 시간이었다. 더도 덜도 말고 딱 3시간 30분의 단조로움. 더 짧거나 더 빠른 경로는 없었다. 아들러는 항상 거의 정확하게 3시간 30분이 필요했고, 그의 트라반트 자동차(동독산 세단형 자동차) 엔진은 이보다 더 빠르게 달릴 수 없었다. 이렇게 베를린까지 다닌 출장은 아들러에겐 동독의 현 상황을 상징하는 듯했다. 아무리

열심히 노력해도 일은 빠르게 진행되지 않고, 목적지에는 딱 정해진 경로로만 도착할 수 있다.

외르크 아들러는 오래도록 이런 상황을 뼈아프게 인식해 왔다. 그는 1964년 고등학교를 보통 성적으로 졸업했다. 그는 공부 대신 수의사인 아버지의 주사기를 청소하거나 왕진을 따라다녔다. 말 전문 수의사였던 그의 아버지는 라이프치히대학에서 학생들을 가르치기도 했다. 그도 수의사가 되고 싶었지만, 문제는 아버지가 노동자도, 농민도 아니라는 사실이었다. 이는 그가 수의학 전공으로 입학하는 데 불리하게 작용했다. 그는 성적이 더 좋거나, 군 입대 또는 공산당 입당을 통해 국가 차원에서 시행하는 우선 입학 기회를 노려야 했다. 입대나 입당은 고려 사항이 아니었다. 그는 기독교 정신에 충실한 반골 가문 출신이었다. 그에게 우선 입학이란 없을 터였다.

당시 동독의 관례에 따라, 외르크 아들러는 중등교육 과정에 더해 견습생 과정도 마쳐야 했다. 교육 과정은 일방적으로 부과되었다. 그는 같은 반 학생들과 마찬가지로 석공 훈련을 받았다. 그는 고등학교 졸업장과 함께 '벽돌 조립' 기능 자격증을 받았으며, 중앙 정부의 대학부는 그를 건축 전공자로 지명했다.

그는 대학 과정이 너무 지루해서 1년 동안 스스로를 고문하며 보내다가 공부를 파하고 동물원과 말 사육장의 인부 자리에 지원했다. 처음 연락이 온 라이프치히 동물원에서 1966년부터 일했다. 그는 2년 뒤 동물 사육사 훈련 과정을 마쳤다. 그는 빠르게 승진해 발굽 있는 동물 부문 책임자가 되고 이어 원숭이 부문 책임자로 옮겼다. 그 뒤에는 해 아래 있는 모든 것에 대한 책임이 자신에게 있음을 깨닫게 된다. 아들러는 이 동물원에서 운전면허가 있는 3명 중 실제 운

　　타인의 동물원: 동서 베를린 동물원의 무한경쟁

전 경험이 있는 유일한 사람이어서, 지크프리트 자이페르트 동물원장은 그에게 수도에 있는 동물원위원회에 물건을 전달하거나 티어파르크에서 보내는 동물의 수송을 감독하게 했다.

동물원이나 정치나 모든 길은 베를린으로 통했고, 특히 동물원 세계에서는 곧바로 하인리히 다테에게 향했다. 당시 그는 논란의 여지 없이 동독 동물원 업계의 우두머리였다. 「쥐트도이체 차이퉁」 신문은 1976년 "서독에 그지메크가 있다면 동독에는 다테가 있다."라고 썼다.

아들러는 1950년대 말 부모님과 발트해 연안의 아렌스호프에서 휴가를 보내다가 '동독의 그지메크'를 처음 봤다. 이 작은 마을은 동독 예술계 인사들과 지식인 엘리트들이 모이는 장소였다. 나중에 동독의 입법기관인 인민의회 의장이 되는 게랄트 괴팅은 같은 호텔 옆방에 묵었고, 볼프강 울리히 드레스덴 동물원 원장은 해변가에서 세 자리 떨어진 의자에 앉아 있었다. 동독 텔레비전에서 가장 인기 있던 시사 해설자 카를-에두아르트 폰 슈니츨러가 인근 식당 한 곳에 나타났다. 그는 행실이 나빠 자주 이 식당 출입을 금지 당했다.

어린 외르크 아들러는 키가 작고 단단한 인물을 당시부터 주목했다. 키가 작아서가 아니라 행동이 특이해서였다. 그는 해변의 의자나 술집에서 빈둥거리는 일이 절대 없었고, 항상 쌍안경을 들고 산책을 했는데 몇 발자국을 뗀 뒤 새를 탐색하려 위를 보는 일을 반복했다. 아들러는 자신이 언젠가 이 위대한 다테와 교류하게 될 줄은 상상도 하지 못했다. 당시 그에게 다테는 라디오에서 듣고 매주 텔레비전에서 보는 인물이었다. 인생은 라이프치히에서 베를린으로 가는 단조로운 출장처럼 예측 가능한 방식으로 움직이지 않는다.

아들러는 고속도로에서 빠져 나오기 전부터 "티어파르크 베를린을 방문하세요."라는 안내판을 볼 수 있었다. 다테는 베를린으로 들어오는 모든 도로변에 이 안내판을 설치했다. 그는 티어파르크를 처음 건설할 때 입구에 주차장도 마련했다. 비록 1950년대에는 차를 소유한 사람이 거의 없었지만 말이다. 요즘도 주차장에 차를 세우는 사람은 거의 아들러뿐이었다.

발트해에서 보낸 여름휴가 기간에 어린 아들러는 다테의 관심을 결코 끌지 못했다. 어찌 되었든, 이 동물원 업계 인물은 하늘을 바라보는 데만 몰두했다. 그러나 다테는 라이프치히에서 오는 이 젊은이를 높이 평가하게 되었다. 아니면 적어도 아들러는 그런 인상을 받았다. 그가 티어파르크를 찾을 때마다 다테는 아무리 일이 많아도 몇 분은 짬을 내 그와 시간을 보냈다. 만남이 때로는 30분씩 이어졌다. 다테는 아들러에게 가족은 잘 지내냐고 물은 뒤 곧바로 기술적인 문제로 대화를 옮겼다. 아픈 동물의 건강을 회복하는 방법, 동물의 서식 환경을 개선하는 방법, 제한된 식품으로 동물들을 잘 키우는 방법 따위가 주제였다.

아들러는 때때로 이 동물원장이 자신에게 관심을 보이는 데 놀랐다. 다테와 아들러의 상사 자이페르트는 절친한 사이는 아니었고, 어떤 면에서는 경쟁자였는데도 말이다. 티어파르크는 어떤 동물원에 특정 동물을 배정할지에 대한 발언권이 있었고, 이는 갈등을 불렀다. 몇 년 전 라이프치히 동물원이 캐나다에서 산양을 수입하려 했을 때, 다툼이 상당 기간 이어졌고 결국은 자이페르트가 이긴 적 있다. 그럼에도 티어파르크는 상당히 도움이 되었다. 라이프치히로 오던 코끼리 3마리가 네덜란드 로테르담 항구에서 압수당했을 때가

 타인의 동물원: 동서 베를린 동물원의 무한경쟁

그랬다. 동물원은 이 동물을 동독으로 들여오는 데 베를린의 도움을 받았다.

아마도 다테가 아들러를 좋아한 것은 자신이 동물원 경력을 시작한 도시인 라이프치히와 특별한 관계가 있었기 때문일 것이다. 아니면, 그저 다테가 성과를 아주 중시했고 아들러가 분명 야심이 있었기 때문일 수도 있다.

다테는 이 젊은이가 프리드리히스펠데에서 집으로 가기 위해 3시간 30분의 운전을 시작할 때 "「동물원」에 글을 더 쓰게."라고 제안하곤 했다.

그럼에도 아들러가 경력을 쌓아 현재 위치에 오른 것은 다테가 아니라 자이페르트 덕분이었다. 라이프치히 동물원 원장은 아들러처럼 독실한 기독교인이었고, 할 수 있는 모든 방법으로 이 젊은 사육사를 지원했다. 심지어 수의학 학위를 시작하는 것도 도왔고, 라이프치히 동물원을 돕는 라이프치히 동물 병원의 기술 보조가 되는 데도 도움을 주었다.

자이페르트는 다테와 특별히 가까운 사이는 아니랄 수 있지만, 서베를린의 다테 경쟁자들과는 잘 지냈다. 클뢰스가 라이프치히를 방문하면 자이페르트는 보통 아들러를 불러 "클뢰스 교수가 둘러보도록 해주겠나."라고 부탁했다. 클뢰스는 아들러의 아버지를 잘 알았지만, 아들 아들러와의 대화는 보통 날씨와 아들러의 자녀 건강에 대한 잡담 정도에 그쳤다. 그렇더라도 두 사람은 동물원을 돌아보며 몇 시간씩 함께 있었다.

클뢰스는 동구권인 라이프치히, 체코슬로바키아 프라하, 폴란드 브로츠와프 사람들과 좋은 관계를 맺었다. 라이프치히 동물원은 자주 이 우호 관계 덕을 봤다. 한번은, 클뢰스가 아픈 오랑우탄에게 먹일 바나나를 구해 주었다. 그의 조수가 한밤중에 국경 검문소에서 아들러에게 바나나를 건넸다(당시 동독에서는 바나나를 구하기 어려웠다). 이런 나눔은 베를린 장벽을 맞대고 있는 동서 베를린 동물원 사이에서는 생각할 수 없는 일이었다.

분단된 동물원들

1968년에는 동독과 서독의 동물학자들과 수의학자들이 모여 정보를 나누기가 더욱 어려워졌다. 그때까지는 범독일 조직인 독일동물원장협회가 동서독 연례 회의를 개최해 왔다. 이 조직의 지도부는 오래도록 두 나라에 반반씩 배정되었다. 회장이 서독에서 나오면, 부회장은 동독 출신이 맡았다. 하지만 정부의 압력 때문에 동독 동물원장들이 협회를 탈퇴할 수밖에 없었다. 동물원장들은 글자 한 자까지 완전히 똑같은 편지를 각각 발송함으로써, 서독 동료들에게 이 편지가 강요된 것임을 분명하게 알렸다.

동독 동물원장들은 이듬해에 자신들만의 동물원위원회를 구성하고 다테를 위원장으로 뽑았다. 그들은 의도적으로 '협회' 대신 '위원회'라는 명칭을 골랐다. 이는 강요된 조직 분리가 영구적인 것이라는 인상을 주지 않겠다는 의지가 반영된 것이다.

조직이 분리된 뒤로는, 동독의 척추동물연구센터가 주최한 '동물원 동물과 야생동물의 장애에 관한 연례 심포지엄'이 베를린 장벽 양쪽 수의학자들과 동물원장들의 접촉 및 경험 공유의 장으로 더욱 중요해졌다. 동베를린의 다테가 편집자로 있는 업계 소식지 「동물원」도 동서독 합동 출판물 형태를 유지했다. 한편 동독에서 출판한 교과서들은 서독, 오스트리아, 스위스에서 계속 사용되었다. 그런데 교과서들의 서문이 사회주의 원칙에 따른 동물원 운영을 칭찬하는 통에, 서쪽 동물학자들로서는 문제가 되었다. 하노버 동물원 원장 로타어 디트리히가 서독에 더 어울릴 서문을 따로 준비했고, 이 서문은 나중에 책에 끼워 넣어졌다.

철의 장막이 있음에도 동서독 동물원장들의 우호적 교류는 다른 측면에서도 지속되었다. 서신을 주고받고 서로를 방문하며 사교 활동도 했다. 하지만 동베를린과 서베를린 사이는 그렇지 않았다.

거칠고 거친 동부

동물원은 동독 국가 이념에서 확고한 위치를 차지했다. 1965년 제정된 획일 사회주의 교육 체계에 관한 법률 67조에 따라 동물원은 문화센터, 박물관, 공연장, 식물원처럼 "모든 단계의 교육 과정을 지원하고 모든 구성원에게 교육을 확대, 심화시킬 기회를 제공해야" 했다.

동물원은 문화 기관으로서 문화부의 감독 아래 있었고, 문화부의 목표 중 하나는 동독 14개 구 전체에 각각 동물원을 만드는 것이었다. 드레스덴, 라이프치히, 할레에 이미 있는 동물원 3곳에 더해서, 6곳이 1960년대 중반까지 만들어졌다. 베를린 외에 로슈토크(1956년), 에르푸르트와 마그데부르크(각각 1959년), 콧부스(1960년), 그리고 나중에 슈베린(1974년)에 새로 동물원이 생겼다. 게다가 신생 동독 전역에 '향토 동물원Heimattiergärten'이라는 작은 지역 동물원이 잇따라 문을 열었다. 향토 동물원의 취지는, 큰 동물원이 없는 지역의 동물 상황을 소개하고 동물원에 대한 관심을 자극하는 것이었다. 처음에는 각 지역 고유의 동물들을 보유했지만 나중에는 이국적인 동물들까지 보유 범위를 넓히게 된다. 지역 주민들에게 향토 동물원의 중요성은 호이어스베르다에서 특히 두드러졌다.

폴란드 인근 지역인 오버라우지츠에 있는 이 마을은 1950년대와 60년대에 빠르게 성장하면서 많은 인구가 유입되었다. 신규 유입 인구는 근처 산업단지인 '슈바르체 품페Schwarze Pumpe(검은 펌프라는 뜻)'에서 일자리를 찾은 이들이다. 이 마을 외곽과 주변 농촌 지역에 조립식 주택 개발이 활발했고, 머지않아 몇몇 주민들은 구도심의 성 주변 해자에 사슴과 백조를 위한 울타리를 쳤다. 1960년대 중반에 이르면, 이 향토 동물원을 찾는 방문객이 한 해에 26만 명을 넘었다. 당시 마을 인구는 4만 6천 명에 불과했다. 이 지역엔 다른 여가 시설이 변변치 못했고, 휴가를 즐길 장소도 드물었다. 발트해로 여행을 가는 게 고작이었지만, 발트해까지 거리도 만만치 않았다. 그래서 보통의 가족은 지역 내 동물원을 한 해에 5~10번 정도 가는 것으로 휴가를 대신했다.

1980년대 초에 이르면, 동물원이 동독에서 가장 인기 있는 여가 시설이 되었고 연간 누적 방문객 수는 1,600만 명에 달했다. 이는 동독 전체 인구와 같은 규모다. 향토 동물원도 125곳까지 늘었다. 동독 동물원에는 베를린 티어파르크를 정점으로 하는 계층 구조가 있었지만, 동물원위원회는 1974년 대형 동물원들이 지역 내 소규모 향토 동물원을 도와야 한다고 규정했다. 대형 동물원은 각각 도움을 줄 지역을 배정받았는데, 배정 지역은 보통 몇 개의 구를 포괄하는 규모였다. 9개의 대형 동물원은 배정 지역 내 작은 동물원과 향토 동물원에 수의학 권고 기준을 제공했고, 새로 동물을 보내거나 실습생을 훈련시켜 주었다.

동독 전국의 동물원들은 이런 지원을 받았음에도 동독의 구조적 문제를 피부로 느꼈다. 라이프치히 동물원에서는 보통 하루 일과가 오전 7시에 시작했고 오후 8시 전에 끝나는 경우는 드물었다. 거의 모든 게 부족했기에 동물원이 적자를 내지 않고 유지되도록 직원들이 기부까지 해야 했다. 그들은 아침 휴식 시간에 하루의 일정을 논의하곤 했다. 몇 명은 동물들을 돌보고 우리를 청소했고, 다른 사람들은 마을에 나가 자신과 동료들에게 필요한 햄이나 벽지 같은 물건을 구하려고 몇 시간씩 줄을 서는 식으로 일을 분담했다. 이런 공동 조달 정신은 유대감을 형성시켰다. 그리고 라이프치히의 동물원 사람들은 특히 촘촘하게 엮인 집단이었다. 그들은 일과 뒤에 선술집에 가서 술과 노래를 즐긴 뒤 거리를 돌아다녔다. 어쨌든 텔레비전에서는 볼 만한 게 없었고 여행할 기회도 드물었으며, 차를 소유한 사람도 거의 없었다.

외르크 아들러는 온갖 문제가 있음에도 "거지 같은 당"(공산당을 지칭)이 상당 기간 영향력을 끼치지 못하고 애를 먹던, 멋진 시절이라고 느꼈다. 1970년대 말까지도 동물원 고위 관리직 중에 사회주의통일당 당원은 단 한 명도 없었다. 반면 적극적인 기독교인은 몇 명 있었다. 동물원을 체제 전복의 작은 오아시스로 간주할 수 있었다. 부분적으로는 이 도시 자체의 특수성과 관련된 현상이다. 이 도시는 한 해에 두 번씩 열리는 무역 박람회 때문에 동베를린과 함께 동독에서 세계주의 기운이 약간이나마 깃든 도시라 할 수 있었다.

*

베를린 티어파르크는 직원이 400명 이상이었으나, 다테는 필요한 일을 모두 처리하기 위해 여전히 땜질식 수단을 동원해야 했다. 그가 일기에 쓴 표현을 빌리자면 "얼마간 통상 작업 공정 밖에 있는" 사람들의 손을 빌려야 했다. 교도소, 정신 질환자 시설, 장애인 시설에서 비숙련 노동자들을 데려와 단순 작업을 시킨 것이다. 이런 조력자들은 최소한의 점잔조차 보여 주지 않는 경향이 있었다. 어떤 이들은 나뭇가지에 앉아 있는 따오기를 빗자루로 후려쳐 잡으려고 하기도 했다.

일종의 하위문화도 동물원 울타리 안에 형성되었다. 동물원이 사회적 틀에 어울리지 않는 사람들, 곧 정치적 관행 거부자들, 기인들, 아웃사이더들이 모여드는 피난처가 된 것이다. 사육사들은 이런 이들에게 별명을 붙였다. 라이프치히에는 '사슬 여인'이 있었다. 피어싱을 지칭하는 패션 용어도 없던 시절에 이미 얼굴 전체에 피어싱을 한 여성이다. '책벌레'와 '버섯 채취자'도 있었다. 베를린 티어파르크에 오는 '코뿔소 자위자'는 코뿔소들이 짝짓기하기를 기다리며 주변을 서성거리곤 했다. 사육사들은 이런 단골손님들에 대해 농담을 지껄이고 서로에게 "울타리 앞에 누가 또 서 있는지 봐!"라고 떠들기도 했다.

일부 방문객들은 사육사들에게 다음번 짝짓기가 진행되면 연락해 줄 수 있는지 대놓고 묻기도 했다. 코끼리 발톱 조각을 정원의 비료로 쓰고 싶어 하는 이들도 있었다.

베를린 장벽의 반대편에도 이런 인물들이 있었다. 베를린 동물원을 정기적으로 방문하는 나이 든 여성은 원숭이 바위의 거대한 비비 무리를 하나하나 구별할 수 있었고, 각각에 이름도 지어 주었다.

　타인의 동물원: 동서 베를린 동물원의 무한경쟁

어느 날 아침 이 여성이 울타리 벽에 촛불 10개를 놓고 하나씩 불을 붙이는 모습을 젊은 임시직 노동자가 목격했다.

"거기서 뭐하시나요?" 어리둥절한 노동자가 물었다.

"글쎄, 오늘이 '보도'의 생일이에요." 이 여성은 눈을 반짝이며 답했다.

젊은 노동자는 당황해 엉겁결에 "보도가 누구지?"라고 중얼거렸다.

밝게 빛나던 여성의 얼굴이 순식간에 화 난 표정으로 변했다. 그녀는 "젊은이, 뭐요?"라고 하더니 "원숭이들을 돌본다면서 보도도 몰라요?"라고 말했다. 노동자가 답을 하기도 전에 이 여성은 노동자의 소매를 잡아 자기 쪽으로 당겼다. 그녀는 벽 위로 몸을 수그리고는 거대한 바위 아래쪽의 돌출부에 몸 일부가 가려진 채 앉아 있는 비비를 가리켰다. 이어 "쟤가 보도에요. 오늘 열 살이 되었다고!"라고 소리쳤다.

사육사들이 '하이에나 하인리히'라고 부른 남자도 있었다. 이 남자는 하이에나 우리 앞에 서서 하이에나가 난간 근처로 다가오면 털에 입을 맞추려고 해서 이런 이름이 붙었다. 하지만 사육사들은 개별 동물에 대해 잘 아는 괴짜 고정 관람객들 덕을 보기도 했다. 베를린 티어파르크의 발굽 동물 구역에서는 이런 관람객들에게 어떤 황소가 어떤 암소와 짝짓기를 했는지 물을 수 있어서 큰 도움을 받았다.

프리드리히스펠데는 너무나 광활해서 사육사뿐 아니라 동물원 감시 요원들도 곤란을 겪었다. 어떤 어린이들은 동물원 부지가 넓은 점을 노려, 동물원 꽃밭에서 꽃을 꺾어 행인들에게 몇 페니히씩에 팔기도 했다. 티어파르크가 해 질 녘에 문을 닫아도 관람객들은 계속 동물원 안에 남을 수 있었다. 관람객들을 내보내는 경비들이 없었기 때문이다.

티어파르크는 땅이 넓고 건물도 여유가 있어서, 사육사들이 관료제의 함정을 피해 서방 쪽 동료들을 만나는 것도 가능했다. 다테의 막내아들 팔크는 아버지의 길을 따랐는데 전문 분야는 파충류였다. 서방의 뱀 전문가 하나가 최근 탐사 여행에 대한 설명회를 하기 위해 이곳을 방문할 뜻을 밝히자, 팔크 다테는 뱀 사육을 취미로 하는 이들 한 쌍을 행사 당일 아침에 불렀다. 그는 이들이 소식을 퍼뜨릴 것으로 확신했다. 이날 밤 행사장은 발 디딜 틈이 없었다. 이런 자발적인 행사는 정부 규정을 따르는 대학교 같은 곳에서는 열 수 없었다.

슈타지는 이런 모임을 건드리지 않았다. 동물 애호가들은 유해하지 않다고 여겼기 때문이다. 슈타지 비밀경찰들이 이들의 대화를 엿들을지언정, '셸토퓨직' 같은 동물에 대한 전문적 대화를 알아들을 수 없었을 것이다. 엿들었다면, 이 용어가 러시아어에서 온 것임을 알아차리고 '노란 배'라는 뜻의 이 단어가 대체 뭘 지칭하는지 궁금해했을 수도 있겠다. 결국엔 곤충과 작은 동물들을 주로 잡아먹고 최대 50년까지 사는 140㎝ 길이의 파충류라는 것을 알게 됐겠지만 말이다. 동남부 유럽 원산의 '다리 없는 도마뱀(무족도마뱀과)'에 대한 대화가 음모의 소재처럼 들릴 리 없었다.

하지만 슈타지는 다른 다양한 문제들에 대해서는 아주 분명한 진술을 확보했다. 정부가 '비공식 협력자'라고 부른 몇몇 사람이 "기존 시설 재건축과 시설 신축 작업이 부족한 데 대한" 동물원 직원들의 불만 따위를 보고했다.

동독이 건국 이후 계속 시달린 원자재 부족이 건축 지연의 주요 원인이었다. 서독이 1950년에 이미 동독에 대한 철강 수출 금지 조처를 취했다. 게다가 1964년에는 가격 개편이 단행되면서 원자재 값이 70%까지 급등했다. 그 이후 건축 자재가 확보되면 먼저 동베를린으로 보냈고, 거기에서 노동자가 더 필요하면 다른 구에서 차출했다. 나머지 다른 동물원들은 이런 조처 때문에 고생했다.

베를린에서 가장 인기 있는 시설들에 속한 티어파르크 프리드리히스펠데는 상대적으로 자원 공급이 양호했다. 소련 작가 다닐 그라닌은 1969년 「노이에 벨트」에 쓴 여행기 '살펴보고 관찰하다'에서 이 동물원을 열정적으로 찬양했다. 그는 이렇게 썼다. "하루가 다 지나가고 티어파르크가 텅 비면 훨씬 더 거대한 느낌을 준다." 이어서 이렇게 묘사했다.

> 우리 앞으로 멧돼지가 지나고, 오리들이 위로 날며, 홍학이 공작과 함께 뽐내며 걸었다. 라마는 풀을 뜯고, 어린 사슴은 까불며 뛰놀았다. 이렇게 많은 새와 동물이 자유롭게 지내는 걸 본 적이 없다. 그들은 사람을 두려워하지 않았다. 티어파르크는 노아의 방주 안 숙소를 자연에 확장한 모습을 떠올리게 했다. 여기 서서 몇 시간이고 동물들을 관찰할 수 있다. 지저귀고 뛰노는 모든 새들은 털이 폭신폭신하고 눈은 반짝이며, 삶은 생기가 넘치고 가장 자연스럽게 표현된다. 거의 완벽한 자유 속에 있는 덕분에 더 아름답고 다채롭다. … 베를린의 이 동물원보다 더 풍성한 동물원이 세계 어딘가에 있을 수 있겠다. 그러나 동물 숫자나 장비 규모가 문제는 아니다. 가장 아름답고 놀라운 면은 창조성의 기운이다.

그러나 수도 베를린에서조차 곧 건축이 멈춘다. 클뢰스 동물원장이 새 코뿔소관을 짓는 데 몰두하고 유인원관을 확장하고 곰 서식 구역을 새로 짓는 동안, 프리드리히스펠데는 대체로 정지해 있었다. 티어파르크의 제2 출입구와 여기에 딸린 작은 매표소, 격자 모양의 나무 울타리는 세계 최대 동물원의 입구라기보다 정원 입구 같은 모양새였다.

티어파르크 초창기에 다테는 동물이나 건축자재 등 가능한 모든 것을 약속받았지만, 1963년 대형 고양잇과 동물들을 위한 알프레트 브레엠관을 연 이후 의기양양한 시절은 끝이 났다. 고양잇과 동물들의 오줌 냄새가 건물의 벽돌에까지 스며들었다. 사육사가 코감기에 걸리면 동료들은 "포식 동물관에 30분만 가 있어요. 암모니아가 코를 뚫어 줄 겁니다!"라고 말할 정도였다.

코끼리들은 바닥 밑에 쥐들이 서식하는, 낡은 마구간에 계속 살고 있었다. 밤에 코끼리들이 잠들면 쥐들이 발을 깨물었다. 새 서식 시설이 계획된 지 꽤 지났지만, 건축이 계속 지연되었다. 이른바 '외부 링'으로 불리는 발굽 있는 동물 구역의 통로는 포장이 되지도, 자갈이 깔리지도 않은 오솔길에 불과했다. 여름에는 먼지가 날렸고, 겨울에는 비 때문에 질펀해지거나 꽁꽁 얼었다. 임시로 대충 만든 울타리들은 동물들이 나무 기둥을 뜯어먹거나 부러뜨려서 자주 교체하거나 보강해야 했다. 한번은 캐나다 사슴 두 마리가 티어파르크 뒤쪽에 있는 철로까지 도망친 적도 있다. 동남아산 작은 사슴인 문착 한 쌍을 제때 잡지 못하고 시 중심지의 카를 마르크스 알레까지 도망치도록 둔 일도 있다.

임시방편에 의존한 것은 티어파르크를 1955년 여름에 서둘러 개

     타인의 동물원: 동서 베를린 동물원의 무한경쟁

장한 결과이자 다테가 자금을 시설 투자보다 동물 확보에 썼기 때문이다. 일부 관람객은 '미래의 동물원'이라고 강하게 자부하는 곳이 아니라 농업협동조합 같은 데 와서 환영도 받지 못한다고 느꼈다. 그럼에도 다테는 티어파르크가 다른 동물원들의 모범이라는 위상을 계속 지키려고 온갖 노력을 다했다. 그는 작은 새장과 설비 공사를 준비했고, 티어파르크의 사업이 계속 진척되고 있다는 인상을 주려고 각종 개장식 때마다 언론을 초대했다. 그러나 해가 갈수록 계획과 현실의 괴리가 커졌고, 불운한 시설인 '맥관'은 정체된 모든 건설 사업의 대표적인 상징이 되었다.

맥이냐, 아니냐

모든 문제는 1961년 베를린 건축 아카데미가 다테에게 미래지향적 구조를 제안했을 때 시작되었다. 설계도에는 가로세로 24m의 홀이 있었다. 홀의 지붕을 그물 침대처럼 강철 케이블로 지탱함으로써 내부에 지붕을 받치는 기둥이 필요 없는 구조였다. 건축가들은 이런 형태를 '쌍곡포물면'이라고 부른다. 이는 전례 없는 실험적 건축이었다. 다테는 "이를 활용할 수 있겠느냐?"라는 질문을 받았다.

그는 자신이 좋아하는 아이디어 하나를 구현할 기회를 마침내 확보한 것에 기뻐하며 답했다. "네, 거기에 맥을 위한 시설을 만들 것입니다."

맥관은 1950년대 중반 티어파르크를 처음 계획할 때부터 포함되어 있었다. 동남아시아에서 온 말레이맥들이 이미 동물원 부지 안에 살고 있었다. 위치는 코끼리와 코뿔소가 사는 낡은 마구간 뒤였으며, 불편하게도 관람객들이 다니는 길에서 떨어져 있었다.

이듬해 새로운 맥관을 위한 기초가 놓였고 첫 번째 강철 대들보도 세워졌다. 신문들은 맥과 하마가 야자나무 그늘 아래서 멱을 감는 그림과 함께 이 사실을 보도했다. 건설 현장에는 '맥관 건설 중'이라는 안내판이 설치되었다. 티어파르크 안내 책자의 지도에도 건설 현장의 비계가 그려져 있었는데, 너무 큰 알파벳 'M'처럼 보였다. 동독 매체「베를리너 차이퉁」의 풍자만화가 에리히 슈미트는 여기에 '메뚜기 건물'이라는 별명을 붙여 주었다.

하인츠 텔바흐에게 사업 감독 임무가 맡겨졌다. 이 젊은 건축가는 티어파르크 초창기에 동물 우리, 새장, 울타리를 디자인했고, 그 뒤에는 베를린 북쪽의 안전·호화 가옥 개발지에 고위 인사들을 위해 지을 작은 집 몇 채를 설계했다. 이 작업 뒤에는 여러 동물원의 건물 설계도를 제작했다. 티어파르크가 2차 건축 사업에 들어가자, 그의 스승인 동물원 건축가 하인츠 그라푼더가 텔바흐를 설계팀에 다시 합류시켰다.

텔바흐는 아이디어를 모으기 위해 서베를린의 동물원을 방문하는 그라푼더를 수행하도록 허락을 받았다. 클뢰스 동물원장이 직접 그들을 안내해 최근 몇 년 동안 새로 지은 건물들을 자랑스럽게 소개했다. 텔바흐가 기대한 것에 못 미쳤다. 그는 건축이 너무 평이하다는 것을 확인했다. 새장이 특히 실망스러웠다. 특징 없고 낮은 건물이 상자형 빌딩처럼 밋밋했다. 그는 이런 종류의 건물은 티어파르크의 알프레트브레엠관 그리고 자신이 건축할 맥관처럼 두드러지는 맛이 있어야 한다고 생각했다. 그러나 헤어질 때 서베를린에 사는 친척들을 방문하라며 2마르크(0.5달러)를 슬며시 찔러주며 거만한 태도를 보인 클뢰스에게 굳이 말하지는 않았다.

몇 년이 더 지나고 맥들이 출산까지 했지만 여전히 임시 우리에 살고 있었다. 1967년 신축 건물의 강철 구조가 완성된 뒤 공사가 중단되었다. 베를린 시 당국은 건축 자재가 동이 났고 알렉산더플라츠의 중앙 광장 개선이 더 시급했다.

그로부터 얼마 지나지 않아 하인츠 텔바흐는 동베를린 사교 시즌의 떠들썩한 일부로 자리 잡은 티어파르크 무도회에 참석했다가 에리히 슈미트를 만났다. 충성스런 티어파르크 관람객인 이 풍자만화가는 공사가 중단되었다는 이야기를 이미 들어 알고 있었다. 그는 완공되지 않은 철골 건물 앞에 아버지와 아들이 서 있는 모습을 텔바흐가 갖고 있던 초대장 뒷면에 그렸다.

이 그림 속에서 아들이 "아빠, 맥들이 매달릴 구조물이 이건가요?"라고 묻고 있었다.

텔바흐는 낯을 찡그렸다. 슈미트가 자신을 격려하는 건지, 비웃는 건지 판단하기 어려웠다. 아마도 둘이 뒤섞인 듯했다.

거대한 철골 구조가 녹스는 동안에도 현장의 안내판에는 여전히 "맥관이 여기 건설되고 있습니다."라고 씌어 있었다. 티어파르크 안내 책자에는 작은 꽃들이 건물 뼈대를 휘감고 있는 그림이 그려져 있었다. 마치 잠자는 공주처럼 깊은 잠에 빠져 입맞춤을 통해 깨어나기를 기다리는 듯이 말이다. 해가 갈수록 맥관 위치를 나타내는 안내 책자의 'M'자 표시가 점점 작아졌고, 어느 땐가 완전히 사라졌다.

1970년대 말에 구조물 잔해가 마침내 무너져 내렸다. 기초는 그 이후 몇십 년 더 남아 있다가 결국 철거되었고, 독일인들에게 실패한 실험을 상기시킬 것은 아무것도 남지 않았다.

*

동독의 다른 많은 동물원들은 국가 경제의 어려움이 훨씬 더 뚜렷하게 다가왔다. 때로는 마그데부르크 동물원에서처럼, 거대한 목표가 사소한 것 때문에 망가졌다. 이 동물원의 원장은 1970년대 중반에 지역 건축 당국에 수영장이 딸린 펭귄 우리 건축을 허가해 달라고 요청했다. 원장은 너무 열성적인 나머지 허가를 받을 때까지 기다리지 않고 작업자들에게 땅을 파도록 지시했다. 곧 승인될 것으로 판단한 것이다. 하지만 얼마 지나지 않아 시장이 동물원을 방문하겠다고 밝혔고, 불법으로 판 구덩이는 의심을 사지 않도록 나뭇잎으로 재빨리 덮었다. 그 이후 몇 년 동안 현장을 은폐하는 데 필요한 나뭇잎이 아주 많이 필요했다. 이는 동물원장이 건축 문제와는 성격이 판이하게 다른, 아주 기본적인 문제를 간과한 탓이었다. 이곳에서는 동독의 다른 지역과 달리 신선한 물고기를 구하는 게 어려웠고, 자연히 펭귄들을 먹일 것이 없었다. 엘베강가의 펭귄에 대한 꿈은 고등어가 없어서 무위로 돌아갔다.

잿빛 꿈

그사이 라이프치히에서는 외르크 아들러가 유인원관 상황 때문에 괴로워하고 있었다. 늘 뭔가가 망가졌고, 하다못해 문의 손잡이가 흔들리는 일이라도 생겼다. 이 건물은 1901년에 지은 것이며, 1950년대에는 철제 대들보가 녹슬어 로타어 디트리히의 신경을 갉아먹었다. 천장은 몇 차례 땜질을 했음에도 자주 물이 샜고, 우리의 문이 제대로 닫히지 않아 이따금 원숭이들이 빠져나갔다.

아들러는 소식지 「동물원」에서 본 사진에서 눈을 뗄 수 없었다. 그는 서재에서 서독 뮌스터에 새로 문을 연 동물원의 우리를 찍은 흑백 사진을 넋 놓고 쳐다봤다. 마치 다른 세상에서 온 것처럼 느껴졌다.

1974년에 뮌스터 시내에 있던 동물원 터가 베스트도이체 란데스방크(약칭 WestLB, 노르트라인베스트팔렌주 주립은행)로 넘어가면서 시 외곽에 새 동물원이 건설되었다. 은행장이 요구를 들어주지 않으면 은행을 도르트문트로 옮기겠다고 으름장을 놓은 통에 100년 역사의 동물원이 교외로 이전할 수밖에 없었다.

동물원 터는 거의 30헥타르에 달했다. 큰 동물 우리들을 연결하는 통로에 차양이 설치됐기 때문에 '전천후 동물원'으로 불린 새 동물원은 옛 동물원보다 5배 이상 컸다. 이 동물원은 티어파르크 프리드리히스펠데처럼 미리 완벽하게 설계한 뒤 건설되었다. 티어파르크는 베를린 주민들의 도움을 받아 조금씩 꼴을 갖춘 반면, 뮌스터의 이 시설들은 한꺼번에 들어섰다. 아들러는 사진에서 작은 흑곰들이 콘크리트 계단 구조물에 외롭게 서 있는 벌거벗은 나무 한 그루를 묵시록 판타지 속 청소년들처럼 기어오르는 모습을 봤다. 당시엔 진보적으로 여겼던 이런 디자인은 시내의 보행 구역과 동물원의 원숭이와 곰 사육 시설에 두루 사용되었다. 그러나 전천후 동물원이 문을 연 지 단 1년 만에 인근의 크레펠트 동물원이 원숭이 서식 환경의 새 기준을 제시했다. 이 동물원에서는 고릴라, 침팬지, 오랑우탄이 고온다습하고 밀림의 나무들이 자라는 열대홀에서 가족 단위로 살았다. 그들의 우리는 좁은 해자로 관람객 통로와 분리되어 있었다.

크레펠트의 열대 원숭이관은 현대 동물 사육의 선구적인 건축물이었지만, 꽤 오래도록 별난 건물로 취급되었다. 이 건물 등장 뒤에도 몇십 년 동안이나 콘크리트, 타일, 방탄유리가 여전히 동물원을 규정하는 재료였다. 위생에 대한 고려가 주된 이유였다. 회충 감염이 여전히 주요 보건 문제였고, 일부 동물원의 원숭이 우리는 하루에 두 번씩이나 내부를 문질러 청소할 정도였다. 벽에 타일을 붙이면 청소가 쉬웠고, 방탄유리는 창살과 달리 감방을 연상시키지 않았기 때문에 선호되었다. 방탄유리를 설치하면 관람객들이 먹이를 주는 것도 막을 수 있었다.

콘크리트로 도배하는 것은 외르크 아들러에게 문제가 되지 않았다. 그는 단단한 구조에 감탄하며 "적어도 천장이 무너져 내리는 건 걱정할 필요가 없겠구나."라고 생각했다. 이 전천후 동물원은 그에게 여전히 판타지였고, 흑백으로 그려진 약속의 장소였다. 아들러가 뮌스터를 방문해 이 동물원을 직접 접하는 것은, 라이프치히 유인원관에 방수 천장을 설치하는 것만큼이나 현실성이 적었다.

베를린 동물원의 일부인 수족관의 전경. 이 수족관은 유럽에서 손에 꼽힐 만큼 훌륭한 수족관이다.

7장

황금 새장 속 황금기

베를린 수족관 관장 베르너 슈뢰더는 매일 아침 10시에 어류와 파충류의 보금자리를 떠나 부다페스트 거리까지 산책했다. 그라피티 낙서로 뒤덮인 동물원 외벽을 지나고, 문을 통과한 뒤 매표소를 지나쳐, 부동산 세계의 상어와 뱀 행렬로 나간 것이다. 폐허가 된 카이저 빌헬름 기념교회 주변에 새 도심인 '시티 웨스트'가 지난 20년 동안 서서히 성장했다. 베를린 장벽이 세워진 뒤, 서베를린은 동베를린의 알렉산더플라츠에 대응할 도심 쇼핑센터가 필요했다. 이 구역에 들어선 20층짜리 사무용 건물은 유리와 알루미늄으로 지은 까닭에 매우 두드러지는 데다가, 극장, 수영장, 쇼핑몰이 있고 안뜰에 스케이트장을 갖추고 있었다. 높이는 서베를린에서 가장 높은 86m에 달했다. 적어도 클뢰스 동물원장은 이 건물 건축 과정에서 (하인로트 전원장이 강하게 요구한) 양보를 결국 얻어낼 수 있었다. 근처에 있는 동물원에 그늘이 지는 것을 최소화하기 위해 건물의 방향을 90도 틀게 만든 것이다.

1965년에 문을 연 이 건물, 곧 '유로파센터'는 장벽에 갇힌 도시에 미국 느낌을 주려는 의도로 세워졌다. 그러나 1977년에는 선물 가게들이 즐비한 거리의 여러 차분한 건물들 중 하나일 뿐이었다.

베르너 슈뢰더는 쿠어퓌르스텐담 거리를 산책할 기분이 나지 않으면, 여기에서 아침 휴식 시간을 보냈다. 그는 카페에 앉아 차 한 잔을 주문하고 옆의 스케이트장에서 스케이트를 타는 젊은 여성들을 구경했다. 스케이트장의 스피커에서는 스웨덴 유명 가수 하퍼의 '무비 스타'가 울려 퍼졌다. "당신은 자신이 제임스 본드 같아 보일 거라고 생각하죠…." 슈뢰더는 담배에 불을 붙이고 바람을 피하려 외투 깃을 올렸다.

그는 매일 아침 6시에 일어나 자신이 키우는 회색 앵무새와 그레이하운드 개, 카멜레온 몇 마리에게 먹이를 주었다. 수족관 아침 순회를 마치면, 그는 우편물을 살핀 뒤 이곳에 왔다.

슈뢰더는 사반세기 동안 수족관을 이끌었다. 그가 전쟁 중에 파괴된 건물의 재건축에 착수했을 때, 지금 유로파센터가 있는 자리는 버려진 땅에 불과했다. 지역 언론들은 이곳을 "베를린의 명함에 묻은 얼룩"으로 불렀다. 이제 판박이 그림과 포스터에는 "이곳은 베를린이 쇼핑하는 곳, 세계가 만나는 곳이다."라는 문구가 등장한다. 그러나 정말 유로파센터라고 불려 마땅한 장소는 거리 반대편이다.

슈뢰더는 수족관을 도시에서 가장 인기 있는 문화 시설로 탈바꿈시켰고, 유럽 대륙에서 생물 다양성이 최고인 곳으로 성장시켰다. 유럽에는 거대한 공공 수족관이 여전히 두 손에 꼽을 정도밖에 없었고, 베를린 수족관도 분명 이 대열에 있었다. 베를린 시와 외부에서 매년 70만 명이 이곳을 찾았다. 동물원과 달리 날씨 영향을 받지 않기 때문에 계절별로 관람객 규모가 들쭉날쭉하지 않았다. 지금처럼 아직 봄이 오지 않아 춥고 흐린 계절에는 베를린이 여름에 얼마나 즐거운 곳이 될 수 있는지 쉽게 잊는다. 다만 지난여름은 너무 더워 6월부터 기온이 꾸준히 섭씨 35도까지 올라갔다. 당시 유럽 전체가 몇 달이나 지속된 폭염에 시달렸다. 하노버에서는 로타어 디트리히 동물원장이 아프리카펭귄을 냉장 시설에 넣어야 했고, 뒤스부르크의 볼프강 게발트는 흰고래 벨루가가 볕에 타지 않게 하려고 고래 수족관에 덮개식 천장을 설치했다. 베르너 슈뢰더와 그 아래 직원들은 수족관 물을 시원하게 유지하고 양서류들이 사는 곳에 축축한 이끼를 보충하느라 바빴다. 소수의 민감한 동물들을 빼면 대부분의 동물은 폭염을 큰 탈 없이 넘겼다.

슈뢰더는 보유 동물 가운데 26종에 달하는 악어를 특히 자랑스럽게 여겼다. 악어종의 수는 유럽 동물원 중 최대였다. 동독에 있는 그의 친구들은 프리드리히스펠데가 두 번째로 많은 종을 보유하고 있다고 내세우는 데 만족해야 했다.

얼마 전 슈뢰더 밑의 사육사 두 명이 악어홀 모래 더미에서 미국악어 알 한 무더기를 발견했다. 사육사 하나가 각각 3m와 2.5m 길이의 암수 악어를 긴 쇠막대로 막는 동안, 다른 사육사가 알 3개를 꺼내 부화기에 넣었다. 악어 부화는 쉽지 않다. 미국 악어는 생후 10~12년이 되어야 성적으로 성숙해진다. 게다가 환경, 기후, 특히 궁합 등 모든 게 맞아 떨어져야 짝짓기가 된다. 암컷은 까다롭고 서두르지도 않는다. 수컷이 감동을 주지 못하면 기다린다. 시간은 많다. 미국 악어들은 생후 50년 이후에도 새끼를 낳을 수 있고 80년까지 살 수 있다. 그런데 이번엔 모든 게 잘 맞았고, 행운이 있다면 앞으로 몇 달 뒤에 유럽에서 처음으로 새끼 악어가 태어나는 것을 목격할 터였다.

슈뢰더는 서베를린 경계 너머의 동료들 사이에서도 존경을 받았다. 그는 카타리나 하인로트, 오스트리아의 동물행동과학 연구자 콘라트 로렌츠와 가까웠던 만큼이나 다테와도 친했다. 로렌츠가 방문하면, 곤충관 근처에 있는 슈뢰더의 아파트에서 저녁 내내 함께 지내곤 했다. 차를 마시며 잡담을 나눴다. 두 사람이 의견 차이를 보이면, 그들이 함께할 수 있는 것은 4층에 있는 아파트에서 2층의 수족관으로 내려가 확인하는 것이었다. 동물학에는, 베를린의 생활이 그렇듯, 나름의 질서가 있었다.

슈뢰더에게 이 도시는 거대한 거실 같았다. 모두가 그를 알았다. 표현주의 화가 막스 페히슈타인, 연기자 한스 죈커와 빅토르 데 코바 등 많은 유명 예술가가 그의 친구였다. 그는 가끔씩 권투선수 '부비' 숄츠와 탁구를 쳤다. 서베를린이라는 섬에서 삶은 그럭저럭 재미있었다. 유일한 문제는 베를린 장벽이었다.

슈뢰더는 자신을 현실에 대한 낙관주의자이자 미래에 대한 비관주의자라고 생각했다. 그는 미래의 상황이 오늘보다 결코 더 나아지지 않을 것이며 그래서 매일매일을 좋은 데 써야 한다고 확신했다. 앞날이 많이 남지 않았다고 느꼈기 때문이다.

그는 유로파센터에 있는 카페에서 수족관으로 돌아가기 전 남은 차를 마저 마셨다. 그는 돌아가는 길에 호저豪豬라는 뜻의 '슈타흘슈바인' 카바레 그룹이 공연하는 극장을 지나쳤다. 이 그룹은 유로파센터가 문을 연 이래 그 건물 1층의 작은 무대에서 매일 밤 공연을

 타인의 동물원: 동서 베를린 동물원의 무한경쟁

했다. 이들이 1949년에 연습할 공간을 물색했을 때는 누구도 도와주려 하지 않았다. 극단 같은 곳에 있는 젊은이들은 아무 일도 하지 않고 담배나 피우며 빈둥거린다고 여겼기 때문이다. 흡연자였던 슈뢰더는 공간을 깨끗이 쓴다는 조건을 붙여 그들에게 빈 방을 내주었다.

그 이후 거의 30년이 지났다. 슈뢰더는 전후 복구와 베를린 분단을 목격했다. 서베를린은 이제 물자 공급을 외부에 의존하는 일종의 수족관 내지는 소우주가 되었다. 수조 안의 동물들은 필터가 작동하고 온도가 유지되며 먹을거리가 계속 공급되어야 생존할 수 있듯이, 서베를린은 서독과 서방이 주사기로 영양분을 공급해주듯 유지시켜야 하는 존재가 되었다.

서베를린 사람들은 동독의 잠재적 위험에 대한 공포를 억누르며 자신들의 삶을 최대한 버텨냈다. 위험은 미국인, 프랑스인, 영국인이 대응할 터였다. 동물 사육사들도 이렇게 믿는다고 스스로를 설득했다. 그들은 티어파르크 사람들과 접촉할 방법이 별로 없어서 그곳의 동료들이 어떻게 지내는지 몰랐다. 동독의 라이프치히나 폴란드 브로츠와프, 불가리아 소피아, 체코슬로바키아 프라하의 동료들과는 접촉했지만, 동베를린 동료들과는 접촉하지 않았다. 동베를린 사람들은 늘 모든 행동이 간첩질 시도라는 결론으로 비약했다. 베를린 동물원 사람 모두는 개인적으로 매년 티어파르크를 방문해 알게 된 것들, 그리고 하인리히 다테와 그의 경쟁자 클뢰스에 대해 떠도는 이야기들을 통해 티어파르크를 파악했다. 사람들은 둘의 경쟁에 대해 한쪽이 새로 동물종을 확보하자마자 다른 쪽이 곧장 시샘한다고들 말했다. 서쪽에서는 다테가 매일 아침 전체 직원을 군대식으로 세워 두고 조회를 한다고들 떠들었다. 그가 정말 클뢰스보다 더 엄격할 수 있었을까?

슈뢰더와 다테의 친분은 슈뢰더와 클뢰스의 관계에 긴장을 가했다. 두 사람은 기자회견이나 연회처럼 공개적으로 함께 나서야 할 때 등 꼭 필요한 경우에만 접촉했고, 업무 외 접촉은 전혀 없었다.

클뢰스는 상당히 오랜 기간 슈뢰더의 후임을 물색해 왔다. 슈뢰더는 동물원장보다 이 동물원에 더 오래 있었고, 동물원과 수족관 재건을 감독한 바 있다. 그는 이를 통해 상당한 권위를 얻었다. 클뢰스가 보기에, 이 때문에 자신이 수족관 운영에 영향을 행사할 여지가 거의 없었다. 그는 슈뢰더가 그만두기를 바랐지만, 능력 있는 대체 인력을 찾기는 쉽지 않았다.

영양에서 수족관까지

최근 동물원장들과 과학자들이 처음으로 서독 연방 식량농업산림부 주관으로 동물원의 동물 관리를 위한 일반 권고안 마련을 위해 모였다. 그 결과로 1977년에 나온 '인간의 포유류 관리에 관한 평가'는 동물이 사는 우리의 크기와 시설, 기후, 활동 환경, 영양 상태, 운송 방식 등 다양한 문제를 다뤘다. 하인츠-게오르크 클뢰스는 자연스럽게 이 위원회에 포함되었고, 독일 북부 지역에 있는 킬 대학에서 가르치는 동물학자 볼프 헤레도 위원으로 참가했다. 전문가들은 매번 다른 동물원에서 모였기 때문에, 당연히 클뢰스도 자기 차례에 그들을 베를린으로 초대했다. 그리고 자신과 베를린 동물원의 영향력을 넓히려고 모든 노력을 펼쳤다.

앞서 클뢰스는 '독일 포유류생물학회' 회의를 주최하려고 했지만,

회의 날짜를 얼마 남기지 않고 취소해야 했다. 헤레는 이 일을 거론하지 않을 수 없었다. 그는 위원회 위원들에게 "그가 당신들 모두에 대한 초대를 다시 취소할 겁니다."라고 농담조로 말했다.

헤레는 독일에서 가장 높은 평가를 받는 동물학자 축에 들었지만, 클뢰스를 적으로 돌리고 싶지는 않았다. 서베를린의 이 인물이 비록 경쟁자 다테가 동독에서 누리는 만큼의 영향력은 없지만, 프랑크푸르트 동물원의 베른하르트 그지메크가 은퇴한 탓에 서독 동물원장들을 이끄는 대변자인 건 분명했다. 그와 같은 편에 있는 것이 이로웠다. 클뢰스가 그에게 베를린 수족관 관장으로 일할 사람이 있겠냐고 물었을 때, 헤레는 즉각 후보 하나를 떠올렸다. 자기 아래에서 박사 학위를 한 위르겐 랑에였다. 헤레는 곧바로 그에게 전화했다.

헤레는 이 젊은이에게 "베를린에서 슈뢰더 박사 후임을 찾는다는 군. 자네가 클뢰스 교수를 만나 보지."라고 말했다.

그러나 랑에는 썩 내키지 않았다. 헤레는 "관장 자리를 꼭 수락해야 하는 건 아니야. 그러나 나를 돕는 셈 치고 적어도 한번 만나 보게. 아니면 그가 앞으로 나에게 말도 걸지 않을 거야."라고 고집했다.

랑에는 베를린이 낯설지 않았다. 그는 1960년대 중반에 몇 달 동안 훔볼트대학에서 영양의 두개골을 연구했다. 당시 동독 대학에서 공부하는 서독 학생은 아주 드물었다. 랑에는 서베를린에 있는 친척 집에 머물면서 동물원 사육사로도 일을 했다. 그가 떠날 때 클뢰스는 대학을 졸업하면 다시 오라고 했다. 그러나 자리가 비지 않았다.

그런데 다른 곳에서 일자리가 생겼다. 1970년 슈투트가르트의 빌헬마 동물원에서 수족관 관장이 동물원 원장이 되면서 새 관장을 찾고 있었다. 이 동물원의 수족관은 생긴 지 3년밖에 안되었으며, 유럽에서 가장 현대적인 시설로 꼽혔다.

어류는 사실 랑에가 흥미를 가장 덜 느끼는 동물이었다. 그는 어렸을 때 열대어 구피가 있었고, 대학 때는 해양 생물학을 부전공했지만, 이 분야에 강한 호기심을 느끼지 못했다. 그는 포유류, 특히 영양을 계속 다루고 싶었다. 그는 "당장은 수족관 일을 하자. 나중에 언제든 일을 바꿀 수 있다."라고 약간은 순진하게 스스로를 설득했다.

랑에는 곧 수족관 운영이 영양 같은 포유류 동물을 돌보는 것보다 훨씬 복잡하다는 것을 알게 된다. 야생에서 슈투트가르트 동물원으로 온 수생 동물 다수는 수조에 갇혀 산 적이 없었다. 그는 가장 기본적인 정보, 그리고 가끔은 심지어 학명을 알아보기 위해 교과서를 열심히 파야 했다.

그는 수조 디자인에도 매료되었다. 영양의 우리는 모두 거기서 거기였지만, 2m 길이의 수조 안에 강기슭을 재현하는 것은 그저 2m 길이의 강변을 복사하는 것보다 훨씬 많은 것을 필요로 했다. 모든 것이 제대로 갖춰져야 했다. 관람객들은 "우리 집 옆 시내와 비슷해 보인다."라고 생각할 것이다. 랑에는 창조적인 도전에 강하게 끌렸다. 그리고 수족관의 가장 잔인한 어류조차 발굽 있는 동물이나 코끼리처럼 서식지를 엉망진창으로 만들지 않았다. 포유류의 서식지는 아무리 넓어 봐야 몇 달 뒤면 먼지 날리는 황무지처럼 바뀐다. 어류들이 생존하는 데 필요한 기술들도 기기묘묘했다. 머지않아 랑에는 이보다 더 흥미진진한 것을 상상할 수 없게 된다.

동물원에는 자유 경제나 기업과 비슷한 불문율이 있었다. 누군가

　　　타인의 동물원: 동서 베를린 동물원의 무한경쟁

진로를 바꾼다는 것은, 승진 때문이거나 보수가 늘기 때문이었다. 그러나 랑에는 변화 욕구가 없었다. 그는 슈투트가르트에서 거의 7년 있었고, 거기서 만족했다. 그럼에도 논문 지도교수를 돕는 차원에서 클뢰스에게 연락해 베를린에서 만날 약속을 잡았다.

클뢰스는 그를 동물원 행정 건물에 있는 자신의 사무실로 초대했다. 클뢰스의 조수 한스 프레드리히와 감사회 위원 한 명이 클뢰스의 사무실에서 랑에를 기다리고 있었다. 네 사람은 이런저런 이야기를 한참 한 뒤에 수족관 관장 이야기로 들어갔다. 클뢰스는 이 일을 아주 대단한 것으로 추켜세웠다. 그러나 랑에는 계획이 있었다. 클뢰스가 거부할 수밖에 없을 과도한 요구를 함으로써 최대한 빨리 여기서 벗어나자는 생각이었다.

랑에는 "수족관에 직원이 몇 명이나 있습니까?"라고 물었다.

클뢰스는 "지금 현재는 10명"이라고 답했다.

랑에는 "제 생각에는 너무 적군요. 적어도 5~6명은 더 고용해야 하겠습니다. 직원들 평균 나이는 얼마입니까?"라고 단호한 목소리로 말했다.

클뢰스는 잠깐 생각하고는 "마흔 살 정도"라고 답했다.

"그렇다면 적어도 20대 초반의 사람 4명은 합류해야 하겠습니다. 나이 든 분들은 이미 일상의 틀에 너무 빠져 있습니다."

클뢰스는 일리 있는 지적으로 느꼈다. 자신이 젊은 나이에 원장으로 베를린에 왔을 때도 이런 시각을 갖고 있었다. 그러나 이런 결정을 혼자 할 수는 없었다. 그는 난처한 표정을 지으며 "이 문제를 감사회와 논의하겠소."라고 말했다.

랑에는 만족스럽게 "그러시죠."라고 답했다.

이날 만남에서는 일련의 질문과 답변이 몇 번이고 반복되었다. 랑에가 새로운 요구를 할 때마다 클뢰스는 문제를 해결할 테니 잠깐 밖에 나가 있으라고 했다. 클뢰스가 그를 다시 사무실로 부를 때마다, 다른 감사회 위원이 들어와 앉아 있었다. 이틀에 걸쳐 수없는 협상이 이어진 뒤, 랑에는 자신이 감사회 위원 전체를 만났다는 느낌을 받았다.

어느 시점이 되자 클뢰스는 "당신 월급 이야기를 해야 할 것 같군."이라고 말했다.

랑에는 "얼마나 주실 수 있나요?"라고 물었다.

클뢰스가 액수를 말하자 랑에는 눈썹을 치켜올렸다. 그는 "제가 여기 온다면, 지금 슈투트가르트에서 버는 것보다 상당히 더 주셔야 할 겁니다."라고 말했다. 이어 이렇게 덧붙였다. "물가 상승에 맞추기 위해 매년 7%씩 더 받으면 좋겠습니다." 이는 슈투트가르트의 텔레비전과 극장에서 자유 계약직으로 일하는 친구들이 조언한 내용이었다.

서베를린의 정치인이나 주요 경제계 인사들 사이에서 협상 기술로 악명 높은 클뢰스였지만, 이쯤 되자 땀을 흘리기 시작했다. 그가 이렇게 빡빡한 협상 상대와 마주앉은 건 한참 만이었다. 그는 랑에의 유일한 목표가 감당하기 어려운 요구를 제시하는 것일 줄은 생각도 못 했다.

위르겐 랑에는 딱 하나만 빼고 모든 우발적 상황에 대비가 되어 있었다. 그 하나는, 자신의 요구를 클뢰스가 모두 수용하는 상황이었다. 그는 동물원장이 슈뢰더의 후임을 얼마나 간절히 찾는지 몰랐다. 랑에는 자신이 가진 패를 모두 잘못 썼다. 그는 제안을 거부할 수 없게 됐음을 인식했다. 말이 곧 널리 퍼질 터였다. 그가 여기서 물러난다면, 앞으로 다른 일자리를 찾을 때 고용 담당자가 "그 랑에 는 안됩니다. 베를린의 제안마저 거부한 사람입니다."라고 말할 것 이 뻔했다. 그래서 클뢰스의 제안을 수용하고 무거운 마음으로 슈투 트가르트를 떠났다.

랑에는 딱 하나 타협을 해야 했다. 그건 수족관 책임자가 되지만 슈뢰더처럼 관장이 아니라 연구 조수 직책을 갖게 되는 것이었다. 슈뢰더가 물러나면 클뢰스는 이제 더는 경쟁자를 옆에 두고 일하지 않아도 된다.

슈뢰더는 아주 최근까지도 자신이 원하는 한 수족관에 남아 있을 수 있다고 확신했다. 그러나 감사회 위원들과 만난 자리에서 자신 의 계약이 갱신되지 않을 것이고 후임자가 이미 정해졌음을 듣게 되 었다. 슈뢰더는 그해 말이면 일흔 살이 된다. 그는 이미 이곳을 떠날 생각을 했었다. 나이를 생각하면 은퇴를 고려할 때이긴 했다. 그러 나 밀려나리라곤 예상하지 못했다. 최악은 자신이 30년 동안 살던 아파트에서 나가야 한다는 것이었다. 그는 밤에 익명의 경고 전화를 받기 시작했다. "연말까지 떠나지 않으면, 당신 물건들을 문 앞에 내놓을 겁니다." 슈뢰더는 카타리나 하인로트에게 벌어진 일을 상 기했다. 그러나 그녀와 달리, 슈뢰더는 투사가 아니었다. 그는 스트 레스가 너무 심해 병이 들었고, 몇 주 동안 병원 신세를 져야 했다.

1977년 10월 슈뢰더가 연말까지 떠날 준비를 하는 사이에 그의 후임자 위르겐 랑에가 베를린에서 일을 시작했다. 랑에는 수족관을 방문한 뒤 다시 한번 계약을 파기하고 싶은 생각이 들었다. 수족관 사람들 사이에는 한 가지 격언이 있다. '10년이 지나면 수조를 새로

꾸며야 하고, 20년이 지나면 수조를 갈아엎어야 한다.' 베를린 수족관의 일부 기술 설비는 이보다 더 오래된 것들이다. 슈뢰더가 수족관을 재건한 1950년대 초에는 고품질 건축 자재가 부족했고, 그래서 구할 수 있는 것들을 그냥 써야 했다. 그 이후 수십 년이 지나면서 배관과 절연체가 부서지기 시작했다. 건물도 내려앉고 있었다.

베를린 동물원은 독일에서 가장 오래된 동물원이고, 랑에는 매일 이 시설에 쌓인 세월을 느꼈다. 많은 것이 기이하게 틀에 박히고 낡은 데 충격을 받았고, 분위기는 슈투트가르트보다 더 경직되어 있었다. 초반에 그의 일부 소통 방식은 아주 문제가 있었다. 얼마 지나지 않아 슈뢰더가 그에게 경고했다. "클뢰스가 당신에게 하는 말은 믿을 수 없소. 그는 아침부터 저녁까지 거짓말을 해."

랑에는 다음 날 행정 건물에 들렀다가 클뢰스와 마주쳤다. 클뢰스는 "오, 수족관에 막 들리지 않았소?"라고 말했다. 그는 랑에를 한편으로 데려간 뒤 작은 목소리로 "들어봐요, 슈뢰더가 하는 말은 단 한마디도 믿을 수 없소. 그는 아침부터 저녁까지 거짓말을 해."

*

랑에는 클뢰스와 다르게 일을 했다. 그는 동물원 순환 근무 3년차가 되는 실습생만 받았다. 실습을 마치면 다른 임시 업무로 옮기지 않고 바로 수족관에 남을 수 있게 하려는 의도에서다. 그는 신입들에게 곤충관 또는 양서류 동물 관련 운영을 맡겼다. 동물원 내 다른 데서는 생각도 못 할 조처다. 클뢰스 아래서는 적어도 10년은 일을 해야 부문 책임자로 승진할 수 있었다.

   타인의 동물원: 동서 베를린 동물원의 무한경쟁

랑에는 밤이면 서베를린의 디스코텍을 순회하곤 했는데, 춤을 추려는 게 아니라 수족관 수조의 조명을 더 효율적으로 배치할 아이디어를 모으기 위해 발전기와 천장 조명을 살피는 게 목적이었다. 그는 수족관에서 패션쇼와 공연 같은 행사도 열었다.

클뢰스는 그가 벌이는 일이 1940년대와 1950년대의 카니발처럼 너무 나간 것이라고 생각했다. 랑에가 휴가를 가거나 출장을 가면, 클뢰스는 수족관의 고삐를 죌 기회를 포착했다. 그러나 사육사들은 그에게 지시받기를 거부했다. 갈등이 빚어졌고, 오가는 말들이 점점 거칠어졌다.

"당신 내일 짐 싸요!" 클뢰스가 소리쳤다.

"그만둡니다!" 직원이 되받아 쳤다.

랑에가 돌아오면, 보통은 그의 책상에 사직서가 한두 통씩 있었다. 그는 직원들의 이야기를 듣고 머리를 젓곤 했다. 그리고 이렇게 말했다. "내가 돌아올 때까지 2주 동안만 입을 다물고 있을 수는 없었나요?" 결국 그는 항상 직원들의 마음을 돌릴 수 있었고, 그 어느 사직서도 처리되지 않았다.

황금 새장 속 황금기

서베를린은 특별한 공간이었다. 서독 다른 지역과 분리, 고립되어 있었기 때문에 경제가 '본토' 서독보다 몇 년은 뒤처졌다. 건물들의 정면에서 여전히 총탄 자국을 볼 수 있었다. 2차 세계대전 중 시가전의 흔적이다. 어떤 거리의 모퉁이에서는 바로 얼마 전에야 무기 소리가 멈춘 것 같은 느낌을 쉽게 받을 수 있었다.

이 '붉은 바다에 뜬 섬'을 연방공화국이 떠받쳐야 했다. 자유 경쟁은 존재하지 않았다. 건설업부터 문화와 밤 생활, 동물원까지 모든 것이 막대한 보조금으로 유지되었다. 족벌주의가 득세했다.

클뢰스는 이런 세계에서 상당한 권력을 지닌 인물로 떠올랐다. 그는 가장 인기 있는 여가 시설의 명백한 주인이었고 예술 후원자, 자산가, 백화점 소유주들이 사자와 코끼리 신규 구입을 앞다퉈 지원하게 만드는 법을 잘 알았다. 랑에는 동물원장이 막대한 돈을 확보할 때마다 매번 크게 놀랐다. 클뢰스는 1957년 이 동물원에서 일을 시작했을 때만 해도 때때로 과소평가되었다. 이제 사람들은 서로에게 이렇게 속삭인다. "나이 든 클뢰스가 온다. 그 대가가 비쌀 것이다."

지역 정치인들도 클뢰스의 동물원이 갖는 중요성을 인식했다. 사람들은 베를린 동물원과 싸우는 사람은 누구나 몰락한다고 말했다. 이 동물원장은 특정 정당 당원이 아니었지만, 그 어느 당보다 당원이 많은 '동물원당'을 뒷배로 두고 있었다. 클뢰스는 1978년 「차이트」 신문에 자신이 "세계에서 가장 훌륭한 동물원 관람객들"을 확보하고 있다고 말했다. 서베를린 거주민은 200만 명 정도였지만, 동물원과 수족관을 찾는 관람객은 한 해에 300만 명이었다. 그중 외부에서 온 여행객은 10분의 1밖에 안되었다. 서베를린 사람들은 벽으로 둘러싸인 도시에서 클뢰스가 야생 느낌을 주는 동물원을 근면하고 빈틈없이 관리하는 데 감동했다.

클뢰스의 영향력은 서베를린에 한정되지 않았다. 서독 현직 대통령이 이 분단된 도시를 방문했을 때, 일정에는 병원 병동 개막식에 의무적으로 참석하는 것뿐 아니라 동물원을 둘러보는 것도 있었다. 클뢰스는 모든 서독 대통령이 적어도 한 번씩은 동물원을 방문하도

　　　타인의 동물원: 동서 베를린 동물원의 무한경쟁

록 유도할 작정이었다. 물론 매번 탈 없이 진행되지는 못했지만 말이다.

서독 초대 대통령 테오도어 호이스는 카타리나 하인로트가 원장으로 있을 때 이곳을 방문했다. 그의 후임인 하인리히 뤼프케는 여가 시간에 미생물학에 몰두했고 동물원 방문도 하고 싶어 했다. 하지만 그는 부적절한 발언을 한 것으로 널리 알려졌다. 그는 동물원의 앵무새가 자라는 부리를 다듬으려고 새장의 나뭇가지를 쪼는 것을 보곤, 클뢰스에게 "어떻게 동물들이 배가 고파 나무를 먹도록 방치할 수 있습니까?"라고 말했다. 클뢰스는 비판을 웃어넘기려 했지만, 뤼프케는 여기서 그치지 않았다. 그는 이어 "여기 앵무새의 깃털이 너무 헝클어졌군요. 당신은 다듬기라는 걸 들어본 적도 없나요?"라고 말했다. 클뢰스가 깃털이 건강하게 자라도록 적절한 비타민과 미네랄을 먹이지 않았다는 지적에 반박하려 하자, 뤼프케는 "교묘한 말로 벗어날 수 없어요. 내가 농업부 장관도 했다는 걸 잊지 말아요."라고 못 박았다.

뤼프케의 후임인 구스타프 하이네만은 동물원 방문을 주저했지만, 베를린 시장의 의전 담당자가 꼭 방문해야 한다고 고집했다. 결국 하이네만도 무뚝뚝하게 방문을 수락했다. 하지만 본인이 기대했던 것보다 즐거웠다. 의전 담당자가 시계를 보기 시작하며 다음번 일정을 상기시키자, 하이네만은 "오, 여기가 마음에 드니 조금 더 머물면서 즐기고 싶소."라고 말했다. 우르반하펜 지역의 신축 병원 개원식에서 하이네만과 합류하려던 클라우스 쉬츠 시장은 하이네만이 동물원 방문을 마칠 때까지 3시간을 기다려야 했다.

*

클뢰스의 조상들은 독일 중부 농촌 지역인 헤세 중부의 농장 출신들이다. 클뢰스는 조상들이 땅을 돌본 것처럼 직접 손으로 작업해가며 동물원을 운영했다. 그는 성미가 급하고 약간의 도발에도 고함을 지르곤 했다. 그러나 금세 진정해 아무 일 없었다는 듯 행동했다. 사육사들이 존경의 뜻을 담아 그를 '고참'이라고 불렀고, 이 고참은 언제나 현장에 있었다. 아침에도, 오후에도, 저녁에도, 그리고 밤에도. 그는 모든 것을 알았다. 누가 어느 부문에서 일을 하는지, 누가 기혼자인지, 누구는 아이가 있고 누군 없는지 등등.

그렇지만 그의 자녀들은 그를 보기 힘들었다. 다테의 자녀들처럼 이들도 아버지의 가장 중요한 자식은 동물원임을 일찌감치 알아차렸다. 클뢰스는 집안 일도 업무 처리하듯 다뤘다. 그리고 항상 자신이 하는 행동이 가족에게 최선이라고 믿었다. 자녀들이 자신의 책상 앞에 있는 한, 어떤 반대도 용납하지 않았다. 그의 딸 주자네는 자기 방 문에 "이곳은 지옥이다."라고 써 붙였다. 클뢰스와 그의 아들 하이네가 다툴 때면 하이네는 "나는 결코 아빠처럼 되고 싶지 않아요."라고 단언했다. 클뢰스는 자기 아들이 언젠가는 자신을 이어 동물원 운영을 맡으면 좋겠다고 생각했다. 헤크 가문이 3대에 걸쳐 80년 이상 베를린에서 영향력을 행사하고 독일의 동물원에 불후의 흔적을 남긴 것처럼 클뢰스 자신도 일종의 왕조를 이루는 꿈을 꿨다.

클뢰스는 베를린 동물원의 역사를 130년 전부터 면면이 이어지는 전통의 역사로 묘사하려 했다. 이런 종류의 시설은 용의주도하게 건설해 유지되는 것이지 동베를린의 티어파르크처럼 갑자기 튀어나오는 게 아니라고 여겼다. 그는 이런 정신에 입각해, 여전히 베를린에 살면서 이따금 대학에서 강의를 하는 카타리나 하인로트와의 관계를 수습하려 했다. 하지만 하인로트는 그가 뭔가 다른 꿍꿍이가 있는 게 아닌지 의심했다. 그녀는 베르너 슈뢰더와 그의 부인이자 배우인 잉게 지버스슈뢰더에게 "클뢰스는 내 유산을 손에 넣고 싶어 할 뿐이에요."라고 말했다. 서베를린의 많은 노령 여성들은 유언장을 작성할 때 동물원을 잊지 않았다.

하인로트는 흔쾌하게 클뢰스의 행보에 맞춰 주었다. 공개적으로는 클뢰스 그리고 동물원 감사회와 화해한 척 했고, 운전기사가 딸린 동물원 소유의 메르세데스 자동차도 탔다. 그녀는 친구들에게 이렇게 말했다. "그들은 내 유산을 손에 넣을 거라는 믿음을 고수할 거예요. 그러나 무슨 일이 있어도 내 유산은 내 동생 롤로에게 갈 겁니다." 그녀는 이를 '작은 복수'로 표현했다. 그녀가 이렇게 말하며 만족스럽게 웃자, 얼굴 주름이 더 깊어졌다.

클뢰스는 하인로트의 전임자인 루츠 헤크도 공개적으로 인정하고 싶었다. 1977년 독일동물원장협회 회의에서 그를 명예 회원으로 받아들이기를 제안했다. 그가 나치 헤르만 괴링과 친구 사이였고, 2차 세계대전 중에 강제 노동을 이용했고, 유대인 주주들의 주식을 강제로 사들인 일 따위는 존재하지도 않는 것처럼 이런 제안을 한 것이다. 충격을 받은 일부 회원들은 사퇴하고 언론에 알리겠다고 위협했다. 클뢰스는 이런 반응에 놀랐다. 놀란 것은 그가 나치와 가깝기 때문이 아니다. 실제로는 반대다. 그는 루츠 헤크가 무엇보다도 베를린 동물원이 국제적인 명성을 얻는 데 기여한, 뛰어난 동물학자라고 생각했기 때문에 놀란 것이다. 클뢰스는 전쟁이 끝나자 헤크가 사라져 버렸고 나중에는 연금 미지급을 이유로 동물원을 제소하는 무분별한 행동까지 한 것도 그냥 넘어가려 했다.

클뢰스는 다테와 마찬가지로 정치 문제에 대해 실용적이거나 순진했다. 자신이 사랑하는 동물원에 이익이 된다면 뭐든 괜찮다는 태도를 보인 것이다. 두 사람은 '우두머리 수컷Alphamännchen'이었고, 비판을 조금도 용납하지 못했다. 클뢰스는 누군가 동물원에 대해 트집을 잡으면 극단적인 행동을 했다. 위협이 언론인 베르너 필리프 같은 사람에게서 비롯되면 특히 심했다.

클뢰스는 필리프를 동물원 언론 담당자로 채용하려고 시도하기 한참 전부터 그가 10년 이상 서베를린의 「타게스슈피겔」에서 일한 행적을 주시해 왔다. 클뢰스는 때때로 필리프가 비판적인 기사를 쓰지 못하게 막고 싶어 했다. 그리고 최근 필리프가 쓴 기사는 결국 선을 넘었다. 필리프는 최근 수족관의 작은 유리창에 금이 갔고 쉽게 교체할 수 있는데도, 아무 조처도 없었다고 썼다. 서베를린에서 흔히 그렇듯이 "내일로 미룰 수 있는 일을 절대 오늘 하지 말라."는 원칙에 따라 방치된 것 같다고 필리프는 주장했다.

클뢰스는 그 뒤 필리프가 자전거를 타고 동물원을 지나가는 모습을 보자, 코앞까지 차를 몰고 가 갑자기 브레이크를 밟았다. 땅에서 자갈들이 공중으로 튈 정도였다.

클뢰스가 소리쳤다. "당신, 수족관에 대해 또 나쁘게 썼군!"

필리프는 즉각 대꾸했다. "그래서요? 사실 아닌가요?"

클뢰스는 분노 섞인 콧방귀를 뀌면서 말했다. "그래. 그러나 당신은 그런 걸 쓸 수 없어. 이제부터 당신은 동물원 출입 금지요."

필리프는 출입 금지를 받아들일 생각이 전혀 없었다. 그래서 동물

     타인의 동물원: 동서 베를린 동물원의 무한경쟁

원의 전체 주식 4,000주 중에서 한 주를 1,900마르크(818달러, 40만원)에 샀다. 클뢰스가 주주를 출입 금지시킬 수 없으리라는 생각에서 한 행동이다. 얼마 지나지 않아 두 사람은 다시 우연히 마주쳤다.

클뢰스가 놀라서 물었다. "당신 지금 여기서 뭐해?"

필리프가 대답했다. "저는 주주입니다. 다음번 주주 모임에서 새 동물원장을 뽑게 만들 겁니다."

클뢰스는 아무 대꾸가 없었지만, 필리프는 그의 얼굴을 보고 무슨 생각을 하는지 느꼈다. '필리프, 당신 뻔뻔하군!'

동물원의 이 '우두머리 수컷'은 직속 부하들의 이견 제기는 참지 않았지만, 이 언론인이 항복하지 않은 데 기뻐한 듯했다.

슈미트의 '국빈 선물'

클뢰스는 베를린 동물원을 세계에서 생물 다양성이 최고인 곳으로 만들 야심을 품었다. 그러나 자이언트 판다가 없었다. 1960년대 중반에 츠츠를 확보할 기회를 놓치고 이 판다를 보려고 수십 만 명이 프리드리히스펠데로 몰려가는 광경을 지켜만 본 뒤, 그는 베를린 시장을 역임하고 서독 외교 장관이 된 빌리 브란트에게 타진을 했으나 소득이 없었다. 당시 중국은 북한에 판다 한 쌍을 보낸 것을 빼곤 판다 수출을 중단한 상태였다.

중국은 1970년대 초 서방에 점진적으로 나라를 개방하면서부터 이른바 '판다 외교'를 주요하게 활용했다. 특별히 신경 써서 선별한 나라에만 '국빈 선물'로 판다를 제공했다. 일본이 가장 먼저 1971년에 한 쌍을 받았다. 이듬해 리처드 닉슨 미국 대통령이 두 마리를 받았다. 이 판다들은 수도 워싱턴D.C의 국립 동물원에 수용되었다. 이

어 두 마리가 프랑스 파리로 갔고, 다시 영국 런던에도 두 마리가 갔
다. 1975년 서독의 신임 총리 헬무트 슈미트가 처음 중국을 방문하
게 되자, 클뢰스는 기대에 부풀 수밖에 없었지만, 슈미트는 빈손으
로 돌아왔다. 클뢰스는 멕시코의 멕시코시티와 스페인의 마드리드
동물원도 판다를 받는 것을 지켜만 봐야 했다.

1979년 10월 중국 총리 화궈펑이 독일 수도 본을 일주일 동안 방
문한다고 발표하자, 클뢰스는 슈미트의 부인에게 편지를 썼다. 슈미
트의 부인 로키가 우르줄라 클뢰스의 친구였기에, 클뢰스는 "화병
이나 비단 카펫이 아니라 차라리 판다"를 요청해 달라고 대담하게
제안했다.

11월 초 그는 총리로부터 직접 답장을 받았다. 이런 내용이었다.
"당신에게 개인적으로, 그러나 오직 당신만을 위해 이렇게 말하고
싶군요. 우리가 판다 곰을 받게 되면 베를린에 전달하겠습니다!"

슈미트는 이 약속에 대해 침묵을 지키라고 요구했다. 연방 총선과
몇몇 주 선거가 다가오고 있었고, 다른 독일 동물원들 또한 판다를
바라고 있었다. 그러나 늘 낙관주의자였던 클뢰스는 판다 우리 디자
인을 맡겼다. 그리고 포식 동물관에 75만 마르크(41만 달러, 1억 9,800만원)
나 들여 지을 유리 부속 건물을 어디에 쓸 것인지 감사회에 설명하
느라 진땀을 흘렸다. 그는 "이곳은 작은 동물의 놀이 공간이 될 겁
니다."라고 둘러댔다. 이어 이렇게 덧붙였다. "큰 고양잇과 동물들
이 어린 동물들을 내쫓아, 저희가 손수 길러야 할 일이 생기면 꼭 필
요합니다." 감사회는 가능성이 충분한 설명이라고 여겨, 자금을 승
인했다.

1980년 봄 슈미트 총리가 마침내 대변인에게 판다가 베를린에 올

 타인의 동물원: 동서 베를린 동물원의 무한경쟁

거라는 발표를 지시했다. 슈미트는 서베를린이 서독의 온전한 일부분이라는 뜻을 소련에 전달하려는 의도로 이런 지시를 했다. 서독 주재 소련 대사 블라디미르 세묘노프는 의도를 파악하고 분노했다. 그는 서베를린은 서독의 일부가 아니라 '특별한 정치적 실체'이기 때문에 '국빈 선물'을 받을 자격이 없다고 항의했다. 베를린 사람들은 의미를 둘러싼 논쟁에 별 관심이 없었고 그저 판다 열풍으로 들끓었다.

클뢰스의 조수 한스 프레드리히는 몇몇 동물원을 둘러보기 위한 장기 국외 출장에 나섰다. 판다가 하루에 대나무 20kg 외에 뭘 더 먹는지 파악했고, 초콜릿, 잘게 썬 고기, 꿀, 시금치, 쌀, 죽을 좋아한다는 것을 확인했다. 베를린에 오는 판다를 먹일 대나무는 한 달에 두 번씩 프랑스 남부에서 수입해 영상 4도를 유지하는 냉장 시설에 보관할 예정이었다.

그사이 베를린의 언론인들은 중국 청두 동물원에서 우리 생활에 적응을 마치고 베를린에 올 판다 두 마리의 이름을 어떻게 발음하고 표기할지 설왕설래하고 있었다. 암컷의 이름으로는 '취안취안', '췬췬', '텐텐' 등을 거론했다. 각각 '완전무결한 것', '성스러운 것', '작은 천국'이라는 뜻이다. 수컷은 '귀여운 것' 또는 '사랑스러운 것'이라는 뜻의 '바오바오'로 불렀다.

1980년 여름이 지고 가을로 넘어갔지만, 판다의 도착은 계속 지연되었다. 먼저 판다 공수를 맡은 독일 국적 항공사 루프트한자가 판다들을 비행 중에 계속 돌봐야 한다는 사실을 파악하고는 예정된 베이징발 항공기 운항을 연기했다. 중국 정부가 수송 작업이 왜 이리 오래 걸리는지 의아해하기 시작하자, 슈미트 총리가 나서 서독 공군에게 판다 수송을 지시했다. 하지만 한스 아펠 국방장관이 판다 두 마리를 수송하는 데 15만 마르크(8만 3천 달러, 5,450만원)를 들이는 것은 너무 과하다고 문제를 제기했다. 그래서 루프트한자와의 협상이 재개되었다. 결국 중국인 사육사 3명이 판다와 함께 항공기에 탑승해 독일까지 오기로 했고, 출발 날짜는 10일 1일로 정해졌다. 그러나 이 계획 또한 무위로 돌아갔다. 이번엔 중국 정부가 제동을 걸었다. 10월 1일은 중국 국경일이었다.

예정보다 한 달이 훨씬 지난 11월 5일 오후 2시 05분, 마침내 그 순간이 왔다. 비행기가 예정 시간보다 3시간 늦게 템펠호프 공항에 착륙하자 판다들은 국빈과 같은 영접을 받았다. '베를린에 온 것을 환영합니다.'라는 글이 탑승구 전광판에 표시되었다. 판다들을 실은 금속 운반 상자가 녹색의 폴크스바겐 버스에 실려 동물원을 향해 출발할 때는 셀 수 없는 언론인들이 서서 지켜봤고, 카메라 플래시가 수없이 터졌다. 동물원에서는 이미 수백 명의 관람객들이 판다 우리에 설치된 방탄 유리창 주변에 운집해 "만세, 만세!" 노래를 불렀다.

판다의 개방형 우리는 일광욕실과 개 놀이공원을 절충한 모양새였다. 밝은 청색 타일은 병원의 마력을 내뿜었다. 신문들은 호사스런 유치원을 암시하는 표현을 동원해 우리를 과장되게 묘사했다. 「함부르거 아벤트블라트」는 이렇게 썼다. 판다들은 "자신들을 위해 마련한 잔디를 밟고 다닐 수 있다. 두 곳의 수영장에서 즐길 수도 있고, 인조 나무를 오르거나 그네에서 놀 수도 있다. 판다 한 마리의 수면 공간은 20m²이고 휴게 공간은 170m²다. 물론 휴게 공간에는 놀이 시설과 식탁이 있다."

판다들이 새 집에 든 지 사흘 만에 슈미트 총리가 방문했다. 그가 방명록에 서명하자. 그의 부인이 남편 이름 밑에 "'대모' 로키 슈미트는 특히 기쁘다."라고 덧붙였다.

슈미트 가족과 클뢰스 가족이 축하 음료를 마시려 동물원 식당에 들어가자, 언론인들이 총리에게 판다의 어떤 점이 가장 좋냐고 물었다. 그는 "아주 놀라울 정도로 조용합니다. 당무 위원회 위원으로 선출해야 할 판입니다."라고 익살을 부렸다.

이 동물원을 거쳐 간 많은 동물들처럼 판다들은 금세 베를린의 명사가 되었다. 판다 두 마리의 사진은 곧 "베를린이 좋아요."라는 글귀가 덧붙여진 판박이 그림으로 만들어졌다. 하지만 3년이 조금 더 지난 1984년 2월 톈톈의 건강이 빠르게 나빠졌다. 단 며칠 사이에 장기가 하나씩 망가지며 점점 야위어 갔다. 수의사들은 당황했다. 동물원이 판다의 사망을 발표하자, 언론 보도는 야유에서 연민까지 온갖 반응을 총망라한 양상을 띠었다. 좌파 성향 신문 「타츠」는 집무실에서 심장 발작으로 숨진 베를린 전 시장 "에른스트 로이터의 죽음 이후 가장 비극적인 사건"에 대해 냉소적인 기사를 썼다. 타블로이드 신문 「베체트B.Z.」는 7쪽에 걸쳐 관련 보도를 했고, 「젠더 프라이에스 베를린」 라디오 방송의 해설자 한 명은 비웃듯 '국가 애도' 기간 선포를 촉구했다. 퇴임하는 리하르트 폰 바이츠제커 시장조차 톈톈을 '이 도시의 요인'으로 규정하는 논평을 내놓았다. 베를린에서, 그리고 여기만의 일이겠지만, 이런 일은 이례적이지 않았다. 「슈피겔」 잡지는 "장벽으로 둘러싸인 이 도시에서 자연에 대한 동경과 소문난 동물 사랑이 최고조에 달했다."라고 썼다.

수의사들과 병리학자들이 사망 원인을 조사하는 동안에, 대중은 스모그에 찌든 베를린의 공기 탓인지, 아니면 서독과 중국의 친교를 상징하는 동물을 노린 소련 정보기관 국가보안위원회KGB 탓인지 설왕설래하기 시작했다. 암컷 판다의 사망 원인은 바이러스 감염으로 밝혀졌다. 그러나 사망 원인이 뭐건, 판다 외교의 시대는 종말을 고했다.

서베를린을 위한 동독의 사암

텐텐의 죽음에 논평을 낸 것이 리하르트 폰 바이츠제커가 베를린 시장 임기 막바지에 한 일들 중 하나였다. 그는 1984년 5월 서독 대통령으로 선출되어 수도 본으로 갔다. 그는 서베를린을 떠나기 전, 베를린 동물원이 2차 세계대전 이후 급하게 설치한 임시 시설 하나를 철거하게 조처했다.

이보다 2년 전인 1982년 8월 바이츠제커는 클뢰스 가족의 집 거실에서 저녁을 보낸 적 있다. 그는 동물원을 자주 찾는 사람이었고, 동물원장은 그가 방문하면 대개 적포도주 한 잔이나 치즈 샌드위치를 대접했다. 이날 클뢰스가 시장을 접대한 뒤 부다페스트 거리 쪽 출구까지 배웅했을 때는 이미 어두워진 뒤였다. 회색으로 칠한 콘크리트 벽의 매표소 두 곳과 그사이에 있는 연철 문이 낮보다 훨씬 더 황량해 보였다.

바이츠제커는 약간 주저하며 클뢰스에게 "여기가 사랑스런 코끼리 문이 서 있던 곳이군요."라고 말했다. 콘크리트 더미를 바라보고 있노라면 옛날의 문이 상상도 되지 않는다는 말투였다. 클뢰스는 생각에 잠겨 "네, 한때 코끼리 문이 서 있던 곳이죠."라고 바이츠제커의 말을 반복했다.

바이츠제커는 옛 문에 대한 애틋한 기억이 있었다. 그는 1937년

  타인의 동물원: 동서 베를린 동물원의 무한경쟁

대학 입학시험 전날 동물원을 방문했다. 코끼리 실물 크기의 석상 2개가 녹색 기와지붕이 달린, 붉은 아치형 입구를 떠받치고 있었다. 1899년에 타이 양식으로 건설된 이 거대한 문에 대해, 전 동물원장 루츠 헤크는 "이국적인 왕국이 여기에서 열린다."는 메시지를 아주 멀리까지 전달하려는 의도로 디자인된 것이라고 쓴 적 있다. 바이츠제커는 동물원 방문 다음 날 시험에 합격했고, 그가 기억하기로는 코끼리 문이 행운을 가져다주었다. 6년 뒤인 1943년 11월 이 문은 폭격을 당해 파괴되었다.

클뢰스는 종종 이 구역을 어떻게 개선할지 궁리했다. 해자를 사이에 두고 도시 서쪽 시내와 마주 보는 이 구역을 아프리카 원산의 발굽 달린 동물 우리로 바꿀 수도 있었다. 돌고래 수족관으로 바꾸는 방안도 논의됐지만, 클뢰스는 재정 측면에서 무모하다며 거부했다.

그는 생각에 빠진 채 끔찍한 모습의 매표소 두 곳을 응시했다.

"왜 재건하지 않았나요?" 바이츠제커가 물었다.

"동물원 기금은 사용처가 모두 지정되어 있습니다. 저는 출입문을 걱정하기 전에 동물 우리를 더 지어야 합니다." 클뢰스가 설명했다.

바이츠제커는 한 손으로 문의 연철 창살을 잡고 문을 살폈다. 이어 이렇게 말했다. "이런 문 대신에 당당한 출입문이 다시 세워진다면 분명 좋을 겁니다."

클뢰스는 밝게 웃으며 이렇게 말했다. "그러면 시장님, 문을 세울 수 있게 해 주시면 어떨까요? 연속식 복권으로 문 건설 자금을 확보할 수 있을지는 모르겠지만요."

동물원의 건축물 다수는 정부가 공공 기금 마련을 위해 허가한 '독일 연속식 복권기금'에서 충당되어 왔다. 그러나 바이츠제커는 이 기금을 동물 우리에만 쓸 수 있다는 점을 잘 알았다. 그는 이렇게 말했다. "복권기금은 안돼요. 동물과 관련된 일이어야만 해요. 그러나 요건만 맞으면 지원금 증액은 쉽습니다."

클뢰스는 오래 전부터 출입문 바로 뒤에 있던 특징 없는 우리를 바꾸고 싶었지만, 출입문과 새 우리를 결합할 생각은 하지 못하고 있었다.

클뢰스는 헤어지면서 시장에게 "방법을 찾아보겠습니다."라고 약속했다.

몇 주 뒤 바이츠제커는 자신의 책상에 '코끼리 문이 달린 아시아 우리' 설계안이 놓여 있는 것을 보게 된다. 클뢰스는 옛 코끼리 문의 설계도 원본을 찾아냈다. 동물원 문서고가 전쟁으로 파괴됐지만 설계도는 전 동물원장 루츠 헤크가 보관해 두었다. 건축비는 무려 1,600만 마르크(659만 달러)에 달할 것으로 추산되었다. 코끼리 문이 우리에 추가되는 게 아니라 사업 목적 그 자체라는 것을 아는 이는 거의 없었다. 시 당국이 경쟁 입찰 실시를 승인했다.

서독 기업 두 곳이 응찰했다. 그런데 문제가 하나 있었다. 원래 코끼리 문의 기둥은 '엘베 사암[9]'으로 만들어졌고, 이 사암은 이제 동독에 속하는 피르나 외곽 엘베 사암 산맥 내 채석장에서만 구할 수 있었다.

클뢰스가 납품 업체를 선정하기 바로 직전, 작센 지역 억양을 쓰는 남성 하나가 동물원을 방문했다. 그는 자신을 드레스덴에 있는 국영 엘베 자연석 공사의 총지배인이라고 소개했다.

9　Elbsandstein. 독일과 체코 국경을 가로지르는 작센 스위스 지역에 형성된 사암. 14세기부터 엘베 사암 산맥에서 채석된 사암이 드레스덴과 같은 주변 도시의 건축물에 사용되었고, 특히 19세기 카스파르 다비트 프리드리히는 이곳 풍경에 영감을 받아 많은 작품을 남겼다―편집자 주.

　타인의 동물원: 동서 베를린 동물원의 무한경쟁

“우리에게 직접 문을 주문하시는 게 어떨까요?” 그 남자가 물었다.

“이미 서독 업체 두 곳이 응찰한 상태입니다.” 클뢰스가 답했다.

“아무튼 그들은 언제나 우리에게 옵니다. 그들은 손도 까딱하지 않아요. 돈을 긁어가기만 하죠.” 그 남성은 이런 말을 하면서 결국 서독 업체들보다 훨씬 싼 가격을 제시했다.

클뢰스는 돈을 아낄 수 있는 기회는 언제든 기꺼이 움켜잡았다. 그러나 이번에는 사태가 좀 더 복잡했다. 동독 기업과 거래를 해야 했기 때문이다.

방문자가 가자마자 클뢰스는 바이츠제커 시장에게 전화해 새 제안에 대해 알렸다. 그는 “값이 절반에 불과합니다.”라고 말했다.

바이츠제커는 기꺼이 “그렇다면, 그쪽을 택합시다.”라고 답했다.

드레스덴의 회사는 주문을 받았고, 서베를린 시 정부는 조용히 동독과 계약서를 작성했다.

우여곡절 끝에 재건된 코끼리 문 개장식은 1986년 10월에 열렸다. 문을 충실하게 재창조한 작센의 석공들이 행사에 초대되었다. 리하르트 폰 바이츠제커만 참석하지 못했다. 그는 이미 본으로 떠난 뒤였다. 클뢰스는 처음에 바이츠제커의 후임자가 동독과의 계약에 제동을 걸까 걱정했지만, 새 시장 에버하르트 디프겐도 계약을 승인했다. 그는 개장식에서 “지금 우리 도시 중심부를 장식한 범독일의 성과물”을 높이 평가했다.

오후의 해가 도시 서부의 고층건물 뒤로 서서히 질 때, 동물원 입구의 석조 지킴이들에게 드리운 그림자는 인근 유로파센터의 그림자뿐이었다.

2년 뒤 서베를린 사람들은 가장 아끼는 동물 한 마리에게 작별을 고하게 된다. 하마 크나우치케가 자신의 아들 난테와 싸우다가 심하게 다쳐 1988년 6월 20일에 숨을 거두었다.

크나우치케가 죽으면서 베를린 동물원은 전후 시대에 가장 유명했던 동물을 잃게 되었다. 몇 세대의 어린이들이 하마와 함께 성장했고, 많은 이에게 그중 하나는 크나우치케였다. 크나우치케는 1943년 태어났다. 서베를린이라는 섬에서 전체 삶을 보낸, 전쟁 중에 태어난 아이였다. 이 도시에서 45년을 살면서 새끼를 35마리 낳았다(베를린 사람들은 거의 모든 새끼가 근친상간으로 태어난 건 신경 쓰지 않았다).

배우 하랄트 윤케가 동물원 인근 사비니플라츠에 있는 단골 술집에 없어서는 안될 인물인 것처럼, 크나우치케는 동물원의 필수적인 존재였다. 과도한 동물 사랑과 지역에 대한 애정이 결합해 천박한 영웅 숭배가 된 도시인 서베를린에서나, 하마가 도시 전체의 상징물이 될 수 있었다.

크나우치케가 죽고 며칠 뒤 타블로이드 신문 「베체트」는 시 형식으로 된 독자 편지를 실었다.

> 나, 그대의 연못 옆에 서 있소.
> 그리고 그대의 죽음은 너무 잔인한 듯하오.
> 그대가 누린 세월이 길지만
> 작별을 고하기는 여전히 힘들구려.
>
> 40년 전 나는 그대를 찾아왔소.

아버지와 함께, 이 동물원으로.
우리는 배곯고 발은 얼었으며,
그대는 아직 혼자였지.
우린 그대의 집에서 몸을 녹였고,
누구도 서둘러 떠나려 하지 않았지.

이제 그대가 떠나고 없으니,
우리는 베를린의 일부를 잃었구려.

　이 섬에서 가장 인기 있던 동물이 갔고, 머지않아 이 섬 자체도 사라질 터였다.

8장

회색 거인, 추락하다

1986년 초 어느 저녁 하인리히 다테가 평소보다 더 늦게 집에 왔다. 부인이 뭐 좀 먹었냐고 묻자 그는 먹지 않았다며 "정말 시간이 없었어."라고 덧붙였다. 그는 큰 문제와 씨름하고 있었다. 두 개의 온실을 제공받는 문제로 농업 부문의 주요 인사 몇 명을 만나야 했다. 동독에서는 채소 재배에 시급하게 필요한 온실의 공급이 부족했다. 다테가 오래도록 계획한 악어용 열대홀을 지으려면 두 개의 온실이 필요했다. 악어들은 여전히 뱀 사육장에 살거나 큰 고양잇과 동물용 알프레트브레엠관 뒤의 부속 건물에 살았다. 몇 마리는 이미 유리 탱크를 꽉 채울 정도로 자랐고, 공간에 몸을 맞춰 부대끼며 지내는 상황이었다. 주둥이가 수직 방향으로 자라는 바람에 스스로 먹이를 먹지 못하는 악어들도 있었다. 이런 악어에게는 사람이 손으로 먹이를 줘야 했다.

새 시설을 확보하려면 온갖 고생이 뒤따랐을뿐더러, 계속 다른 건설 현장들에 비해 우선순위에서 밀렸다. 얼마 전에는 샤리테 대학병원에 새 고층 건물이 하나 더 생겼다. 이 건물은 베를린 장벽 근처에 있어서 서베를린에서도 보이는, 이 병원의 허세에 찬 전시품이었다. 리히텐베르크 기차역도 새 대합실을 개장했고, 시내의 프랑스성당까지 수리가 진행 중이었다.

항상 그렇듯 땜질 처방이 동원되었다. 다테는 1984년 농업생산협동조합에서 트랙터 보관용으로 지은, 빗장이 있는 돔형 구조물을 받았다. 그는 기쁘게 수령했다. 무슨 용도로든 잘 사용할 수 있었기 때문이다. 노동자 한 무리가 이 돔을 갈매기 새장으로 바꾸려고 몇 달 동안 근무 시간이 끝난 후에도 남아 작업했다.

다테는 티어파르크 확장 작업이 더딘 데 분개하고 있었다. 공사는 몇 년째 느림보 상태였다. 마무리가 안된 영양관은 중도에 방치돼 무너져 내렸다. 새 코끼리관은 1980년대 초에 완성되었어야 했다. 보여줄 수 있는 것이라고는 서랍에서 먼지가 쌓이고 있는 건설계획뿐이었다. 코끼리들은 여전히 임시 우리에 살았다. 암컷 코끼리 '돔보'와 '밤비'가 1955년 도착했을 때 처음 묵은 곳은 임시 숙소로 생각됐지만, 그 '임시'가 30년이나 지속되었다. 이듬해는 베를린이 750년이 되는 해다. 다테는 이 중요한 시점을 기념할 새 건물이 들어서지 않으면 얼마나 난처할지 상상했다. 가끔은 차라리 기념식을 하지 않는 게 낫겠다고 생각했다.

동물원 직원들도 불만이 쌓이긴 마찬가지였다. 슈타지의 '비공식 협력자' 중 한 명은 구체적인 750주년 기념 계획이 없는 것을 보고 개탄했다. "도장공과 철공 작업자 조합이 기존 우리의 정비를 도울 것"이라는 소식 외에는 딱히 보고할 것도 없었다.

    타인의 동물원: 동서 베를린 동물원의 무한경쟁

다테가 그린 미래 전망은 딱 하나만 빼고 모두 동독의 침체된 경제 때문에 희생되었다. 그는 오래도록 공원 북동쪽 구역의 자갈산에 건물을 짓는 것을 계획했다. 무엇을 설치할지도 구체적으로 구상을 마쳤다. 1984년 서베를린 동물원에서 사람들이 연례 방문차 왔을 때, 다테는 그들을 데리고 진흙 길을 거쳐 매립지까지 올라갔다. 다테가 빗속에서 미래에 대해 말할 때, 바람이 귓가를 때렸다. 그는 손을 크게 흔들어 언덕 아래를 가리키며 말했다. "저기에 곧 산악 동물을 위한 넓은 우리를 갖추게 될 겁니다."

클뢰스는 놀라서 눈을 크게 떴다. 그는 자작나무 몇 그루와 덤불뿐인 황량한 언덕이 어떻게 매력적인 동물 우리로 바뀔 수 있을지 상상할 수 없었다. 그러나 클뢰스가 끼어들기도 전에 다테는 거친 정상을 향해 계속 올라갔다. 이어 웅덩이 옆에 서서 "그리고 여기엔 카페가 들어서서, 우리가 테라스에 앉아 도시 전체를 내려다볼 수 있을 겁니다!"라고 말했다.

다테 주변 사람들은 이 계획을 무산시키려 모든 수단을 동원했다. 이 언덕 기슭에는 회색 콘크리트 벽 뒤에 슈타지의 지부 건물이 있었다. 비밀경찰들이 꼭 피하고 싶은 일이 있다면, 그것은 바로 티어파르크에 방문해 커피를 즐기는 관람객들이 자신들의 일거수일투족을 지켜보는 것이다.

그러나 이때쯤에는 슈타지도 다테에게 계획을 포기하라고 말하는 게 쉽지 않다는 것을 알게 된다. 비공식 협력자 몇 명이 동물원장의 카페 설치 의도에 대해 비밀경찰에 미주알고주알 알렸고, 시간은 그들 편이었다. 1986년 봄에 열린 비공식 협력자 회의의 회의록은 다테가 결국 카페 건설 허가를 받더라도 실제 건설에 들어가기까지 적어도 5년이 걸릴 것이며 카페 개장까지는 다시 5년이 더 걸릴 것이라고 기록했다. 슈타지조차 국가가 느리게 돌아가는 것을 계산하고 있었다.

슈타지가 다테의 동물원에 앙심을 품고 있었던 것은 아니었다. 도리어 반대였다. 티어파르크는 동독을 긍정적으로 선전하는 데 이용할 수 있는 자산이었다. 그래서 비밀경찰은 동물원의 국제적 명성을 유지하려 애썼다. 서베를린 동물원 원장이 매년 동베를린에서 열리는 '동물원 동물과 야생동물의 장애에 관한 심포지엄'을 서베를린과 동베를린으로 나눠 개최하려 한다고 티어파르크 고위 경영진에 있는 협력자가 전했을 때, 슈타지는 이를 막으려 개입했다. 내부 메모는 이렇게 지적했다. "티어파르크 베를린은 미국을 포함해 다양한 나라에 많은 친구를 갖고 있으며, 클뢰스 박사 교수의 행동에 대해 이 친구들로부터 정보를 확보하고 있다."

탐욕스런 선물 요구

다테가 널찍한 동물원 부지 개발용 자재 확보에 집중하는 동안, 클뢰스가 보유중인 동물 배치 방안이 바닥나고 있었다. 가장 큰 문제는 공간 부족이었다. 그는 얼마 전 동물원을 3헥타르 정도 확장했지만, 원장의 동물 추가 수집 욕심 때문에 동물을 중복 배치하는 사태가 빚어졌다. 일부 우리는 동물들이 번갈아 가며 이용해야 했다. 예컨대 포식 동물관에 사는 하이에나들은 사자가 우리에서 자는 밤에만 넓은 야외 시설에 풀어놓을 수 있었다.

클뢰스는 공간 확보 시도와 동시에, 다가올 기념일을 더 많은 동물 확보의 기회로 이용하려 했다. 그는 이미 꽤 오래도록 에버하르트 디프겐 시장을 졸라대고 있었다. 그는 시장에게 보낸 편지에서 "귀빈들이 우리 동물원에 동물을 데려오게 해주시라."라고 썼다. 그는 편지에 원하는 동물 목록을 첨부했다. 오스트레일리아에서 두루미와 펠리컨, 덴마크에서 다마사슴과 붉은사슴, 에콰도르에서 안경곰, 자이르(현 콩고민주공화국)에서 오카피, 태국에서 코끼리, 인도네시아에서 수마트라 코뿔소, 네팔과 미국에서 인도 코뿔소를 원했다. 베를린의 자매 도시인 미국 로스앤젤레스는 동물원에 코뿔소를 떼로 보유하고 있었으며, 클뢰스는 번식을 위한 암컷을 여기서 확보하기를 몹시 바랐다.

그가 바라는 것은 거의 이뤄지지 못했다. 일부 나라는 제공을 거부하거나 수출 제한을 거론하며 회피했고, 다른 나라들은 반응조차 없었다. 로스앤젤레스 시장이 1987년 5월 방문 때 동물 두 마리를 가져왔지만, 가져온 동물은 북아메리카 서부 해안에 많은, 족제비와 비슷한 포유동물인 페난티담비였다.

클뢰스는 원하지 않는 선물에 실망했지만, 기쁜 척 받을 수밖에 없었다. 물론 그는 미국 쪽 동료가 더 가치 있는 동물을 넘겨주기 싫어서, 없어도 그만인 동물을 보내려 한다는 사실을 충분히 이해했다. 아무튼 클뢰스도 빌리 브란트가 시장이던 1960년대에 비슷하게 행동했다.

브란트는 업무차 여행을 갈 때 상대에게 필요하건 말건 불곰 새끼를 현지 동물원에 선물하기를 즐겼다. 그는 베를린의 살아 있는 마스코트보다 더 적합한 선물이 없다고 생각했다. 그는 출발 전에 항상 클뢰스에게 전화해 약간 쉰 목소리로 "곰이 하나 더 필요해요."라고 말했다.

동물원장은 이 요구를 기꺼이 수용했다. 곰 번식은 아주 어려운 일이 아니었고, 베를린은 때때로 출산 억제제를 쓸 만큼 많은 곰을 번식시키고 있었다. 물론 불곰 새끼는 빠르게 자랐고 금세 귀염이 덜해지면서 소중한 자산인 공간을 차지했다. 선물에 대한 브란트의 상상력 부족 덕분에, 클뢰스는 어린 곰 처리를 걱정할 필요가 없었다.

불곰은 분명 관람객들을 즐겁게 해줬지만, 페난티담비 같은 야행성 동물은 관람객이 낮에 보기 힘들었기 때문에, 유럽 동물원들은 잘 보유하지 않았다. 페난티담비는 낮에는 거의 실내에서 잠만 잤다. 클뢰스조차 이 동물들을 잘 보지 못했다. 그가 사육사에게 동물들이 어디 있냐고 물을 때면 항상 똑같은 답을 들었다. "원장님, 당신이 오실 때면 늘 건물 안에 있습니다."

어느 때인가는 페난티담비가 몇 주 동안 한 마리만 보였다. 당시는 새들이 새장에서 죽는 일이 더 자주 발생하고 있었다. 기러기 몇 마리, 앵무새 한 마리 그리고 희귀 두루미 두 마리가 이미 죽었다. 사육사들은 무슨 일이 벌어지고 있는지 설명할 수 없었다. 범인은 여우가 아니었다. 뭔가 더 큰 놈이었다. 결국 클뢰스는 페난티담비의 우리를 조사해야 한다고 생각했다. 사육사가 나무 상자의 뚜껑을 열자, 졸린 눈으로 사육사를 바라보는 한 마리만 있었다.

클뢰스는 화가 나서 이성을 잃었다. 그는 직원에게 "무슨 수를 쓰든, 그 망할 담비를 내게 데려 오시오!"라고 소리 질렀다.

다행히 우리를 탈출한 페난티담비는 곧 발견되었다. 어린이들이 동물을 쓰다듬을 수 있는 공간 옆 헛간에서 구멍을 뚫고 낮잠을 자고 있었다.

     타인의 동물원: 동서 베를린 동물원의 무한경쟁

그사이 티어파르크에서는 충격적이게도 건설 공사가 진척을 보이고 있었다. 다테는 마침내 악어가 사는 열대홀에 필요한 온실 두 개를 확보할 수 있었다. 새 코끼리관(후피류관)[10] 건설도 승인되었다. 큰 고양잇과 동물을 위한 알프레트브레엠관을 설계했던 건축가 하인츠 그라푼더가 직접 설계를 감독했다. 그라푼더는 이제 사람이 살 집을 짓는 데도 능숙했고 동독의 유명 인사가 되어 있었다. 그는 동물원 일에 마지막으로 관여한 뒤 동독 정부 청사인 '공화국궁전' 설계 의뢰를 받은 바 있다.

1986년에 코끼리관 건축이 시작되고 이듬해 초엔 공사가 한창이었다. 면적은 6,000㎡로, 포식 동물관보다 더 넓었다. 아프리카 코끼리와 아시아 코끼리 외에 하마와 피그미하마를 키우기에도 충분했다.

불행하게도 다테는 이 성과를 즐길 시간이 별로 없었다. 그의 아내 엘리자베트가 1987년 4월 16일 예순여덟 살의 나이에 심장병으로 숨졌다. 그녀는 꽤 오래 아팠지만 병원에 갈 생각을 절대 하지 않았다. 부인이 없으면 가정이 돌아가지 않았다. 그녀는 집과 아이들을 돌보며 남편의 책임을 많이 덜어 줬고, 심지어 다테가 쓴 원고를 타자해 주었다. 이 덕분에 다테는 과학 연구 작업에 완전히 몰두할 수 있었다. 갑자기 그는 홀로 남았다. 아이들은 자라서 독립했고 다테는 혼자 있는 게 편한 사람은 아니었다. 따라서 고통을 줄이려고 자신이 가장 잘하는 것을 했다. 일에 몰두한 것이다. 다행히 할 일이 많았다. 8월에 악어관의 문을 열었고 9월에는 세계 구석구석의 동

10　후피류(厚皮類, Pachyderm)는 코끼리, 코뿔소, 하마 등 두꺼운 가죽을 가진 대형 포유류를 일컫는 옛 분류용어이나, 현대에 들어서 서로 공통 조상을 공유하지 않는 것으로 밝혀지면서 폐기되었다—편집자 주.

물원장들이 참석하는 '동물원과 환경' 학술회의를 닷새에 걸쳐 열었다. 그는 아무 일 없다는 듯 회의 참석자들에게 티어파르크를 구경시켰다. 안내하면서 중간중간 연설도 했고, 최근 아내를 잃은 것을 입에 올리지 않으려 애썼다. 그는 곧 일흔일곱 살이 될 터였지만 일을 그만둘 생각이 없었고, 시 당국도 은퇴할 때가 되었다는 뜻을 내비치지 않았다. 그는 은퇴 생활이 어떤 모습일지 거의 생각하지 않았다. 여전히 그의 책상에는 출판하고 싶은 원고가 상당히 많이 쌓여 있었고, 다른 할 일도 아주 많았다.

코끼리관의 뼈대가 빠르게 올라갔지만, 아직 동물들이 살 수 있는 상태는 아니었다. 그러나 어린 아프리카 코끼리 4마리가 이미 짐바브웨에서 도착했고 아시아 코끼리 두 마리도 모스크바에서 오는 중이었다. 옛 코끼리 우리는 점점 더 비좁아졌고 사육사들은 그 어떤 일손도 마다할 수 없는 형편이었다. 아직 수련 중인 파트리크 뮐러도 돕고 나섰다.

1986년 뮐러는 열여섯 살의 나이로 사육사 수련을 시작했다. 수련 프로그램에 따라 티어파르크의 모든 부문을 돌았지만, 그는 처음부터 코끼리를 돌보고 싶었다. 나이 든 사육사들은 곧 그가 다른 수련생들과 달리, 다루기 가장 힘든 동물들을 통제하는 요령이 있다는 데 주목했다. 보통 수련생들은 몸무게가 족히 3톤에 이르고 다섯 살 아이 정도의 지능이 있는 코끼리에게 보여줄 자연스러운 권위와 신중함이 부족하기 마련이다. 코끼리들은 때론 공격하는 시늉만 하기도 한다. 사육사로서는, 진짜 공격인지 그냥 시늉인지 나중에야 알 수 있다. 공격당한 사육사가 죽지 않는 것을 전제로 말이다. 1963년에는 서베를린 동물원에 살던 열한 살짜리 코끼리 '살림'이 공포에 떠는 관람객들 앞에서 사육사를 뿔로 찌른 적도 있다. 뮐러는 이런 상황에서는 꼼짝하지 말아야 한다는 요령을 터득했다. 그래도 때로는 무릎이 부들부들 떨렸다. 코끼리가 장난으로 살짝 밀거나 짜증나서 밀치기만 해도 사람에게는 치명적일 수 있음을 잘 알았기 때문이다. 이 때문에 많은 코끼리 사육사들은 자신들이 동물원 직원 중 가장 위험한 일을 한다는 엘리트 의식이 있었다. 포식 동물 사육사들은 사자나 호랑이, 표범이 우리를 드나들도록 미닫이문을 열면 그만이지만, 코끼리 사육사들은 직접 접촉을 피할 길이 없다. 관람객들이 티어파르크를 떠나고 난 밤에, 일부 코끼리 사육사들은 코끼리를 타고 건설 중인 코끼리관까지 가기도 했다. 코끼리들이 새 집으로 가는 길을 익히게 하려는 것이었다.

뮐러는 매주 일정 시간 건설 노동에 참여해야 하는 주택협동조합에 살고 있어서, 코끼리관 건설 일에 참여하는 게 차라리 낫겠다고 판단했다. 그와 동료들은 금세 설계의 결함을 발견했다. 외바퀴 손수레가 문을 통과할 수 없는 형태로 문이 설치된 것이다. 훨씬 더 걱정스런 결함도 하나 있었다.

다테는 수심이 깊은 해자로 둘러싸인 곳에 땅을 돋운 뒤 우리를 짓는 '라이프치히 원칙'에 맞춰 새 구역을 설계하도록 요구했다. 동물원을 무대 형태로 꾸미는 옛날 방식이다. 그는 무대와 동물원의 유사성을 라이프치히에서 일하던 시절에 알았고 티어파르크 개장 때부터 지금까지 이 방식을 사용했다. 그러나 이 방식은 이제 낡은 것으로 간주된다. 많은 위험을 부르기 때문이다. 해자는 깔때기 모양이고 관람객 쪽에는 관람을 방해하는 울타리나 밧줄 같은 게 없었다. 이 때문에 코끼리가 해자로 빠질 위험이 있었다. 코끼리가 해자에 빠지면 들어가 구조하기가 쉽지 않다.

사육사들이 곧장 다테에게 가서 불만을 표할 수는 없었다. 확립된 절차가 있었다. 그래서 사육사들은 동물원 감독관에게 문제를 제기했다. 사소한 몇 가지는 고쳐졌지만, 해자의 기본 구조는 바뀌지 않았다. 다테는 코끼리들이 물에 빠지지 않도록 밤에는 묶어 둘 작정이었다. 사육사들은 코끼리 하나라도 묶은 줄을 풀면 무슨 일이 벌어질지 상상도 하지 않으려 했다.

1989년 늦여름 코끼리들이 새 집으로 옮겼다. 키가 큰 야자나무, 왕모람 덩굴, 고무나무, 유칼립투스 나무가 자라는 내부는 정글 분위기를 주었다. 아직 갖추지 못한 것은 문뿐이었다. 사육사들은 문이 설치될 때까지 동물들의 안전을 위해 돌아가며 야근을 해야 했다. 파트리크 뮐러는 새로 사귄 여자 친구에게 깊은 인상을 줄 기회라고 보고 야근할 때 그녀를 초대했다. 야자나무 아래서 밤을 보낼 수 있는 곳이 동쪽 어디에 또 있을까? 불가리아로 휴가 여행을 간다면 모를까, 분명 동독 어디에서도 가능하지 않았다. 차차 드러나게 되지만, 이날 밤은 뮐러가 기대한 만큼 낭만적이지 않았다. 코끼리들이 건초 더미에서 시끄럽게 바스락거렸고 방귀까지 뀌었다.

코끼리관은 16m 높이의 천장, 회색 조립식 벽, 장식이 거의 없는 넓은 내부 때문에 콘크리트 슬래브와 온실, 공장이 섞인 모양새였다. 개장 때는 이미 유행에 뒤떨어져 있었다. 계획 수립과 건설이 오래 걸리면 동물원 디자인에 문제가 생긴다. 우리가 완성됐을 때는 종종 기준이 변한 뒤인 것이다. 서쪽에서는 계획부터 완공까지 보통 6~7년이 걸렸지만, 동쪽에서는 자재와 숙련 노동자 부족으로 서쪽보다 2배 더 긴 시간이 소요되었다. 다테가 이 코끼리관 완성까지

　타인의 동물원: 동서 베를린 동물원의 무한경쟁

기다린 기간은 거의 15년이었다. 그중 실제 건축에 소요된 기간은 3년에 불과했다(거의 최고 기록에 가까운 건축 속도였다). 새 건물이 비록 유행에 뒤떨어졌지만 옛 코끼리 우리보다는 개선된 것이었다.

코끼리관은 1989년 9월 말 공식 개장했다. 다테는 동베를린 시장 에르하르트 크라크, 오랜 동물 애호가이자 공산당 정치국원인 귄터 샤보프스키, 그리고 많은 동료들 앞에서 이 건물이 "티어파르크에 세운 건물 중 아마 가장 큰 건물"일 거라고 자랑스럽게 선언했다.

이 건물은 그와 그라푼더가 협력해 세운 마지막 건물이자, 다테가 원장으로 있으면서 티어파르크에 지은 마지막 건물이었다.

새 건물에 대한 뉴스가 빠르게 퍼졌고, 사상 최대의 관람객이 티어파르크로 몰려들었다. 연말까지 방문한 사람이 모두 320만 명이었는데, 이 기록은 결코 깨지지 않았다. 나라 전체에서 항의 시위가 서서히 힘을 얻어 갔고, 곧 사람들의 마음속에는 대형 동물들의 새 집보다 더 중요한 문제가 자리 잡게 된다.

서둘러 이동

1989년 여름에 동독인 수천 명이 예년과 다름없이 헝가리 여행에 나섰다. 그러나 이번엔 모든 게 달랐다. 올해 여행의 목적은 휴가가 아니라 서유럽으로 가는 것이었다. 그해 5월에 헝가리 정부는 헝가리와 오스트리아 국경의 장벽을 고치는 데 돈을 들이기 싫어, 썩어 가는 장벽을 아예 허물도록 지시했다. 철의 장막에 첫 번째 틈을 낸 것이다. 충격을 받은 동독 지도자들이 헝가리 여행을 금지하자, 사람들은 대신 폴란드와 체코슬로바키아로 간 뒤 바르샤바와 프라하의 서독 대사관으로 몰려들었다.

동베를린 티어파르크의 사육사들은 계속 동물들을 먹이고 우리를 청소했지만, 그들 다수는 생각이 아주 다른 쪽으로 쏠릴 수밖에 없었다. 10월 2일 슈타지는 비공식 협력자를 통해 "사육사들의 첫 번째 이야깃거리가 동독을 떠나는 것"임을 알게 되었다.

이보다 사흘 전 한스-디트리히 겐셔 서독 외교 장관이 프라하 서독 대사관의 발코니에 등장했다. 이제는 동독의 일부인 할레 출신인 그는 투광 조명을 뒤에서 받아 그림자처럼 보였다. 겐셔는 그동안 여러 차례 연설을 했는데, 정말 새로운 것은 전혀 없이 말만 많았었다. 이번에는 말을 아꼈다. 그는 대사관 정원에서 기다리는 수백 명에게 "오늘, 여러분의 출발은…"이라고 말을 꺼냈다. 그는 말을 이을 수 없었다. 환호 소리가 그의 말을 잠재웠다.

동독에 남아 있던 이들도 더는 기다리고 싶지 않았다. 저항이 나타났다. 저항의 중심지 하나는 동베를린의 겟제마네 교회였다. 여기서 반정부 세력이 정치범들을 위해 철야 농성을 하면서 전국에서 벌어지는 항의 시위 상황을 전화로 확인했다. 티어파르크의 코끼리 사육사 한 명도 고정적으로 여기에 참여했다. 뮐러와 동료들은 그의 일을 대신하면서 그가 곤란해지지 않도록 도왔다.

라이프치히에서는 여행 자유를 포함한 개혁을 촉구하는 시위가 몇 달째 매주 월요일마다 열렸다. 시간이 흘러 가면서 시위 참가자 규모는 수백 명에서 수천 명으로 늘었다. 외르크 아들러도 시위에 참여했다. 그는 라이프치히 동물원에서 단순 사육사로 일을 시작했지만, 나중엔 유인원 부문 책임자가 되었다. 그사이에 수의학과 농학도 공부했다. 그는 사자를 현지 코끼리와 교환하기 위해 베트남 여행 승인까지 받았던 인물이다. 동물원의 직제로 보면 그 위에 3명의 연구 조수가 있지만, 아들러는 지크프리트 자이페르트 동물원장의 오른팔이었다.

그런데 동물원 벽 너머의 사태는 점점 위험해져 갔다. 아들러는 1980년대 초부터 라이프치히 성 니콜라스 교회에서 열리는 월요 기도회에 참석해 왔다. 여기서 그는 슈타지와 인민경찰이 사람들을 체포하는 모습을 목격하곤 했다. 그의 트라반트 자동차 뒷 유리창에는 또 다른 라이프치히 교구 홍보 문구가, 뒤를 따르는 운전자가 알아볼 만큼 큰 글자로 적혀 있었다. '라이프치히 그뤼나우—동독의 첫 번째 새 교회.' 그가 차에 이 표시를 붙인 이후, 그는 시시때때로 경찰의 검문을 받았다. 경찰들은 온갖 하찮은 핑계를 내세워 질문 공세를 폈다. 베를린으로 가던 중에는 그를 도로에서 끌어내려 한 적도 있다. 그의 딸이 정치적인 이유로 음악 프로그램 참가를 거부당하자, 그는 이민을 신청할 때가 왔다고 판단했다.

그로부터 3년이 지났다. 1989년 9월 중순 아들러는 마침내 지역 슈타지가 위장을 위해 쓰는 명칭인 '내무부'로 소환되었다. 라이프치히에서 이민을 가려는 사람 다수는 이 사무실 문턱이 닳도록 드나들었다. 아들러는 한참을 기다린 끝에 사무실 한 곳으로 불려 들어갔다. 회색 머리의 관리가 회색 책상 너머에 앉아서 이렇게 말했다. "당신이 10월 7일의 정치 활동에 참여하지 않고 그날 공공장소에 나가지 않으면, 당신과 가족이 연말까지 동독을 떠날 수 있다고 봐도 되겠소."

10월 7일은 동독 건국 40주년이 되는 날이었다. 이날이 마지막 기념일이 되리라고 생각한 이는 거의 없었다. 아들러도 마찬가지였다. 그는 집에 돌아가 부인에게 "이제 시작이야."라고 말했다. 그녀는 무슨 뜻인지 알았다. 얼마 지나지 않아 떠날 수 있다는 말이었다. 두 사람은 출발을 준비하기 시작했다. 가방을 싸고, 가져갈 수 없는 것은 모두 친구들에게 주었다. 그러나 아들러에게 가장 어려운 임무가 여전히 남았다. 그 누구보다 자신의 경력 구축에 기여한 인물인 지크프리트 자이페르트 동물원장에게 설명할 일이 남은 것이다.

다음 날 그는 메스꺼움을 느끼며 동물원장실로 자이페르트를 보러 갔다. 그는 쉰 목소리로 "교수님, 드릴 말씀이 있습니다."라고 말했다.

자이페르트는 벽을 가리키며 "여기선 안돼."라고 말을 막았다. 두 사람은 밖으로 나가, 감시당하지 않고 대화를 할 수 있는 공원 벤치까지 산책했다.

아들러는 자신의 멘토를 배신한다고 느꼈다. 그가 없었다면 아들러는 결코 현재 자리까지 올라올 수 없었다. 자이페르트는 그에게 학업을 계속하도록 강하게 권한 사람이었다. 그는 심지어 아들러가 공산당 가입을 피할 방법도 찾아 주었다.

1980년대 초 어느 날 사회주의통일당 대표 두 명이 자이페르트를 찾아와, 아들러가 왜 아직 당원으로 가입하지 않았냐고 물었다. 자이페르트는 걱정하는 모습으로 그들에게 "신사분들, 안타깝게도 너무 늦게 오셨습니다. 아들러 씨는 최근 (동독) 기민련에 가입했습니다.[11]"라고 말했다. 그들이 가자마자 그는 전화기를 들고 몇 통의 전화를 걸었다.

그는 멍한 상태의 아들러에게 이렇게 설명했다. "내가 모두 처리

11　독일 기독교민주연합(CDU)은 1945년에 서독 CDU와 유사하게 창당되었으나, 곧 기독교 사회주의 노선으로 전환하여 동독의 집권당인 사회주의통일당의 제휴정당으로 활동했다. 독일 통일 이후에는 서독 기민련에 흡수되었다.

　　　타인의 동물원: 동서 베를린 동물원의 무한경쟁

했어. 자네가 할 일은 여기 와서 서명하는 것뿐이야. 그럼 자네는 올해 초부터 기민련 당원이었던 거야."

아들러는 1년 동안 라이프치히 시의회 회의에 참석했다. 그는 아무 일도 하지 않고 그저 앉아 있을 생각이 없었기에, 여성 권리 그룹을 옹호했다. 이보다 훨씬 더 지독한 문제인 라이프치히 대기 오염도 비판했다. 결국엔 동료 당원들이 그에게 적극적인 정치 참여를 그만두는 게 낫겠다고 제안했다. 일시적 정치 개입이 이로운 점도 있었다. 사회주의통일당이 그 이후로는 그를 그냥 놔둔 것이다.

이제 아들러는 멘토에게 자신의 이민 신청이 곧 허가될 거라고 말해야 했다. 그는 "저는 갈 겁니다."라고 부드럽게 말했다.

지크프리트 자이페르트는 절대적으로 필요할 때만 정권에 충성했지만, 이 말을 듣고는 실망감을 감출 수 없었다. 잠깐 침묵한 뒤 "그런데 나는 자네를 내 후임으로 만들고 싶었어."라고 말했다.

아들러는 우쭐했지만, 자신이 라이프치히 동물원에 적합한 인물이 아니라고 생각했다. 게다가 이미 마음을 굳혔다. 그는 밖으로 나가고 싶었다. 그럼에도 조용히 지내라는 슈타지의 요구는 따르지 않았다. 협박에 굴복할 생각이 없었다. 그는 10월 7일에 자신의 부인 그리고 4천여 명의 다른 시위대와 함께 라이프치히 그리마이셰 거리 구석에 있는 카를 마르크스 광장을 지켰다. 폭동 진압용 물대포를 맞으며 버텼다. 이날 전국에서 사람들이 거리로 나왔다. 라이프치히에서만 200명 이상이 체포됐지만, 외르크 아들러는 체포를 면했다.

10월 9일 저녁이 왔다. 이날은 월요일이었기에, 늘 하듯 라이프치히에서 시위가 벌어질 예정이었다. 무슨 일이 벌어질지는 누구도 몰랐다. 사격 명령이 내려졌고 병원들은 헌혈을 독려했다는 보도가 있었다. 지난여름 중국 인민군이 베이징 톈안먼天安門 광장에서 시위대를 폭력적으로 진압한 모습을 모두가 기억했다. 동독에서도 '중국식 해법'을 취할지 모른다는 소문이 널리 퍼졌다. 그런데도 그날 밤 라이프치히 시위에 7만 명이 참가했다. 그들은 손에 촛불을 들고 사회주의자들의 노래 '인터내셔널가'를 부르며 거리를 행진했다. 정부 관리들은 이런 대규모 시위에 대비가 되어 있지 않아 그냥 바라만 봤다. 행진 대오가 시내 거리를 지나는 동안 총성이 아니라 외침이 하늘을 가득 채웠다. 아들러를 비롯해 수많은 사람이 이날 밤 더는 막을 수 없는 운동이 시작되었다고 느꼈다. 그럼에도 한 달 뒤 베를린에서 무슨 일이 벌어질지는 예상하지 못했다. 11월 9일 사회주의통일당 대변인 권터 샤보프스키가 베를린에서 기자 회견을 열어 여행법을 완화한다고 발표했다. 언론인 하나가 개정안이 언제부터 시행되냐고 묻자, 그는 '즉시'라고 심란한 기분으로 말했다. 그날 밤 동독인들이 베를린 장벽을 습격했다. 그들은 놀란 국경 수비대를 지나쳐 서베를린으로 가는 통로로 몰렸다. 원래 있던 출입구로는 많은 사람이 빨리 지나갈 수 없자, 군중은 새로운 길을 뚫었다. 베를린 장벽이 28년 만에 마침내 무너져 내렸다. 그 뒤 아들러는 자신의 이민 승인이 시간문제일 뿐임을 깨달았다. 국가가 더 지체할 이유가 없었다. 이 시점에는 아들러 가족이 그냥 베를린으로 가서 장벽 잔해 위로 올라갈 수 있는 상황이었다.

그 뒤 며칠 동안 동독인들이 서베를린과 서독으로 몰려들었다. 너무나 오래도록 울타리 안에 갇혀 있던 사람들 중 80만 명이 새로 찾은 자유를 베를린 동물원의 동물을 구경하는 데 썼다. 베를린 동물

　타인의 동물원: 동서 베를린 동물원의 무한경쟁

원은 2주 동안 무료 입장을 허용했다. 대부분의 사람은 이 동물원에 대해 부모나 조부모한테 말을 들은 게 전부였다. 입장 대기 줄이 하르덴베르크플라츠에 있는 정문에서 몇 블록 떨어진 부다페스트 거리까지 이어졌다. 관람객들은 동물 우리 앞에서 놀라움에 빠져 있었다. 비록 여기저기에서 "그런데 우리 코끼리관이 훨씬 커."라는 아이들의 촌평이 들렸지만 말이다.

여기서 동쪽으로 15㎞ 떨어진 티어파르크에는 필수 요원들만 출근했다. 나머지 모두는 정말 장벽이 무너졌는지 직접 보러 갔다.

*

혼란 속에 다테는 티어파르크의 앞날을 걱정했다. 그는 상을 받은 우수 직원 명단, 새끼를 낳은 동물 목록, 관람객 통계부터 소시지와 구운 닭 소비량까지 각종 기록을 담은 1989년 연차 보고서의 마지막에 이렇게 썼다.

> 우리나라의 사회 변화가 전체 티어파르크 공동체에게 생각의 수정뿐 아니라, 개인적 헌신의 강화를 요구하고 있다. 우리 노력의 새로운 면모를 성공리에 활성화하기 위한 것이다. 이는 1990년과 그 이후 티어파르크 공동체를 위한 굳은 서약이 되어야 한다.

다테는 한 도시에 동물원 두 곳이 존재할 때 생기는 위험을 알았다. 티어파르크가 문을 열었을 때, 이 '미래의 동물원'은 서베를린의 좁고 낡은 동물원을 존폐 위기로 내모는 듯했다. 베를린 장벽이 분명한 경계를 지음으로써, 두 동물원이 수십 년 동안 꾸준히 관람객을 확보하게 했다. 그러나 이제 다시 하인리히 다테와 하인츠-게오르크 클뢰스는 동물원을 두 곳이나 유지할 만큼 크지 않은 도시에서 경쟁자가 되었다. 다테는 사실 어느 시점엔가 은퇴하고 싶었지만, 사태 전개를 볼 때 자리를 지키는 게 자신의 의무라고 느꼈다. 그를 빼고 누가 필요한 일을 처리하겠는가?

라이프치히에서 함께 일할 때부터 오래도록 다테와 가까웠던 로타어 디트리히는 그에게 물러나라고 조언했다. 그는 자신보다 20살 이상 많은 다테에게 이렇게 말했다. "당신은 모든 걸 이뤘습니다. 지금은 티어파르크의 미래를 다른 이들에게 넘겨줄 적당한 때일 겁니다."

다테는 사태를 다르게 봤다. 그는 이렇게 답했다. "아니, 아니, 당신이 틀려요. 비사회주의 상황에서 동물원이 어떻게 돌아가는지 본 사람이 여기에는 나뿐이에요."

디트리히는 놀랐고 약간 재미있기도 했다. 그는 머리를 절레절레 흔들며 "이 자본주의는 당신이 1930년대에 알던 그 자본주의와 완전히 달라요."라고 설명했다. 그러나 다테는 그의 말을 듣지 않았다.

베르너 슈뢰더 전 베를린 수족관 관장의 부인 잉게 지버스슈뢰더도 "클뢰스는 내 남편을 내쫓은 것처럼 당신도 내쫓을 거예요."라고 경고했다. 다테는 그녀의 말도 믿지 않았고 그녀의 걱정도 경시했다. "내겐 아무 일 없을 거예요."라고 고집했다.

그는 베를린 장벽이 무너지고 며칠 뒤 자신의 경쟁자와 만나 두 동물원의 미래에 대해 대화를 나눴다. 서베를린 시 정부가 동물원 재정을 책임졌지만, 티어파르크는 여전히 동베를린 시 당국 내 문화부의 통제를 받았다.

클뢰스는 두 동물원을 모두 베를린 시 재무부 통제 아래 두도록 다테를 설득하려고 이렇게 말했다. "친애하는 동지, 나를 믿으세요. 이런 조처가 언제나 동물원에 이롭게 작용했어요. 이것이 당신을 포함해 모두에서 분명 최선일 겁니다."

다테는 이렇게 답했다. "그게 당신이 겪은 바겠지만, 동물원은 문화 시설입니다. 그리고 나는 바꿀 이유를 모르겠소."

*

여전히 많은 게 변했고, 이는 베를린에 국한되지 않았다. 독일동물원장협회 회원들은 침몰하는 동독의 동료들을 어떻게 처리할지 숙고했다. 그들은 정부의 압력 때문에 1968년 협회를 탈퇴했었다. 이제 그들을 다시 회원으로 받을 수 있지만, 기존 회원 일부는 동독의 동물원장들, 특히 다테에 대해 불안을 느꼈다. 동독에서 가장 중요한 동물원의 원장이라는 지위에 있는 인물은 정권에 극도로 충성함으로써만 그 지위를 확보할 수 있다고 보는 회원들이 있었다.

클뢰스는 신규 회원에 대해 사회주의통일당의 환심을 사려 했는지 개별적으로 평가하자고 제안했다. 협회 회원 대다수보다 더 오랫동안 다테를 겪어 잘 알고 있는 로타어 디트리히, 그리고 클뢰스의 제안이라면 뭐든지 중요하게 고려하지 않는 볼프강 게발트, 두 사람은 이 제안에 반대했다. 디트리히는 "우리는 다테처럼 복잡미묘한 삶을 살아 온 인물을 평가하는 위치를 원치 않습니다."라고 말했다.

그는 동독 동물원장 모두를 받아주자고 권고했다. 그리고 결국 이렇게 처리된다. 1991년 옛 동독의 동물원장들은 협회에 다시 초대되었고 마그데부르크 동물원의 볼프강 푸슈만은 이사로도 뽑혔다. 동독 비밀경찰의 비공식 협력자였음이 드러난 로스토크 동물원의 디터 슈바르츠 원장만 가입이 거부되었다.

*

그사이 티어파르크 프리드리히스펠데의 사육사들은 동독 유일의 노조 총연맹인 자유독일노조총연맹이 더는 자신들의 이익을 제대로 대변하지 못한다는 것을 깨닫게 된다. 그래서 1990년 1월 코끼리 사육사 파트리크 뮐러와 동료 몇 명이 대표자 협의회를 결성했다. 이는 동독에서 가장 먼저 결성된 협의회 중 하나였다. 옛 동독 노동조합은 저항하지 않았다. 아마도 사육사들이 겪는 문제를 감당할 의지가 없었거나, 아니면 새 시대의 도래를 느끼고 차라리 옛 체제의 대표들이 물러나는 게 낫다고 봤을 수도 있다.

동물 사육사들은 혁명을 목표로 하지 않았다. 그들은 단지 의사 결정에 더 참여하기를 원했다. 그들은 매일매일 다양한 부문에서 개선 요구 사항을 동료들에게 제시했고, 또 자신들이 파악한 희망 사항들을 목록으로 작성했다. 그들은 보유 동물의 전반적인 구성을 결정할 때도 발언권을 더 얻으려 했다. 과거에 사육사들은 동물을 다른 곳에 팔 때까지 매각 사실을 까맣게 몰랐다. 이젠 바뀌어야 했다.

다테는 발작적 분노로 악명이 높았고, 그의 분노는 보통 자신의 연구 조수들을 향했다. 분노는 보통 일상 운영에 대한 불만 때문이

　　　　　타인의 동물원: 동서 베를린 동물원의 무한경쟁

거나 건설 작업이 마땅한 속도로 진척되지 않았기 때문이다. 그러나 뮐러는 동물원장의 또 다른 면도 봐 왔다. 다테는 뮐러가 꼭 해야 한다고 생각해 꺼낸 말들을 경청했고, 직원들의 걱정을 심각하게 여기는 듯 보였다. 뮐러는 마침내 자신이 다테의 구상과 생각에 기여할 수 있다고 느꼈다. 그러나 이런 상태는 오래가지 못했다. 반년 만에 서독의 노조가 동독에 개입하기 시작한다.

새장 속 독수리의 땅

라이프치히에서는 외르크 아들러의 이민이 마침내 승인되었다. 1989년 성탄절 직전 그와 그의 아내, 딸, 아들 둘은 기센에 있는 난민 접수 캠프로 가기 위해 남서쪽으로 향했다. 이어 기센에서 북쪽에 있는 쇠핑겐의 현장 사무소로 다시 이동했다. 여기서 자신들이 선택한 행선지로 갈 기차표를 받았다. 그 뒤 버스를 타고 인근 뮌스터의 기차역까지 갔다. 열차 출발 시간까지 여유가 있어서, 뮌스터의 역사적인 시내로 조금 걸어가 구경했다.

외르크 아들러가 뮌스터에 대해 아는 건 1970년대에 새로 문을 연 동물원의 흑백 사진 몇 장을 보고 파악한 게 전부였다. 당시 이 사진들은 그에게 상당한 인상을 남겼지만, 이제 그가 성탄절 장터의 마지막 날 프린치팔마르크트 시장에 도착해 본 것과는 비교도 되지 않았다. 박공이 있는 중세의 집들이 축제용 조명과 함께 반짝반짝 빛을 발했다. 사람들은 마지막으로 물건을 사려고 서둘렀다. 아들러 가족은 회색의 라이프치히와 너무나 다른, 낯설고 목가적인 세계의 한가운데에 서 있었다. 라이프치히는 성탄절 즈음에도 갈탄과 낡은 2행정 엔진이 달린 차에서 나오는 악취가 압도하는 곳이었다.

그들은 뮌스터에서 출발해 바이에른주 켐프텐까지 여행을 계속했다. 거기서 친구들과 성탄절을 축하할 예정이었다. 이어 새해 첫날은 슈투트가르트의 빌헬마 동물원을 구경할 계획이었다. 그들은 동물원의 원숭이관 내 직원 아파트에 머물렀다. 이 아파트는 고릴라 우리와 벽을 맞대고 있었다. 아들러는 그동안 계속 새 일자리를 찾았다. 운이 좋게도 그는 서독의 사육사 몇 명을 알고 지냈다. 그중에서 그를 도울 수 있는 사람이 있다면 바로 뒤스부르크의 볼프강 게발트였다.

1980년대 말 이후 뒤스부르크 동물원은 동유럽 전역에서 오는 사육사들을 받아주는 진정한 캠프 구실을 했다. 게발트는 공산주의에 등을 돌린 사람이라면 누구라도 기꺼이 도왔다. 에르푸르트 동물원의 전 원장 프리츠 디트리히 알트만은 헝가리를 거쳐 오스트리아로 탈출한 뒤에 뒤스부르크 원숭이관에 묵었고, 동유럽 사육사 두 명은 동물원 부지 내 숙소를 이용했다. 게발트는 아들러 가족에게 새장 건물 내 직원 아파트를 쓰게 해주었다. 그에게는 드러내지 않은 나름의 동기가 있었으며, 지체 없이 아들러 가족 이야기를 지역 언론에 알렸다. 며칠 뒤 아들러는 자신의 성이 독수리를 뜻하는 것을 겨냥해 '동독 출신 아들러 가족, 새장에서 피난처를 찾다'라는 제목의 기사를 보게 된다.

그 뒤 며칠 동안 게발트는 아들러를 공개 행사에 데리고 다녔다. 기민련 행사에서는 심지어 서독 총리 헬무트 콜에게 그를 소개했다. 콜은 아들러의 사연에 감동해 즉각 그를 도울 보좌관을 보냈다. 다만 보좌관의 도움은 별 성과가 없었다.

결국 뒤스부르크에는 아들러가 머물 자리가 없었다. 그래서 그의

 타인의 동물원: 동서 베를린 동물원의 무한경쟁

방랑 여행은 계속되었다. 그와 가족은 1월 말에 베를린으로 갔다. 그는 라이프치히에서 클뢰스를 만난 적이 있는데, 베를린으로 옮겨 그곳 동물원에서 일하고 싶었다. 그러나 클뢰스는 그에게 줄 자리가 없었다. 다만 누가 일자리를 줄 수 있을지는 떠올렸다. 그는 몇몇 동료들에게 전화를 했고 결국 하노버에 있는 로타어 디트리히로부터 원하는 정보를 얻었다. 뮌스터의 전천후 동물원이 부문 책임자를 구하고 있었다.

뮌스터는 꼬박 한 달 전 아들러의 여행이 시작된 도시였다. 게다가 더 재미있게도 그곳의 동물원은 그가 과거 오랫동안 거대한 콘크리트 건물에 너무나 감탄했던 바로 그 동물원이었다. 이 동물원 건물은 라이프치히의 곧 무너질 것 같은 원숭이관에 비해 너무나 진보적으로 보였다. 이 새 일자리는 그의 운명 같았다.

회색의 거인이 무너져 내리다

이로부터 1년도 채 지나지 않아 동독은 역사 속으로 사라지고, 1990년이 다테가 티어파르크에서 일하는 마지막 해가 될 줄은 누구도 생각하지 못했다. 그는 훨씬 더 일상적인 걱정거리에 몰두하고 있었다.

다테는 4월 7일 이른 아침 코끼리관으로 불려 갔다. 그가 도착하자, 몇몇 사육사들이 아시아 코끼리 구역 앞에 서 있었다. 그들은 흥분한 암컷들의 발에 묶인 사슬을 끌며 진정시키려 애쓰고 있었다. 다테가 가까이 가서 보니, 암컷 우두머리인 돔보가 해자에 빠져 누워 있었다.

사육사 한 명이 "밤사이에 사슬을 끊고 해자에 빠진 게 틀림없습니다.”라고 말했다. 사육사들이 코끼리관 건축 공사 때부터 걱정하던 일이 벌어졌다. 좁은 해자에서 똑바로 일어서지 못한 돔보는 자신의 다리 무게를 이기지 못하고 질식하고 말았다.

이틀 뒤 「노이에스 도이칠란트」 신문 독자들은 신문 3면 왼쪽 아래에 실린 사진을 통해 생명이 없는 코끼리가 밧줄에 묶인 채 코끼리관의 해자에서 끌어 올려지는 모습을 확인했다. 낙심한 사육사 2명이 코끼리 옆에 서서, 거대한 시체가 끌어올려지는 방향을 조정하고 있었다.

이 사건은 다테에게 추가로 타격을 가했다. 그의 아들 팔크는 아버지가 이렇게 수심이 가득한 모습을 본 적 없었다. 이 코끼리의 죽음은 동물원장이 자신의 필생의 작업, 티어파르크의 지속, 그리고 400명이 넘는 직원들의 미래를 걱정하는 시점에 발생했다. 회색 거인의 죽음은 앞으로 벌어질 일들의 전조 같았다.

다테는 미래를 걱정하면서도 공적인 자리에서는 자신감을 보였다. 「노이에스 도이칠란트」는 9월 8일 그의 이런 발언을 보도했다. “서베를린에 있는 동료인 하인츠-게오르크 클뢰스 박사와 나는 이 도시 같은 곳에는 이런 종류의 문화 시설 두 곳이 필요하며 특히 둘의 성격이 다르기 때문에 더욱 그렇다는 데 의견을 모았다.” 다테는 은퇴 생각이 있느냐는 질문에는 이렇게 간단히 답했다. “생각이 있다. 그러나 아직 할 일이 많이 남았다.” 그는 다음 달에도 「베를리너 차이퉁」 신문을 통해 베를린의 동물원 두 곳이 “구조도, 성격도 다르다”는 점을 거듭 강조했다.

반쪽짜리 베를린 두 곳을 합칠 일이 여전히 남아 있었다. 수십 년 동안 나뉘어 있던 탓에 시 정부를 포함해 모든 것이 이중으로 존재했다. 지난 5월 지방선거 이후 시 정부 두 곳이 공동으로 운영되었다. 정치인들이 시청 두 곳, 곧 서베를린 쇠네베르크에 있는 시청과 동베를린 알렉산더플라츠에 있는 '붉은 시청'으로 번갈아 출근했다. 감축 조처가 임박해 보이면서, 대중은 베를린에 동물원 두 곳이 필요한지, 두 곳에 재정을 지원할 수 있을지 논하기 시작했다.

하인리히 다테는 티어파르크 유지를 자신의 임무로 여겼다. 그는 거의 40년 동안 프리드리히스펠데에서 성장하고, 늙고, 자신의 동물원과 하나가 되었다. 티어파르크 부지에 있는 그의 집은 그가 수십 년 동안 축적한 것들로 가득했다. 과학 논문과 책부터 미완성 원고까지 그의 책상에 가득 쌓여 있었다. 그의 신조는 언제나 '일하기 위해 산다'였다.

1990년 11월 7일, 티어파르크는 다테의 여든 살 생일 축하 행사를 열었다. 말이 끄는 마차가 그를 엄숙한 평지붕 행정 건물 앞까지 모셨다. 다테 옆에는 첫 번째 부인 엘리자베트와 이름이 같은 새 부인이 앉아 있었다. 다테는 새 부인을 한 해 전 노이브란덴부르크에서 열린 조류학 모임에서 만났다. 두 사람이 도착하자, 티어파르크 직원들이 악단과 함께 갓 결혼한 부부를 위해 세레나데를 불렀다. 일부 직원은 우리 안에 있는 동물들까지 데리고 나왔다. 한 사육사는 어린 카탈루냐 당나귀를 데려와 다테가 카메라 앞에서 쓰다듬게 했다. 다테의 얼굴은 수척해 보였다. 지난 몇 달은 다테에게 큰 타격을 주었다. 그가 위암에 걸렸다는 사실은 가족 외에는 거의 아무도 몰랐다. 그는 수십 건의 인터뷰 요청을 받았다. 모두들 티어파르크를 위한, 그리고 다테 자신을 위한 대책이 뭔지 알고 싶어 했다.

다테는 사진 기자에게 "나는 그동안 내 일을 즐겼고 지금도 마찬가지입니다."라고 힘없는 목소리로 말했다. 이어 이렇게 덧붙였다. "특히 상당히 어려운 지금 시기에, 내가 이끄는 이 기관을 잔잔한 물가로 이끌기 위해 며칠 더 일하는 게 꼭 필요하다고 깨달았습니다."

그의 행복을 비는 사람들이 그의 주변으로 몰려들었다. 서베를린에 있는 그의 적수도 그중 하나였다. 클뢰스는 '소중한 동료'를 위해 연설할 기회를 거절할 수 없었다.

> 저를 아는 사람은 누구든 제가 하루 24시간, 1년 365일 내내 동물원에 가장 유익한 걸 추구하는, 야심만만한 사람임을 압니다. 그리고 이 특별한 날, 친애하는 내 동료 당신께 고백합니다. 티어파르크 프리드리히스펠데의 많은 것들이 너무나 큰 기쁨을 줬기 때문에, 저는 [이 동물원의 경계인] 쿠어퓌르스텐담 거리와 란트베어카날 사이를 그림이라도 그릴 수 있습니다. 이 고백을 최고의 존경을 표하는 것으로 받아들여 주시기 바랍니다.

이 발언은 위협처럼 들렸다. 클뢰스를 아는 사람은 누구나 그가 모든 것, 특히 여기 베를린의 모든 것을 장악하려는 속내를 알았다.

시 정부는 티어파르크를 존속시키기로 결정했다. 그러나 생일잔치로부터 한 달 뒤, 다테는 적어도 지금까지 프리드리히스펠데를 책임져 온 동베를린 문화 담당 시의원 이라나 루스타의 부관 리하르트 달하임으로부터 편지를 받게 된다. 다테는 그동안 향후 변화에 관한 편지를 수없이 받았지만, 이런 편지를 받기는 처음이었다. 그는 편지를 읽으며 자신의 눈을 의심했다.

 타인의 동물원: 동서 베를린 동물원의 무한경쟁

당신도 알다시피, 통일 조약은 과거 동독의 공공 부문 종사자 중 은퇴 연령에 이른 사람 모두를… 이 시점부터 자동적으로 은퇴자로 취급하도록 규정합니다. 당신의 경우 티어파르크를 위해 이론의 여지없이 위대한 성과를 이뤘고 여든 살 생일을 앞둔 점을 고려해 임시적인 해법을 적용하기로 했습니다.

티어파르크에 대한 법률적 후원 기관의 변경을 신속히 처리한다는 관점에서 볼 때, 당신에게 추가 부담을 지우지 않기 위해 이 변화에 따른 문제들을 처리할 젊은이의 임명이 꼭 필요한 듯합니다. 그래서 1990년 12월 10일에 당신은 공식적인 직무를 티어파르크의 임시 원장으로 지명된 당신의 부관 그룸트 씨에게 넘길 것입니다. 당신은 12월 14일, 금요일까지 사무실을 비워야 합니다.

안타깝게도 우리는 그달 말까지 공식 사택도 비우도록 명령할 수밖에 없습니다. 이런 조처가 당신에게 문제가 되지 않기를 바랍니다….

우리는 당신이 지난 수십 년 동안 이룬 과업에 심심한 사의를 표합니다. 당신의 과업은 능력과 헌신으로 점철된 것이었습니다. 당신의 밝은 미래를 기원합니다.

다테는 산더미 같은 책과 서류만이 아니라 얼마 전 받은 80살 생일 선물들까지 잔뜩 쌓여 있는 사무실을 7일 만에 비워야 했다. 12월 15일부터 서베를린의 재무부가 베를린 동물원과 함께 티어파르크도 감독하기로 예정되어 있었기 때문에 시의회는 일을 서둘렀다. 클뢰스가 이겼다.

다테는 30년 이상 살던 집에서도 3주 뒤 떠나야 했다. 그는 자신이 동물원장직에서 곧 물러날 것임을 그동안 인식하고 있었음에도 갑작스런 퇴장을 무난히 마무리하기 어렵다고 절감했다.

감독 기관이 동베를린에서 서베를린으로, 그리고 문화부에서 재무부로 바뀌면서 티어파르크 전반에 혼란이 빚어졌다. 12월 초 문화부에서 온 편지는 직원 439명이 "대기 발령되고 당분간 절대 필수적인 부문에만 계속 직원이 배치될 것"이라고 밝혔다. 누가 남고, 누군 재교육을 받으며, 누군 은퇴하거나 해고될지는 알려주지 않았다. 재무부 직원들조차 처음에는 정신을 못 차렸다. 재무부의 어떤 대표자는 분노한 직원들을 만난 자리에서 자신들이 이제 티어파르크를 감독한다는 사실을 업무 이관 일주일 전에야 들었다고 주장했다. 사람들은 티어파르크가 이미 문을 닫은 다른 동독 지역 시설들과 같은 운명이 될까 봐 걱정했다.

12월 중순 수천 명이 대규모 행진을 위해 프리드리히스펠데에 모였다. 약 7,500명이 티어파르크의 존속과 다테에 대한 연대를 표하는 서명에 동참했다. 다른 이들은 다테를 해고한 데 대해 분노하는 편지를 여러 신문에 투고했다. 「베를리너 차이퉁」의 한 독자는 다테가 "마르크스레닌주의를 코끼리들에게 가르쳤는지" 그리고 이 때문에 그가 떠나야 하는 건지 냉소적으로 물었다.

모든 정당의 정치인들이 티어파르크 폐쇄는 "결코 논의조차 되지 않았다."라고 안심시켰지만, 전선은 이미 그어졌다. 티어파르크에 있는 사람들 다수는 서독인들을 '베시스(Wessis)'라고 비하해 부르며 분노했다. 클뢰스와 베를린 동물원에 대해서도 마찬가지였다. 그러나 해고당할까 두려워했고, 그래서 누구도 감히 대놓고 투덜거리지

   타인의 동물원: 동서 베를린 동물원의 무한경쟁

못했다. 풀뿌리 민주주의 시대는 종말을 고했다. 파트리크 뮐러는 베를린 장벽이 무너지기 전보다 더 심하게 침묵을 강요당한다고 느꼈다. 심지어 다테도 희망을 버린 듯 보였다. 그는 12월 29일치「노이에스 도이칠란트」신문에 이렇게 털어놓았다. "티어파르크는 아마도 존속할 것이다. 그러나 아마 평범하고 낡은 사슴 공원으로 존속함으로써 동물원 사이 경쟁의 원천이 되지는 못할 것이다. 서베를린 동물원이 볼거리에 더 가까운 곳인 반면, 우리는 언제나 연구 센터였다." 그는 비관적인 어조로 덧붙였다. "그리고 바로 그 연구 센터가 사라져야 할 시점이다."

물러나는 동물원장은 집에서 나가는 시기를 반년 늦출 수 있었지만, 이는 결국 중요하지 않게 된다. 1991년 1월 6일 하인리히 다테는 여든 살의 나이로 티어파르크 바로 그곳에서 숨졌다. 그가 집에서 곧 쫓겨날 것임을 안 탓에 스트레스를 받아 숨졌다고 동베를린과 서베를린 사람들이 한 목소리로 말했다.

이날은 클뢰스의 예순다섯 살 생일이었다.

다테에게 작별을 고함

1월 17일 아침 큰 무리가 바움슐렌베크 장례식장에 모였다. 다음 날 동독 텔레비전의 청소년 방송「엘프99」는 19~20세기에 걸쳐 활약한 삽화가 하인리히 칠레 이후 "베를린에서 아마도 가장 유명한 인물인 작센 사람에게 베를린이 작별을 고하다."라고 보도했다. 수천 명이 몰려 장례식장은 금세 가득 찼다.

로타어 디트리히는 장례식이 시작하기 직전에야 하노버에서 도착했다. 그는 다른 수백 명처럼 자리를 못 구해 밖에 선 채 스피커를 통해 추도사를 들어야 했다. 하인츠-게오르크 클뢰스가 다테의 관에 화환을 바치려고 인파를 뚫고 들어가는 모습이 목격되었다.

클뢰스가 다테를 내쫓는 데 관여했다는 소문이 한동안 퍼져 나갔다. 장례식 전날 「베를리너 차이퉁」은 「노이에 베를리너 일루스트리에르테」에 실릴 기사를 단독으로 전함으로써 이런 추측에 힘을 더했다.

> 「노이에 베를리너 일루스트리에르테」가 내일 자로 보도할 내용에 따르면, 이 매체 기자 하나가 [문화 담당 시의원의 부관인] 달하임과 서베를린 동물원 원장 하인츠-게오르크 클뢰스(그는 지난해 11월 다테의 80번째 생일 파티에서 그를 극찬한 인물이다.) 사이의 전화 통화를 목격했다. 달하임이 한 말 가운데는 이런 말도 있었다. "이제 내가 무덤을 파는 사람이군요. 그런데 사실 그건 그를 마침내 은퇴시키는 자비로운 행동이었습니다." 클뢰스를 거론하며 달하임은 이렇게 덧붙였다. "거참, 우리가 그의 주검이라는 짐을 함께 지는군요." 또한 달하임은 이 기자에게 다테가 "완전히 노망이 났고" 또 "순교자와는 거리가 멀다."라고 분명히 주장했다. 또 그를 "동물원 세계의 차우셰스쿠[12]"로 치부했다. 달하임은 다테가 "절대적으로 부적절한 때 숨진" 것에만 유감을 표명했다.

두 달 뒤 달하임의 반박이 「베를리너 차이퉁」에 실렸다. 그는 다

---

[12] 니콜라에 차우셰스쿠(Nicolae Ceaușescu)는 1965년부터 1989년까지 루마니아를 철권통치한 독재자로, 1989년 동유럽 공산주의 체제 붕괴 당시 폭력 혁명으로 실각하고 처형되었다―편집자 주.

　　　　타인의 동물원: 동서 베를린 동물원의 무한경쟁

테가 악명 높은 루마니아의 독재자와 같은 전제주의자라는 대목 등 자신의 발언처럼 보도된 내용에 대해 반박했다. 그러나 「노이에 차이트」의 편집자에게 한 독자가 보낸 편지의 표현을 빌리자면 "귀찮은 벌레처럼" 티어파르크의 동물원장을 내쫓는 것을 클뢰스가 도왔다는 인상은 해소되지 않았다.

많은 기관이 독일 통일 과정에서 문을 닫았지만, 하인리히 다테에 대한 처분이 가장 큰 분노를 유발한 것 같다. 아마도 이에 대한 항의가 그렇게 날카로운 것은 그를 내쫓은 사건이 자신들의 역사이자 정체성의 한 부분을 지워버리는 것을 뜻했기 때문일 것이다. 로타어 디트리히는 자신의 옛 상사이자 친구를 추모하는 글에서 이렇게 썼다. "베를린 장벽 저편에서 이례적으로 유능한 남성이 전 세계의 이목을 끄는 성취를 이뤘다는 사실을 베를린에서는 아마도 인정하지 못한다."

다테의 죽음은, 나쁜 패자는 불쾌하지만 나쁜 승자는 더 큰 해악임을 보여주었다. 「노이에 차이트」의 한 독자는 1991년 1월 이렇게 썼다. "지금 사태가 돌아가는 식이면 우리는 결코 진정한 하나가 되지 못할 것이다."

이 느낌은 상당 기간 지속될 터였다. 그리고 베를린의 동물원 두 곳에 국한하는 한, 이는 오늘날도 여전히 진실이다.

에필로그: 옛날 남자들, 새 시대

1993년 가을 다테가 숨진 지 3년도 채 안된 시점에 베를린 동물원 직원들은 시장 에버하르트 디프겐에게 이런 메시지를 전했다. "동물원과 티어파르크의 협력이 바닥까지 떨어졌습니다."

그동안은 모든 게 잘 진행되었다. 티어파르크는 6개월 동안 불확실한 시기를 거친 뒤 1991년 3월 국영 기업으로 바뀌었다. 통일 당시 439명이던 동물원 직원 중 285명만 일자리를 지켰지만, 적어도 동물원 폐쇄의 공포는 사라졌다. 두 동물원의 평화로운 공존이 정착되는 듯했고, 동물 교환도 이뤄졌다. 티어파르크의 유인원은 베를린 동물원으로 옮긴 반면, 붉은사슴, 멧돼지, 올빼미는 프리드리히스펠데로 이동했다. 1993년 9월 「노이에 차이트」는 베를린 동물원이 티어파르크의 지주 회사를 국가로부터 인수할 것이라고 보도했다. 신문은 "시 당국이 운영 손실, 입장료 수입 감소에 따른 매출 부족분, 투자 보조금만 부담할 것이다."라고 썼다.

이 시점에 이르면 동베를린 사람들은 뭔가 더한 일이 진행 중임을 눈치채기 시작했다. 티어파르크의 뱀 사육장에 사는 파충류 2,000마리와 카페테리아 내 수족관이 베를린 동물원으로 이동할 것이라고 발표되었다. 옛 시설을 수리해야 했지만 티어파르크는 여기에 투입할 돈이 없었다. 긴장이 높아졌고, 폐쇄의 공포가 되살아났다. 뱀 사육장 책임자가 텔레비전에 등장해 흐느끼며 자신의 인생 과업 보존을 호소했다. 분노가 고조되었고, 항의 편지가 멀리 미국 샌디에이고 동물원에서까지 베를린으로 쏟아졌다. 티어파르크 직원들은 1956년 문을 연 뱀 사육장을 지지하는 사람 3만 명의 서명을 받았다. 이 사육장은 남다르게 다양한 종을 보유하고 있었다. 동독 시절에 티어파르크 방문객들은 혈청을 개발하기 위해 뱀의 독을 빼내는 장면을 볼 수 있었다.

많은 팬들의 분노는 1991년부터 티어파르크 감사회 의장을 맡은 클뢰스를 향했다. 그가 의원들과 프리드리히스펠데 시찰을 나왔을 때 분노한 관람객들이 파충류 문제에 대해 그에게 답변을 추궁하려 했다. 그는 흥분해 엉겁결에 "이는 다테 탓입니다."라고 말했다. 이 발언은 분노를 더 부추겼다. 그들은 "돈이 부족하면, 베를린 동물원 문을 닫으라."라고 소리쳤다.

몇 주 동안 오락가락하다가 11월 초에 결정이 내려졌다. 뱀 사육장은 프리드리히스펠데에 남기로 했다. 이전 작업이 마무리되자마자 티어파르크는 베를린 동물원 회사의 자회사가 되었다.

클뢰스는 티어파르크가 재정적으로 양호한 궤도에 오르지 못하면 다시 정부에 넘긴다는 조항을 계약에 넣자고 주장할 만큼 신중하게 접근했다. 그가 보기에, 프리드리히스펠데는 '밑 빠진 독'이었고 서쪽 사람 누군가가 나서 구멍을 메워야 했다. 클뢰스는 자격을 갖춘 사람 몇 명과 접촉했으나 모두 제안을 거부했고, 결국 베른하르트 블라스키비츠를 낙점했다. 블라스키비츠는 키가 2m에 달했고 몸통 둘레도 이에 버금가는 서른일곱 살의 남성이었다. 그는 1974년 사육사로 경력을 시작했고 생물학 박사 학위를 딴 뒤 연구 조수로 베를린 동물원에 복귀했다. 클뢰스는 "이 뚱뚱한 사내가 일을 마무리할 것"이라고 말했다.

블라스키비츠의 첫 번째 도전은 다테의 유산 중 호소력이 덜한 부분을 개선하는 것이었다. 다테는 툭하면 건축 자재가 부족하던 경제 여건에서 동물원을 운영하느라, 땜질 처방을 피할 수 없었다. 그 결과 울타리와 창살은 서로 어울리지 않는 잡동사니를 모아 붙인 꼴이 되었다. 발굽 달린 동물 사육장의 울타리는 부분적으로 철도의 침목을 이어 붙여 만들기도 했다. 다테는 넓은 공원 부지를 충분히 활용하지도 못했다. 1997년까지 동물원 외곽 울타리조차 완성하지 못했다.

블라스키비츠를 비판하는 이들은 그가 울타리 작업에 과하게 집착한다고 생각했다. 그가 완성한 가슴 높이의 녹색 울타리는 단조로워 보였고, 나무로 만든 사육장은 가정용 건축 자재점 어디서나 수천 개씩 파는 정원용 헛간과 비슷해 보였다.

블라스키비츠는 티어파르크를 맡은 지 10년이 더 지난 2007년에 베를린 동물원 경영까지 맡게 된다. 이제 원장은 한 사람이지만, 두 곳은 여전히 경쟁자다. 경쟁의식은 직원들보다 관람객 사이에서 더 강하겠지만 말이다. 사람들이 베를린 동물원 또는 티어파르크에 대해 느끼는 일체감에는, 베를린 어디에도 없을 장벽이 여전히 존재한다. 2014년 실시된 어떤 설문 조사를 보면, 통일된 지 25년이 지났음에도 옛 서베를린 사람들은 주로 '자신들의' 동물원을 찾고 옛 동베를린 사람들도 그들의 동물원을 주로 방문한다.

다른 동물원들도 경쟁에 나서고 있다. 베를린 중앙역에서 환승하는 사람은 하노버와 라이프치히 동물원이 관람객들을 끌기 위해 설치한 큰 광고판을 보지 못하고 지나칠 수 없다. 두 동물원은 지난 20년 동안 각각 1억 유로 이상을 들인 시설 현대화를 얼마 전 마쳤다. 1990년대 초 문을 닫을 지경까지 갔던 두 곳은 이제 베를린의 동물원 두 곳에서 관람객들을 빼앗아 가려 경쟁하고 있다. 직행 철도 덕분에 베를린에서 두 곳에 가는 데 걸리는 시간은 1시간 30분 정도에 불과하다.

베를린 장벽이 무너진 뒤 티어파르크의 홍보 활동은 드물어졌으며, 놀이 시설이 없고 내부에서 이동해야 하는 거리가 길어 아이가 있는 가족은 방문을 꺼렸다. 티어파르크 근처에 사는 가족들조차 주말에 40㎞ 떨어진 에베르스발데 마을 여행을 선호한다. 그곳에 있던 옛 향토 동물원은 소규모 가족 친화 동물원으로 탈바꿈했다. 일부 베를린 주민, 특히 새로 이주한 주민들은 티어파르크가 있는 줄도 모르거나 티어가르텐이라는 비슷한 이름의 동물원 옆 공원과 혼동하기도 한다.

공공자금에 의존하는 티어파르크와 달리 베를린 동물원은 매년 300만 명의 관람객을 끌어들이며 흑자를 내고 있다. 베른하르트 블라스키비츠에 이어 2014년 원장이 된 안드레아스 크니림은 15년에

   타인의 동물원: 동서 베를린 동물원의 무한경쟁

걸쳐 동물원 두 곳을 현대화하려는 중이다. 하지만 그조차도 처음에는 베를린에 동물원이 정말 두 곳이나 필요한지 자문해야 했다.

베를린 동물원이 그 어떤 동물원보다 더 많은 동물 종을 보유하고 있겠지만, 공간이 협소해 옛 서베를린의 잔재와 같은 느낌을 준다. 확장할 여지가 많지 않고, 휴일에는 관람로와 건물이 사람들로 혼잡하다. 크니림은 동물원장에 취임하고 얼마 안된 시점에 "베를린에 동물원이 '한 곳'만 있었다면 이젠 두 번째 동물원을 지어야 했을 것이다."라고 결론지었다.

*

베를린 장벽이 무너지고 냉전이 끝나면서 국가 간 동물 선물은 드물어졌다. 1991년 헬무트 콜 총리가 인도네시아에서 코모도왕도마뱀을 베를린 수족관으로 가져왔고, 2007년엔 호르스트 쾰러 대통령이 마다가스카르에서 야행성 여우원숭이 중에서도 드문 아이아이(마다가스카르손가락원숭이)를 받아 왔다. 그러나 판다 외교 시절은 끝났다. 오늘날 중국에서 외국 동물원으로 보내는 동물은 중국이 매년 100만 유로(16억원) 정도를 받고 빌려주는 것이다.

동물원 내부적으로는 정치 체제에서 생태계로 강조점이 변했다. 동물원들은 자신들의 임무를 자연 서식지와 비슷한 환경에서 야생 동물종의 대표 격인 동물을 전시하는 것으로 설정하고 있다. 이제 판다를 유리로 된 단순한 건물에서 전시하는 것으로는 충분하지 않다. 오늘날에는 판다가 어떻게 생겼는지 누구나 알고, 사람들은 사라질 위기에 처한 서식 환경을 알려고 동물원을 찾는다.

우리 시대의 동물원은 귀족들이 이끄는 자급자족 봉토가 더는 아니고, 대부분의 작업은 동료 기관들과 협력해 처리한다. 그리고 동물 대다수는 이제 거래되지 않는다. 동물을 포획하는 일은 거의 사라졌고 동물 무역회사는 동물원들끼리 공유하는 동물종을 운송하는 일만 처리한다. 현대의 동물원은 자신들이 보유한 멸종 위기종을 직접 번식시키고, 가능하면 적합한 보호구역에 풀어주려 한다. 프르제발스키말이라면 몽골에, 수염수리라면 알프스 산맥에 풀어주는 식이다. 그럼에도 동물원들이 새로운 자금원을 모색하거나 동물을 전시하는 매력적인 방법을 고안할 때는 여전히 서로 경쟁한다. 그러나 경쟁은 정치적이지 않고 경제적이다. 모든 일은 관람객의 구미에 맞추도록 돌아간다.

사람도, 곰도 아닌

하인리히 다테는 동물원이 '주로 사람들을 위한 것'이라고 확신했고, 이 점에 있어서 그와 하인츠-게오르크 클뢰스는 의견이 일치했다. 오늘날 동물원 관람객들은 환경 파괴와 더 나은 자연 보전 방법에 대해 배운다. 그러나 동물원 구경을 마치면 기분도 좋아질 것이다. 실제로도 그렇다. 독일동물원협회VdZ(옛 독일동물원장협회) 통계를 보면 2014년에 독일의 동물원Zoo과 '동물 공원Tierpark', 들짐승 보호 구역을 찾는 방문자 수는 6,500만 명으로, 독일에서 가장 인기 있는 여가 시설 중 하나다. 그럼에도 동물원은 그 어느 때보다 동물권리 운동가들의 비판을 강하게 받고 있다. 이런 비판은 다테나 클뢰스가 거의 접해 본 적 없는 것이다. 그들의 시대에 유일한 동물원 비판자는 입장료에 불만을 터뜨리거나 동물들에게 먹이를 주지 못해서 화

 타인의 동물원: 동서 베를린 동물원의 무한경쟁

를 내는, 가끔 오는 관람객들뿐이었다.

크누트라는 북극곰의 슬픈 사연은 오늘날 동물원들이 씨름하는 모든 문제와 과제를 조명한다. 베를린 동물원에서는 30년 이상 북극곰이 태어나지 않다가 마침내 2006년 12월 크누트가 태어났다. 그러나 어미가 출산 직후 돌봐 주지 않아 시작부터 삶이 고달팠다. 사육사 토마스 되르플라인이 몇 달 동안 24시간 내내 크누트를 돌보는 임무를 맡았다.

티어파르크 베를린에서는 1986년부터 2006년까지 7마리의 북극곰이 태어났지만, 누구도 크누트 같은 관심을 끌지 못했다. 크누트는 동물로는 첫 번째 인터넷 명사가 되었다. 한때 베를린 사람들이 판다 츠츠를 보려고 수천 명씩 프리드리히스펠데로 몰려갔듯이, 이제 전 세계 북극곰 애호가들과 언론인들이 베를린 동물원의 곰 우리로 몰렸다. 크누트는 몇 달 동안 관람객들이 앞다퉈 몰려들게 만들었고, 그해 동물원 매출은 500만 유로에 달했다. 동물원은 크누트 이름을 상표로 등록했고, 이 곰에 열광하는 분위기를 이용하려 했다. 크누트는 야생 북극곰과 위기에 처한 그들의 북극 서식지를 위한 대사로 임명되었다. 지그마어 가브리엘 독일 환경부 장관은 크누트를 포옹하는 공식 행사에 갈색기가 도는 노란색 파카를 입고 직접 나왔다. 이 복장은 녹아내리는 극지방의 빙하를 상기시키려는 발상에서 나온 것이다.

시간이 흘러 크누트는 미숙한 청년으로 자랐다. 하얗던 털은 이제 가브리엘의 파카와 같은 색이 되었다. 그럼에도 크누트 숭배는 지속되었다. 특히 사육사 되르플라인이 갑자기 심근 경색으로 숨진 뒤 더욱 강해졌다. 어떤 관람객들은 크누트의 눈에 슬픔이 깃든 게 보인다고 주장했다.

이 북극곰이 더 큰 시설로 옮기자, 그곳에 살던 암컷이 적대감을 드러냈다. 분노한 광팬들은 크누트가 '폭도질의 피해자'라며 그를 보호하라고 강하게 요구했다. 그러던 와중인 2011년 3월 크누트가 동물원 관람객들이 보는 앞에서 갑자기 죽었다. 과학자들은 4년이나 사망 원인을 조사했다. '라이프니츠 동물원과 야생 연구소'의 알렉스 그린우드는 사인 발표 회견에서 "압박이 엄청났다."라고 말했다.

크누트의 짧은 삶에서 가장 비극적인 부분은 삶이 끝난 방식이었다. 많은 사람이 대중 스타처럼 숭배하던 이 북극곰은 과거엔 사람에게서만 관찰되던 뇌질환으로 죽었다.

기억 속으로 스러지다

표면적으로는 하인츠-게오르크 클뢰스가 라이벌 경쟁에서 하인리히 다테를 앞섰다. 새 천년에 접어들고도 한참 동안 클뢰스는 베를린의 동물원 두 곳을 관장하는 감사회의 막후 인물로 영향력을 행사했다. 그의 아들 하이너 클뢰스는 "아버지에게 다른 삶은 없었다. 그에겐 동물원뿐이었다."라고 말했다. 이 발언은 용서하는 말이자 비난하는 말로 들린다.

클뢰스가 물러날 채비를 마쳤을 때, 동물원 감사회는 하이너에게 동물원장직을 약속했지만, 클뢰스는 결국 아들이 대를 잇게 하는 데 실패했다. 그가 희망한 왕조는 이뤄지지 못했다. 추밀 고문관 루트비히 헤크와 그의 아들 루츠는 베를린 동물원을 60년 이상 이끌어왔다. 그러나 당시는 19, 20세기였고, 이제 시대가 바뀌었다.

타인의 동물원: 동서 베를린 동물원의 무한경쟁

말년에 클뢰스의 위세가 줄면서 그의 영향력도 약해졌다. 세간의 주목도 받지 못했다. 오랜 지인이자 베를린 훔볼트대학의 수의학과 교수가 2014년 봄에 클뢰스를 방문했을 때, 한때는 묘안을 내놓고 누구에게든 기부금을 요구하던 인물의 모습을 찾기 힘들었다. 중년에도 소년 같은 모습이 있던 클뢰스는 이제 늙어 보였다. 그는 손님을 알아보는 데 애를 먹었지만, 누구와 대화하는지 모른다는 사실을 숨기려 애썼다.

두 사람은 클뢰스가 가장 좋아하는 하마 이야기를 나눴다. 클뢰스는 여전히 동물학에 관심이 컸고, 두 사람의 대화는 클뢰스가 "피곤하군요."라고 말할 때까지 꽤 오래 이어졌다.

6개월 뒤인 2014년 7월 28일 하인츠-게오르크 클뢰스가 여든여덟 살의 나이로 숨졌다.

다테에겐 그냥 굴러들어 간 것 같던 세상의 인정을 클뢰스 자신도 받으려 내내 애썼고, 실제로 그는 경쟁자 다테보다 30년 이상 더 살았다. 클뢰스의 시대가 저물자, 대중은 그의 죽음에 주목하지 않았다. 47년 전 동물원에 처음 왔을 때 받은 관심보다 클 것이 없는 관심이 고작이었다. 동물원 직원들과 시장의 간단한 논평, 그리고 관료적인 표현의 추도사 몇 개가 전부였다.

클뢰스는 30년 이상 베를린 동물원을 대표했지만, 길게 보면 일개 동물원장의 지위를 넘지 못했다. 클뢰스는 2차 세계대전 이후 베를린 동물원에 생물 다양성이 세계 최고라는 예전의 지위를 되찾아 줬지만, 그 자신은 자신의 동물원만큼 위대해지지 못했다.

하인리히 다테는 언제나 프리드리히스펠데 역사의 한쪽 그 이상이었다. 그는 초대 동물원장이었고, 거의 40년 동안 티어파르크 동물원을 '건설했다.' 그의 슬픈 최후가 그를 침몰하는 동독의 순교자로 영웅시하게 만들었고 그를 내모는 방식이 경솔하고 불명예스러웠지만, 진실은 다테가 너무 오래 동물원에 머문 탓에 저런 꼴을 당했다는 것이다.

관리의 명수 클뢰스가 동물원들의 권력 정치 전쟁에서 승리했을지라도, 베를린 사람들이 기억하는 바로는 교육자 다테가 승자였다. 지역 중학교와 광장 한 곳의 명칭에 그의 이름이 들어간 반면, 클뢰스의 이름이 들어간 곳은 본인이 직접 만든 재단뿐이다. 오늘날 다테는 근대 독일 동물원의 대부로 인정된다. 클뢰스는 그저 냉전 시절 동안 동물원장을 지낸 인물일 뿐이다.

그러나 그리 오래되지 않은 과거의 여러 해 동안 두 사람은 대등했다. 각자의 동물원을 베를린 외부에서도 유명하게 만든 주요 인물이라는 점에서 말이다. 대결의 시대, 베를린 동물원 두 곳이 정치의 장이었고, 분단 도시의 주민 모두가 동물원 지킴이들의 전쟁에 개입하던 시절, 두 사람은 '냉전의 전사'였다.

카타리나 하인로트^{Katharina Heinroth}는 베를린 장벽이 무너지는 것을 거의 볼 뻔했다. 이 베를린 동물원 전 원장은 1989년 10월 20일 숨졌다. 유언에 따라 동물원 부지 안에 있는 자신의 남편 오스카어 옆에 묻혔다.

츠츠^{Chi Chi}는 1958년 런던으로 옮긴 뒤 다시 국제 언론의 주목을 받았다. 암컷 판다가 성적으로 성숙해지면 새끼를 낳길 기대하지만, 유럽에는 판다가 딱 한 마리 더 있을 뿐이었다. 모스크바 동물원에 사는 안안이라는 수컷이었다. 희귀한 새끼 판다를 바라는 마음이 정치적 불안보다 더 강하다는 게 확인되었다. 두 동물원이 1966년 3월 츠츠를 모스크바로 보내기로 합의한 것이다. 츠츠는 거기서 7개월을 머물렀고 안안의 몸에 상처를 꽤 남겼지만, 둘의 접촉은 거기

---

13 영어 번역본과 달리 독일어 원전처럼 사건 발생 순으로 기록함.

까지였다. 츠츠는 10월에 런던으로 돌아왔고 결국 여기서 16세 때 죽었다.

로타어 디트리히 Lothar Dittrich는 1993년 하노버 동물원에 조기 은퇴를 신청했다. 그는 자신이 동물원을 위기에서 구하는 데 도움이 안 된다고 느꼈다. 우리가 낡아서 수리가 필요했지만 투자할 돈도, 관람객도 없었다. 그래서 자기 아버지가 언젠가 해준 조언을 따랐다. "좋은 행보를 할 수 없게 되면 그때가 떠날 때다." 그는 다테와 같은 운명을 피하고 싶었다. 디트리히는 아주 오래도록 자신을 뒷바라지한 부인에게 부인이 원하는 것을 하자고 약속했다. 두 사람은 함께 『14~17세기 회화 속 상징으로서 동물』이라는 책을 썼다.

투피Tuffi는 알트호프 서커스단의 간판 코끼리로 살았으나, 1968년 서커스단이 운영을 중단하면서 프랑스의 알렉시스그뤼스 서커스단으로 보내졌다. 이 암컷 코끼리는 1989년 43세로 죽을 때까지 이 서커스단에 계속 있었다.

코스코Kosko는 티어파르크의 가장 나이 많은 암컷 코끼리인데, 1994년 청년기 수컷 앙코르에게 꼬리를 물렸다. 이 때문에 병균에 감염돼 수술이 필요했다. 코스코는 마취에서 깨어나지 못하고 38세에 죽었다.

랄프 빌란트 Ralf Wielandt는 1966년부터 2005년까지 베를린 동물원 하마 부문 책임자로 일했다. 그사이에 새끼 16마리가 태어났다. 그

    타인의 동물원: 동서 베를린 동물원의 무한경쟁

의 동료들은 그가 암컷 하마에 대한 육감이 있어서 발정기가 언제인지를 수컷 하마보다 먼저 안다고 주장했다. 빌란트는 이 말을 항상 웃어넘겼다. 빌란트는 베를린 동물원에서 가장 오래 일한 사육사이며 48년 근무한 뒤 2005년 은퇴했다. 요즘도 그는 하마 구역에 자주 나타난다. 그래서 동료들은 "웬일이에요?"라고 반응하는 게 아니라 "또 오시니 좋군요."라고 인사할 정도다.

팔크 다테 Falk Dathe는 드레스덴 동물원 원장 자리를 거절하고 티어파르크에서 파충류 부문 책임자로 남았다. 그는 2016년 은퇴할 때까지 티어파르크에서 동물 부문 책임자로 계속 일했다.

마오Mao는 1957년 티어파르크에 온 양쯔강악어다. 다테 시절부터 지금까지 살아남은 유일한 동물이며, 여전히 프리드리히스펠데 악어관에 산다.

베른트 마테른 Bernd Matern은 서독으로 탈출하려다 붙잡혔다. 감옥에서 풀려나 서독 정착이 허용된 후, 1960년대 중반 실습생으로 프랑크푸르트 동물원에서 일을 시작했다. 그는 나중에 사육사이자 수의사가 된다. 1991년 하인츠-게오르크 클뢰스가 그에게 베를린 동물원 원장직을 제안했지만, 마테른은 거절했다. 그는 프리드리히스펠데 시절부터 아는 사육사가 너무 많았다.

볼프강 게발트 Wolfgang Gewalt는 1993년 은퇴했다. 마지막까지 뒤스부르크 동물원에 남아 있던 흰 고래가 미국 샌디에이고로 떠난 지

11년 만의 일이다. 게발트는 슈바르츠발트 삼림 지대에서 은퇴 생활을 하다가 2007년 4월 26일 78세의 나이로 숨졌다. 공식 사인은 사고사다. 그를 기리기 위해 뒤스부르크 동물원에 전시하던 그의 흉상이 2010년에 도난당했다. 그의 전임자 한스-게오르크 티네만의 흉상은 그대로 있었다. 2년 뒤 뮐하임 안 데어 루르의 남성 기숙 시설에서 여성 청소원이 청소도구 보관실에서 도난당한 흉상을 우연히 발견했다. 뒤늦게 게발트에게 항의하는 행위로 흉상을 훔쳤는지 여부는 여전히 의문으로 남아 있다. 동물학자들이 전문가 사이에서는 높은 평가를 받아도 대중들의 적대감에 자주 맞닥뜨린다는 건 분명한 사실이다.

하이너 클뢰스 Heiner Klös는 베를린 동물원 감사회로부터 자기 아버지를 이어 동물원장에 취임하도록 승인받았지만, 나중에 하이너의 경험 부족이 부각되면서 승인이 취소되었다. 아무튼 그는 자녀들에게 이사 가는 부담을 주지 않으려고 베를린에 남았다. 그는 이 책을 쓰는 지금 동물원의 포식 동물 책임자로 있다.

외르크 아들러Jörg Adler는 뮌스터의 전천후 동물원에서 막 일을 시작한 어느 날 서재에 앉아 있다가 주위가 고요하다는 것을 문득 깨달았다. 시계를 봤다. 오후 5시 15분이었다. 다들 어디 갔지? 그가 중요한 회의를 잊은 것 같았다. 그는 아직 초짜였다! 불안한 마음에 무슨 영문인지 보려고 다른 사무실들을 돌아다녔다. 그런데 아무도 없었다. 일이 저녁까지 이어지는 라이프치히와 달리, 모두 퇴근한 뒤였다. 초기에 아들러는 동독의 붙임성 있는 친근함을 그리워했다.

 타인의 동물원: 동서 베를린 동물원의 무한경쟁

그러나 모든 문의 손잡이가 제대로 작동하고 지붕에서 물이 새지 않는 데 감사했다. 아들러는 1994년 뮌스터 동물원 원장에 임명되었고, 2015년 은퇴할 때까지 원장 자리를 지켰다.

바오바오Bao Bao는 1991년 신혼 첫날을 위해 런던 동물원으로 갔지만, 신부와 잘 지내지 못하고 2년 뒤 뚱뚱해져 베를린으로 돌아왔다. 1995년 새 짝 옌옌을 만났지만 새끼를 낳지 못했다. 옌옌이 2007년 죽은 뒤 바오바오는 홀로 지냈다. 2012년 34세로 죽었을 때 전 세계 동물원의 판다 중 가장 나이가 많았다. 2017년 베를린 동물원은 중국에서 젊은 판다 한 쌍을 빌렸다. 암컷의 이름은 작은 꿈이라는 뜻의 '멍멍', 수컷의 이름은 작고 사랑스럽다는 뜻의 '자오칭'이었다.

파트리크 뮐러 Patric Müller는 1992년까지 티어파르크에서 코끼리들과 머물렀다. 그해에 새 동물원장 베른하르트 블라스키비츠와 말다툼을 한 뒤 발굽 있는 동물 담당으로 옮겼으며 코끼리관 출입을 금지당했다. 뮐러는 결국 함부르크에 있는 카를 하겐베크의 동물원으로 옮겨 2년 동안 코끼리 사육사로 일했다. 요즘은 베를린의 페터 레네 학교에서 훈련생들에게 사육 기술을 가르친다.

감사의 글

먼저 자신들의 아버지 하인리히 다테와 하인츠-게오르크 클뢰스에 대해 아주 자세하게 이야기해 준 팔크 다테와 하이너 클뢰스에게 감사를 표하고 싶다. 이 책 작업 초기부터 후하게 지원해준 베를린 동물원과 티어파르크의 원장 안드레아스 크니림에게도 감사한다.

결코 하나의 진실만 존재하지는 않는다. 특히 오늘날까지도 감정이 개입되는 두 베를린 동물원의 폭발적인 관계의 경우는 말이다. 나의 일관된 목표는 두 동물원의 관계와 주요 인물 두 사람의 관계를, 할 수 있는 한 최대로 다면적인 모자이크 형태로 묘사하는 것이었다. 이 과정에서 많은 사람이 다양한 기억, 직관, 제안을 제공해 주었다. 이런 도움을 준 이들을 먼저 열거하고 싶다.

외르크 아들러, 라르스 브란트, 라인하르트 코펜라트, 로타어 디트리히, 발터 엥케, 테오도어 히페, 헬무트 회게, 위르겐 야어, 만프레트 코퍼슐레거, 위르겐 랑에, 베른트 마테른, 레지 몬하우프트, 게르트 모르겐, 파트리크 뮐러, 베르너 필리프, 미케 로셔, 카르스텐 쇠네, 울리히 쉬러, 잉게 지버스슈뢰더, 마르틴 슈투머, 하인츠 텔바흐, 프란스 판덴브링크, 랄프 빌란트, 라이너 치거. 이들 모두에게 감사드린다.

베를린 동물원과 티어파르크의 문서고에서 사진 자료를 제공한 마르티나 보르헤르트와 클라우스 루들로프, 그리고 동독 비밀경찰에 대한 통찰력을 준 '베를린장벽 기념관'의 카트린 파센스, 나치에서 베를린 동물원의 역할에 대한 정보를 제공한 클레멘스 마이어-볼트하우젠에게도 감사를 전하고 싶다. 원고 교열과 수정 제안은 물론 동독의 일상생활과 동물 사육에 대한 단서까지 제공한 브루노 트로이에게 감사한다. 인물 접촉과 인터뷰 제안을 해준 크리스티아네 라이스, 브루노 헨젤, 디르크 페츌트에게 특별히 감사한다.

그리트 퇴니센과 클라우스 페터는 내가 베를린 도서관과 문서고에서 종일 연구를 한 뒤 호텔 방에 돌아가서 지쳐 떨어지지 않게 해준 고마운 분들이다. 두 사람은 나를 받아 줬고, 기록 자료를 얻는 것도 도와 주었다.

나를 믿고 지원해 준 한저 출판사의 편집자들인 니콜라 보트만-헨슬러, 크리스티안 코트에게도 감사를 전한다. 내 에이전트 토마스 횔츨의 선견지명과 더불어 이 책 제안, 원고에 대한 비판적 평가에 대해서도 감사하게 생각한다. 덕분에 책이 훨씬 좋아졌다. 동료적 협조와 아량으로 내가 「타게스슈피겔」 신문에 동물원에 대한 글을 쓰게 도운 아네테 쾨겔 그리고 동물원에 대해 책을 쓸 아이디어를 궁극적으로 제시한 옌스 뮐링에게 특히 감사한다.

나는 열네 살 때부터 동물원에 끌렸다. 동물원에 자주 갔을 뿐 아

　타인의 동물원: 동서 베를린 동물원의 무한경쟁

니라 전체 동물 우리를 모두 둘러볼 만큼 오래 머물렀다. 이를 참아 줄 뿐 아니라 기꺼이 동행해 준 가족들에게 얼마나 감사한지 모두 표현할 수 없다.

　마지막으로 줄리아네 쿤스의 지원과 조언, 날카로운 직관, 비판 그리고 무엇보다 지금도 (동물원에) 싫증을 내지 않는 것에 대해 고맙게 생각한다.

주요 동물에 관한 간략한 소개[14]

1장

오록스(Aurochs)

소의 일종으로, 유럽을 중심으로 유라시아 대륙 각지에 넓게 분포하고 있었으나 17세기에 멸종했다. 키는 150~180㎝, 몸무게는 500~1,500kg 정도다. 몸의 빛깔은 수컷이 흑갈색 또는 흑색, 암컷은 갈색이다. 뿔은 80㎝ 정도다.

멧닭(black grouse)

북아메리카, 북유럽, 아시아 북부 등지에 분포하는 새다. 몸길이가 수컷 약 54㎝, 암컷 약 41㎝이다. 수컷은 검은색이며 머리와 목, 배는 푸른 광택을 띤다. 목둘레와 아래쪽 등, 허리는 옅은 녹색 빛이

14　등장 순서에 따라 장별로 정리하되, 유사한 동물은 모아서 소개하고 괄호 안에 장을 따로 표기했다.

돈다. 암컷의 배는 암갈색에 회색을 띠며 깃털에는 검은 가로무늬와 얼룩무늬가 있다. 한국에서는 2002년 처음 관찰되었다.

태즈메이니아 데빌(태즈메이니아 주머니곰, Tasmanian devil)

오스트레일리아 태즈메이니아섬에 분포하는 유대류(有袋類, 암컷에 육아 주머니가 있는 포유류) 동물이다. 털색은 검은색 또는 짙은 갈색이며, 앞가슴에 흰색 초승달 모양의 무늬가 있다. 유대류 중 가장 크며, 머리와 몸의 길이는 57~65㎝, 몸무게는 6~8kg 정도다. 아주 거슬리는 울음소리 때문에 '데빌(악마)'이라는 이름이 붙었다. 1941년부터 공식적으로 보호받고 있다.

동갈치(garpike)

강 하구 인접한 연안에서 주로 서식하는 어류로 몸길이는 1m에 이른다. 아래쪽 옆면과 복부의 색은 은백색이며, 등과 위쪽 옆면은 연청색이다. 주둥이가 심하게 돌출되어 있다. 군산, 해남, 통영, 여수 등에 서식하며, 일본, 중국, 태평양에도 분포한다.

맥(tapir), 말레이맥(Malayan tapir), 산악맥(mountain tapir)

맥은 맥속(Tapirus)에 속하는 포유류 동물로, 5가지 종류가 있다. 말레이맥(5장)은 말레이반도, 인도네시아, 타이 등에 서식한다. 몸의 전반부와 다리가 흑갈색이고 다른 부분은 회백색이다. 맥 중에 가장 커서, 몸길이가 최대 2.5m까지 자란다. 무게는 250~320kg에 이른다. 산악맥(5장)은 안데스산맥에 분포하며, 온몸이 갈색이다. 길이는 1.8m, 어깨까지의 키는 1m 정도까지 자란다. 무게는 최대 250kg

정도다.

영양(antelope), 닐가이영양(nilgai antelope)

영양은 염소를 닮은 야생동물로, 종류가 대단히 많다. 대부분은 아프리카, 중동, 인도, 중앙아시아 등에 분포한다. 닐가이영양(2장)은 인도, 네팔, 파키스탄 등에 서식하며 아시아의 영양 가운데 가장 큰 종이다. 어깨까지의 키는 최대 1.5m, 수컷의 무게는 290kg까지 나간다. 암컷은 100~210kg 정도다.

2장

벌새(hummingbird)

아메리카 원산이며 중앙아메리카와 남아메리카에 많이 서식하는 작은 새다. 가장 작은 종은 몸길이가 약 5㎝ 정도이고, 큰 종은 23㎝에 이른다. 벌처럼 공중에 정지해 꿀을 빨아먹는다. 긴 혀로 꽃 속의 꿀, 곤충, 거미 등도 끌어내어 먹는다. 전 세계에 약 370여 종이 있으며, 2025년 현재 21종이 멸종 위기종으로 분류되어 있다.

큰박쥐(flying dog), 날여우박쥐(flying fox)

큰박쥐는 큰박쥐아목에 속하는 박쥐의 총칭이다. 덩치가 아주 크며 채식성이다. 다른 박쥐목에 속하는 박쥐들과 달리 초음파를 이용해 방향을 감지하지 못한다. 대신 시각과 후각이 발달했다. 날여우박쥐(5장)는 큰박쥐과에 속하며, 현재 60여 종이 열대와 아열대 기후 지역 등에서 서식하고 있다.

먹황새(black stork)

황새과에 속하는 큰 새다. 부리 끝에서 꼬리 끝까지 길이가 평균 95~100㎝이며 몸은 전체적으로 녹색 광택이 있는 검은색이다. 부리와 다리, 눈 주위가 붉고, 가슴과 배는 하얗다. 유라시아의 온대 지역과 남아프리카에서 번식하고 인도와 중국 남부에서 겨울을 난다. 한국에서는 매우 드물게 서해안 지역을 통과하며, 천연기념물 200호로 지정해 보호하고 있다.

라마(llama), 과나코(guanaco)

라마는 낙타과의 동물로 남아메리카 안데스산맥에 분포한다. 안데스 고지대에서 물건 운반용 가축으로 활용된다. 목이 길고 다 자라면 키는 1.7~1.8m, 몸무게는 100kg 정도에 이른다. 과나코는 가축으로 길들여진 라마와 비슷한 동물이며 높은 산지에 야생한다. 서식 개체 수는 2016년 현재 150만~200만 마리로 추정된다.

안경곰(spectacled bear), 아메리카검정곰(American black bear)

안경곰은 남아메리카 안데스산맥이 원산인 곰이다. 눈 주위의 흰 털이 마치 안경처럼 보여서 안경곰으로 이름이 붙었다. 다른 곰들과 달리 대체로 채식을 한다. 서식지가 계속 파괴되면서 개체 수가 줄고 있다. 몸무게는 100~200kg 정도다. 아메리카검정곰(4장)은 미국과 캐나다에 주로 서식하는 곰이다. 숲에 주로 살고, 몸길이는 1.2~2m 정도이며 몸무게는 수컷의 경우 250kg까지 이른다. 암컷의 몸무게는 이보다 30% 정도 덜 나간다. 멸종 걱정이 없는 종으로 분류되어 있다.

3장

인도혹소(zebu, Indian humped cattle)

인도 등 남아시아에서 생산된 소다. 어깨의 지방질 혹, 늘어진 턱살이 보통의 소와 구별되는 외형적 특징이다. 고온에 잘 적응한다. 6,000~7,000년 전 현재의 파키스탄 지역에서 처음 가축화한 것으로 추정된다.

사자꼬리원숭이(lion-tailed macaque), 긴팔원숭이(gibbon), 아이아이(aye-aye)

사자꼬리원숭이는 인도 남서쪽 서고츠산맥 고유의 원숭이다. 꼬리 모양이 사자와 비슷하다. 몸통의 털은 검은색이고 얼굴 주변의 털은 회색이나 은색이다. 긴팔원숭이(5장)는 인도 북동 지역에서 인도네시아에 이르는 열대, 아열대 우림에 분포한 원숭이다. 침팬지, 고릴라보다 덩치가 작다. 아이아이(마다가스카르손가락원숭이, 8장)는 아프리카 마다가스카르 섬에 사는 원숭이다. 세계에서 가장 큰 야행성 영장류이며 딱따구리와 비슷하게 나무를 두드려 구더기 등의 먹이를 찾는다.

메이산 돼지(Meishan pig)

중국 장쑤성 메이산의 지명이 붙은 돼지로, 큰 귀가 늘어져 있고 피부에는 주름이 많다. 덩치는 그리 크지 않다. 한 번에 15~22마리의 새끼를 낳는 것으로 유명하다. 미국 가축보존단체에서 2018년 멸종 위기종으로 평가한 바 있다.

4장

붉은사슴(red deer), 베트남 꽃사슴(Vietnamese sika deer), 문착(muntjac), 다마사슴(fallow deer)

붉은사슴(또는 말사슴)은 유럽 전역과 서아시아 일부 지역에 분포하는 덩치 큰 사슴이다. 다 자란 수컷은 길이가 1.75~2.5m에 이르며 몸무게는 160~240kg 정도다. 목둘레에 어두운 색 털이 있다. 베트남 꽃사슴은 일본에 많은 꽃사슴의 아종으로, 다른 지역의 꽃사슴보다 덩치가 작은 편이다. 베트남 북부와 중국 남서부 등에서 발견됐으나, 이제는 거의 멸종한 것으로 추정된다. 문착(6장)은 동남아시아에서 주로 발견되는 작은 사슴이다. 다마사슴(8장)은 유럽에 주로 분포하는 유럽 다마사슴과 중동에 분포하는 페르시아 다마사슴으로 나뉜다. 유럽의 분포 지역은 지중해 연안과 소아시아 지역이며, 페르시아 다마사슴은 이란과 이스라엘 등에서 발견된다.

5장

러셀살무사(Indian chain viper)

인도에 주로 서식하는 치명적인 독사다. 길이는 평균 1.2m 정도이며, 인도의 4대 독사 가운데 가장 위험한 뱀으로 알려져 있다. 경작지부터 열대우림까지 분포 지역이 넓고, 사람이 사는 지역에서도 많은 피해를 끼친다. 독은 혈전증을 유발하며, 혈액 응고 진단에 널리 활용된다.

칡부엉이(long-eared owl)

몸길이는 약 38㎝이며 몸 전체가 황갈색을 띤다. 가슴과 배, 꼬리에는 짙은 갈색 무늬가 많다. 한국에서는 10~11월에 전국에서 흔히 볼 수 있었으나, 최근에는 개체 수가 크게 줄었다. 천연기념물로 보호된다. 국제적으로는 유라시아, 북아메리카 등에 주로 분포한다.

느시(Great Bustard)

한반도에서는 보기 드문 겨울철새다. 몸은 전체적으로 황갈색이고 가슴에 적갈색의 띠가 있다. 목과 다리가 길고, 몸은 통통하고 큰 체형을 지녔다. 몸무게는 3~18kg 정도다. 독일·헝가리 등 유럽에서는 온대의 건조한 황토 지대에 주로 서식했고, 최근엔 농경지와 목초지에서도 서식한다. 모로코, 시베리아, 중국 동북부 등에서도 볼 수 있다. 한국에서는 2001년 강원도 철원, 2017년 1월 경기도 여주에서 관찰한 기록이 있다.

큰돌고래(bottlenose dolphin), 커머슨돌고래(Commerson's dolphin 또는 jacobita), 아마존강돌고래(Amazon river dolphin 또는 Orinoco river dolphin)

큰돌고래는 가장 흔히 알려진 돌고래에 속한다. 태평양, 대서양, 인도양의 온대, 아열대, 열대 바다에 널리 분포한다. 대략 15마리 정도가 집단생활을 한다. 커머슨돌고래는 남아메리카 남쪽 끝 해안에 주로 서식하며 1984년에 마젤란 해협 주변에서 조사한 결과 3,200마리가 사는 것으로 추정되었다. 아마존강돌고래는 민물에서 사는 '강돌고래' 중 가장 크다. 수컷의 무게는 최대 185kg까지 나가고 길이는 2.5m까지 자란다.

칼새(swift)

제비와 외형이 비슷하지만 계통이 다른 새다. 동아시아에 주로 서식한다. 민첩하고 빠르게 난다. 칼새과의 새 중 유럽칼새는 최대 시속 110㎞로 날 수 있다. 한 해의 이동 거리는 20만㎞에 달한다. 바늘꼬리칼새는 최고 시속 170㎞까지도 속도를 낼 수 있다.

벨루가(beluga)

북극 주변 해역, 특히 알래스카, 캐나다 북부, 그린란드 서부, 러시아 북부 해안이 주요 서식지다. 순백색의 피부와 돌출된 이마가 특징이며 흰고래라고도 불린다. 길이 5.5m, 몸무게 1.6t까지 자란다. 2006년에 실시한 연구 결과, 70~80살까지 사는 것으로 추정되었다.

금강앵무(macaw)

꼬리가 길고 색이 화려한 앵무새로, 주요 서식지는 아메리카 대륙의 우림이다. 부리가 상대적으로 크고 꼬리는 길다. 씨앗, 견과류, 야자 등을 주로 먹고 산다. 대부분의 금강앵무는 멸종 위기를 맞고 있다. 스픽스금강앵무는 야생에서 멸종되었고, 글라코스금강앵무도 거의 멸종 상태다.

북방푸두(northern pudu)

콜롬비아의 안데스산맥, 베네수엘라, 페루, 에콰도르 등이 원산이며 사슴 중에서 가장 작다. 키는 32~35㎝, 몸무게는 3.3~6㎏ 정도다. 뿔은 6㎝ 정도까지 자라며 뒤쪽으로 휘어져 있다. 해발

2,000~4,000m의 고지대에 산다. 멸종 위험에 대해 평가할 자료조차 부족한 종이다.

7장

아프리카펭귄(African penguin)

아프리카 남아프리카공화국과 나미비아에 사는 펭귄으로, 줄무늬펭귄속에 속한다. 몸무게는 2.2~3.5kg까지 자라고, 키는 60~70㎝ 정도다. 눈 위쪽이 연분홍색을 띠는 것이 두드러진 외관상 특징이다. 물고기와 오징어를 주로 먹고 산다. 펭귄 가운데서도 멸종 위험이 가장 큰 종이다. 2019년 현재 2만 쌍만 남은 것으로 추정된다.

구피(guppy)

카리브해와 브라질, 베네수엘라 원산의 열대 어류다. 암컷은 특별한 무늬가 없으나, 암컷보다 작은 수컷은 화려한 꼬리와 지느러미가 있다. 퇴적물의 조류(말무리), 곤충의 유충 등을 먹고 산다. 물이 빠르게 흐르는 큰 강보다 작은 개울이나 저수지에 많이 서식한다.

8장

오카피(okapi)

아프리카 콩고민주공화국 원산의 기린과 포유류다. 몸은 짙은 갈색이나 자주색이며 다리에 얼룩무늬가 있다. 긴 혀로 나뭇잎을 먹는다. 어깨까지의 키는 1.5m이고 몸무게는 200~350kg이다. 해발

500~1,500m의 숲에 산다. 멸종을 막기 위해 오카피 야생보호구역이 지정되는 등 보호를 받고 있다.

수마트라 코뿔소(Sumatran rhinoceros), 인도 코뿔소(Indian rhinoceros)

수마트라 코뿔소는 현존하는 5종의 코뿔소 중 희귀한 종으로 꼽힌다. 코뿔소 중에서는 가장 작은 편이며, 평균 몸무게는 700~800kg이다. 한때는 말레이시아와 인도네시아, 타이, 미얀마 등에서 서식했으나, 현재는 야생에서 거의 찾아보기 힘들다. 인도 코뿔소는 현존하는 코뿔소 중 두 번째로 크다. 몸무게가 수컷은 2t, 암컷은 1.6t에 이른다. 인도, 네팔, 부탄에 주로 분포한다.

피그미하마(pygmy hippopotamus)

서아프리카 원산이며 하마에 비해 덩치가 작다. 야행성이며 숲에 자라는 식물과 과일을 주로 먹는 초식동물이다. 대부분은 라이베리아에 서식하며 시에라리온, 기니, 코트디부아르에도 일부 남아 있다. 2015년 현재 야생에 2,500마리 정도가 사는 것으로 추정된다.

코모도왕도마뱀(Komodo dragon)

인도네시아 코모도섬, 린차섬 등에 서식하며, 현존하는 도마뱀 가운데 가장 크다. 길이는 최대 3m까지 자라고, 몸무게는 150kg까지 달한다. 생태계의 최대 포식자로 군림하고 있다. 2015년 기준으로 야생에 3,000마리 정도가 사는 것으로 추정된다.

프르제발스키말(Przewalski's horse)

몽골 초원에 사는 야생말이다. 러시아 군인 니콜라이 프르제발스키가 서양에 처음 알리면서, 그의 이름이 붙었다. 길들여진 말보다 다부지지만, 덩치는 작다. 키는 1.2~1.4m, 몸무게는 300kg 정도다. 털은 황갈색이고 얼굴과 몸통 윗부분은 색이 좀 더 진하다. 1977년부터 보존 노력이 시작되었고, 1990년대에 1,500마리가 있는 것으로 추정되었다.

수염수리(bearded vulture)

남유럽, 코카서스, 아프리카 동부, 인도, 티베트고원 등의 높은 산맥에 사는 맹금류다. 먹이의 70~90%가 뼈다. 이렇게 뼈를 주요 먹이로 삼는 동물은 수염수리뿐인 것으로 알려져 있다. 멸종 위험은 없으나 개체 수는 조금씩 주는 것으로 평가된다.

참고 문헌

이 책은 인터뷰 대상들의 개인적 묘사와 서술 외에 아래 자료들에 의존했다. 본문에 등장한 대화들은, 내가 인터뷰한 사람들이 기억하거나 묘사한 직접적인 대화 내용이거나, 아래 자료에서 직접 또는 간접 인용한 것이다. 책의 흐름과 이야기 형식을 유지하기 위해 각주를 사용하지 않았고 과도한 인용 부호 사용도 삼갔다.

출판물

Anhalt, Utz. *Tiere und Menschen als Exoten. Die Exotisierung des "Anderen" in der Gründungs- und Entwicklungsphase der Zoos.* Saarbrücken: VDM Publishing, 2008.

Artinger, Kai. "Lutz Heck: Der 'Vater der Rominter Ure.'" In: *Der Bär von Berlin—Jahrbuch des Vereins für die Geschichte Berlins,* 1994, pp. 125–39.

Bell, Catherine E., ed. *Encyclopedia of the World's Zoos.* Chicago: Fitzroy Dearborn, 2001.

Blaszkiewitz, Bernhard. *Elefanten in Berlin.* Berlin: Lehmanns, 2007.

Blaszkiewitz, Bernhard, ed. *Picassofisch und Kompassqualle: 100 Jahre Zoo-Aquarium Berlin.* Berlin: Lehmanns, 2013.

Blaszkiewitz, Bernhard. *Tierpark Berlin 1955–2013. Eine Chronik in Bildern*. Berlin: n.p., 2013.

Böhme, Kathrin, Ekkehard Höxtermann, and Wolfgang Viebahn, eds. *Heinrich Dathe—Zooploge und Tiergärtner aus Leidenschaft*. Rangsdorf: Basilisken-Presse im Verlag Natur & Text, 2015.

Bresselau von Bressensdorf, Agnes. "Frieden durch Kommunikation—Das System Genscher und die Entspannungspolitik im Zweiten Kalten Krieg 1979–1982/83." In: *Studien zur Zeitgeschichte 88* (2015), p. 70.

Dathe, Falk, Holger Heinrich Dathe, and Almut Fuchs, eds. *Heinrich Dathe—Lebenserinnerungen eines leidenschaftlichen Tiergärtners*. München: Koehler & Amelang, 2001.

Dathe, Heinrich, ed. *Wegweiser durch den Tierpark*. Berlin: Tierpark Berlin, series of editions published from 1968 to 1989.

Dathe, Heinrich. *Im Tierpark belauscht*. Lutherstadt Wittenberg: A. Ziemsen Verlag, 1971.

Dathe, Heinrich. *Erlebnisse mit Zootieren*. Lutherstadt Wittenberg: A. Ziemsen Verlag, 1974.

Dathe, Heinrich, ed. *Tierpark Berlin. Jahresbericht*. n.p., 1989.

Dolder, Willi, and Ursula Dolder. *Wunderland Zoo*. Stuttgart: Deutscher Bücherbund, 1978.

Frank, Mario. *Walter Ulbricht. Eine deutsche Biografie*. Berlin: Siedler Verlag, 2001.

Goldner, Colin: Nazi-Zoos. *Die deutschen Tiergärten zwischen 1933 und 1945*. In: *Tierstudien 7* (2015), pp. 54–66.

Gräfe, Manfred. "Katharina Heinroth." In: *Berlin—Stadt der Frauen. Couragiert & feminin—20 außergewöhnliche Biografien* (exhibition catalogue, Ephraim-Palais, Berlin 2016). Stiftung Stadtmuseum Berlin, Paul Spies, and Monika Weinland, eds. Berlin: Verlag M, 2016, pp. 170–78.

Grzimek, Bernhard. *Mein Leben. Erinnerungen des Tierforschers*. Berlin, München: Piper, 2009.

Haikal, Mustafa, and Jörg Junhold. *Auf der Spur des Löwen: 125 Jahre Zoo Leipzig*. Leipzig: Pro Leipzig, 2003.

Halbrock, Christian. "Die Westarbeit der HVA im Norden—das Königreich Schweden im Visier ostdeutscher Spitzel und Agenten." In: *Horch und Guck—Zeitschrift der Gedenkstätte Museum in der "Runden Ecke" Leipzig 55* (2006), pp. 22–36.

Heck, Lutz. *Tiere—mein Abenteuer. Erlebnisse in Wildnis und Zoo*. Wien: Ullstein, 1952.

Heinroth, Katharina. *Mit Faltern begann's. Mein Leben mit Tieren in Breslau, München und Berlin*. München: Kindler Verlag, 1979.

Herter, Konrad. *Begegnungen mit Menschen und Tieren. Erinnerungen eines Zoologen 1891–1978.* Berlin: Verlag Duncker & Humblot, 1979.

Höge, Helmut. *Elefanten.* In: Reihe Kleiner Brehm, vol. 7. Helmut Höge, ed. Ostheim vor der Rhön: Peter Engstler, 2013.

Hürtgen, Renate. " 'Die Erfahrung laß ick mir nicht nehmen!' Demokratieversuche der Be legschaften in den DDR-Betrieben zwischen Oktober 1989 und Januar 1990." In: ⋯ das war doch nicht unsere Alternative. DDR-Oppositionelle zehn Jahre nach der Wende. Ber nd Gehrke and Wolfgang Rüddenklau, eds. Münster: Westfälisches Dampfboot, 1999, pp. 200–221.

Kempe, Frederick. *Berlin 1961. Kennedy, Chruschtschow und der gefährlichste Ort der Welt.* München: Siedler, 2011.

Klös, Heinz-Georg. *Von der Menagerie zum Tierparadies. 125 Jahre Zoo Berlin.* Berlin: Ha ude & Spener Verlag, 1969.

Klös, Heinz-Georg. *Berlin und sein Zoo. Vol. 50 of Berlinische Reminiszenzen.* Berlin: Hau de & Spener Verlag, 1978.

Klös, Heinz-Georg, and U. Klös. *Der Berliner Zoo im Spiegel seiner Bauten 1841–1989.* Be rlin: Zoologischer Garten, 1990.

Klös, Heinz-Georg, Hans Frädrich, and Ursula Klös. *Die Arche Noah an der Spree. 150 Jahre Zoologischer Garten Berlin. Eine tiergärtnerische Kulturgeschichte von 1844 bis 1994.* Berlin: FAB Verlag, 1994.

Klös, Heinz-Georg. *Freundschaft mit Tieren. Der Altdirektor des Zoologischen Gartens Be rlin erzählt.* Berlin: Edition in Quintessenz Verlag, 1997.

Klothmann, Nastasja. *Gefühlswelten im Zoo. Eine Emotionsgeschichte 1900–1945.* Bielef eld: Transcript Verlag, 2015.

Kofferschläger, Manfred. *Unbedingt mausgrau. Frühe Episoden aus dem Tierpark Berlin.* Kückenshagen: Scheunen-Verlag, 2007.

Körner, Torsten. *Die Familie Willy Brandt.* Frankfurt am Main: S. Fischer Verlag, 2013.

Lai, Fanny, and Bjorn Olesen. *A Visual Celebration of Giant Pandas.* Singapore: Didier Mil let, 2013.

Lemke, Karl. *Tiergärten. Zoos, Aquarien, Wildgehege.* Berlin, Leipzig: VEB Tourist Verlag, 1987.

Lubrich, Oliver, ed. *Reisen ins Reich 1933 bis 1945. Ausländische Autoren berichten aus Deutschland.* München: Eichborn, 2009.

Mladek, Jürgen. *Professor Dathe und seine Tiere.* Berlin: Das neue Berlin, 2010.

Philipp, Werner, and Friedrich Seidenstücker. *Das Berliner Zoo-Album.* Berlin: Nicolai,

1984.

Pies-Schulz-Hofen, Robert. Die Tierpflegerausbildung. Stuttgart: Enke, 2004.

Raethel, Heinz-Sigurd. "Erfahrung mit der Cervidenhaltung im Zoologischen Garten Berl in in der Zeit von 1945–1997." In: Bongo 29 (1999), pp. 89–105.

Rieken, Bernd. "Nordsee ist Mordsee"—Sturmfluten und ihre Bedeutung für die Mentalit ätsgeschichte der Friesen. Münster: Waxmann Verlag, 2005.

Roscher, Mieke, and Anna-Katharina Wöbse. "Zoos im Wiederaufbau und Kalten Krieg, Berlin 1955–1961." In: Tierstudien 7 (2015), pp. 67–77.

Sailer-Jackson, Otto. Löwen—meine besten Freunde. Die Lebensdarstellung eines Tierfä ngers und Tierlehrers. Leipzig: Paul List, 1962.

Schmidt, Monika. "Die 'Arisierung' des Berliner Zoologischen Gartens." In: Jahrbuch für Antisemitismusforschung 12 (2003), pp. 211–29.

Schneider, Karl Max. Erlebnisse im Zoo. Leipzig: Urania Verlag, 1962.

Schröder, Werner. Zum Abschied ein Krokodil. Heiter-Besinnliches über Mensch und Tier. Berlin, Bonn: Westkreuz Verlag, 1999.

Sewig, Claudia. Der Mann, der die Tiere liebte: Bernhard Grzimek. Bergisch Gladbach: Gu stav Lübbe Verlag, 2009.

Smeets, Marte. Arche Noah—Zwischendeck. Geschichten und Skizzen einer Tierzeichner in. Hattingen (Ruhr): Hundt-Verlag, n.d., ca. 1960.

Spitzer, Gabriele, ed. Heinrich Dathe: ein Leben für die Tierwelt (exhibition catalogue, Staatsbibliothek zu Berlin—Preußischer Kulturbesitz, Berlin 1995/96). Berlin: Reichert, 1995.

Staadt, Jochen. "Deutsch-Deutsche Beziehungen von 1949 bis 1989." In: Die Bundesrep ublik. Eine Bilanz nach 60 Jahren. Hans-Peter Schwarz, ed. Köln, Weimar, Wien: Böhlau, 2008, p. 162.

Stummer, Martin. Das Vermächtnis des Inselkönigs. Dokumentation eines ungewöhnlich en Lebens. Norderstedt: Books on Demand, 2015.

Synakiewicz, Werner. Berliner Zoo—Die schönsten Geschichten. Berlin: Berlin Edition im BeBra Verlag, 2004.

Wöbse, Anna-Katharina, and Mieke Roscher. "Zootiere während des Zweiten Weltkriegs, London und Berlin 1939–1945." In: WerkstattGeschichte 56 (2011). André Krebber and Mi eke Roscher, ed., pp. 46–62.

Wölbern, Jan Philipp. "Die Entstehung des 'Häftlingsfreikaufs' aus der DDR 1962–64." In: Deutschland Archiv 41, no. 5 (2008), pp. 856–67.

신문과 잡지 기사

B.,R. *"Ein neuer Zungenschlag—Nach dem Besuch Robert Kennedys." In: Die Zeit (1962), no. 9.*

Baier, Tina. *"Woran Eisbär Knut starb." In: Süddeutsche Zeitung, August 27, 2015; http://www.sueddeutsche.de/wissen/tiermedizin-woran-eisbaer-knut-starb-12623515 (consulted on September 30, 2016).*

"Bärendienst." In: Stern (1980), no. 39.

Baumann, Peter. *"Wilde Tiere unter Dach und Fach." In: Der Tagesspiegel, November 22, 1970.*

Berlau, Oliver. *"Abwicklung im Reich der Tiere." In: Die Zeit (1991), no. 5; http://www.zeit.de/1991/05/abwicklung-im-reicht-der-tiere/komplettansicht (consulted on August 25, 2016).*

"Berliner Tierpark öffnet seine Tore." In: BZ am Abend, July 2, 1955.

"Biber-Umsiedlung." In: Der Tagesspiegel, December 20, 1964; quoted in: Der Morgen, December 17, 1964.

Blaszkiewitz, Bernhard. *"Heinz-Georg Klös in memoriam." In: Der Zoologische Garten (2014), vol. 83.*

Boller, Andreas. *"Vor 60 Jahren setzte Tuffi zum Wuppersprung an." In: Westdeutsche Zeitung, July 17, 2010; http://www.wz.de/lokales/wuppertal/vor-60-jahren-setzte-tuffi-zum-wupper-sprung-an-1172475 (consulted on August 17, 2016).*

Borgeest, Bernhard. *"Sind Delphine die besseren Menschen?" In: Zeit-Magazin (1996), no. 10.*

Brandt, Bodo. *" 'Knautschke' – Neue Erkenntnisse zur Herkunft des berühmten Berliner Flusspferdes." In: Bulette. Mitteilungen aus der Tiergartenbiologie. Band 5 (2017). S. 8-25.*

Burger, Reiner. *"Als Elefantenkuh Tuffi aus der Schwebebahn sprang." In: Frankfurter Allgemeine Zeitung, July 21, 2015; http://www.faz.net/aktuell/gesellschaft/tiere/wuppertal-1950-sprang-ein-elefant-aus-der-schwebebahn-13714026.html (consulted on August 27, 2016).*

Carpenter, Julie. *"Panda-monium." In: Daily Express, August 19, 2009; http://www.express.co.uk/expressyourself/121247/Panda-monium (consulted on August 27, 2016).*

Chinoy, Michael. *"Pandamonium OR Everything You Always Wanted to Know About Pandas." In: New China (1975), no. 1, pp. 15–17.*

Dathe, Heinrich. *"Viel Lärm um Chi-Chi." In: BZ am Abend, July 30, 1958.*

Dehmer, Dagmar. *"Artenschutz: Die DDR war schneller." In: Der Tagesspiegel, June 19,*

2001; http://www.tagesspiegel.de/politik/artenschutz-die-ddr-war-schneller/235302.html (consulted on October 5, 2016).

Deutsch, Michael. "Interesse an großen Tieren galt nicht denen der Partei." In: Mitteldeut sche Zeitung, March 12, 2010; http://www.mz-web.de/7833142 (consulted on August 17, 2016).

Ehlert, Stephan. "Alt-Zoodirektor Heinz-Georg Klös wird 75." In: Berliner Zeitung, Janua ry 6, 2001; http://www.berliner-zeitung.de/16212720 (consulted on August 17, 2016).

F.,R. "Willy Brandt hinter Gittern." In: Neue Zeit, March 2, 1962.

General, Jochen. "Eine solche Stadt braucht zwei Zoos." In: Neues Deutschland, Septem ber 8, 1990.

Gerhardt, Rainer. "Berliner Gesichter: Heinz-Georg Klös. Zoodirektor i. R." In: Neue Zeit, August 31, 1991.

Granin, Daniil. "Schauen und sehen." In: Neues Deutschland, October 12, 1969.

Grzimek, Bernhard. "Um diesen einen Beluga sorgen sich Hunderttausende." In: Der Spi egel (1966), no. 23.

Hardick, Stefanie. "Jagd auf Moby Dick." In: Der Freitag, April 17, 2013; https://www.freit ag.de/autoren/franz-viohl/jagd-auf-moby-dick (consulted on September 30, 2016).

Henning, Gustav Adolf. "Leipziger Tigerhochzeit." In: Hamburger Abendblatt, December 30, 1989.

"Hinter Gittern." In: Neues Deutschland, March 2, 1962.

"Hitzewelle—'Wie Plagen aus alter Zeit'." In: Der Spiegel (1976), no. 28.

Höfer, Werner. "Der Mann, der den Wal jagte." In: Die Zeit (1966), no. 23.

Höge, Helmut. "Rettet die Ossifanten!" In: Die Zeit (1993), no. 44.

Hucklenbroich, Christina. "Und jeden Nachmittag ins Paradies—Tiergärten im Wandel der Zeit." In: Frankfurter Allgemeine Zeitung, April 27, 2015; http://www.faz.net/aktuell/ feuilleton/tiergaerten-und-zoos-im-wandel-der-zeit-13554789.html?printPagedArticle=tru e#pageIndex_2 (consulted on September 30, 2016).

"Jagd auf weißen Wal im Rhein geht weiter." In: Neues Deutschland, May 23, 1966.

K., H. "Tier mit Tick—Im Rhein schwimmt ein weißer Wal." In: Die Zeit (1966), no. 22.

Karau, Gisela. "Nur Wochen später der blaue Brief." In: Neues Deutschland, December 29, 1990.

Kern, Ingolf. "Zoo und Tierpark streiten um Reptilien." In: Neue Zeit, September 18, 1993.

Kern, Ingolf. "Dauerkartenbesitzer lassen auf den alten Dathe nichts kommen." In: Neue Zeit, September 22, 1993.

Klee, Ralf. "Heile Welt im Hippodrom." In: Spiegel Online, February 27, 2009, https://www.spiegel.de/einestages/alltag-im-zweiten-weltkrieg-a-948178.html (consulted on May 14, 2019)

Kroll, Hartmut. Letter to the editor: "Leben nur mit Ungerechtigkeit?" In: Neue Zeit, January 21, 1991.

Lietzmann, Sabina. "Guanaco zu verschenken." In: Die Zeit (1956),no. 16.

Loy, Thomas. "Der Witwentröster." In: Der Tagesspiegel, March 27, 2011; http://www.tagesspiegel.de/berlin/raubtier-chef-der-witwentroester-im-zoo/3992644.html (consulted on October 5, 2016).

"Marvin Jones, 77; Was a Pioneer Record-Keeper of Zoo Animal's Longevity." In: Los Angeles Times, May 2, 2006; http://articles.latimes.com/2006/may/02/local/me-passings2.2 (consulted on August 27, 2016).

Menzel, Björn. "Die 70 000 SanftMutigen von Leipzig." In: Die Zeit, October 9, 2014; http://www.zeit.de/wissen/geschichte/2014–10/mauerfall-leipzig-montagsdemonstration-9-oktober-1989 (consulted on August 18, 2016).

Mielke, André. "Der Superlativ von Herzlos." In: Berliner Zeitung, January 16, 1991.

Mohnhaupt, Jan. "Ein Fossil sagt Tschüss." In: Der Tagesspiegel, March 26, 2014; http://www.tagesspiegel.de/berlin/zoochef-bernhard-blaszkiewitz-ein-fossil-sagt-tschuess/9667076.html (consulted on October 5, 2016).

Mohnhaupt, Jan. "Die Konkurrenz der Tiere." In: Der Tagesspiegel, June 20, 2015; http://www.tagesspiegel.de/berlin/60-jahre-tierpark-das-prestigeprojekt-in-ost-berlin/11943338.html (consulted on October 5, 2016).

Mohnhaupt, Jan. "Der Wal im Rhein." In: Der Tagesspiegel, May 15, 2016; http://www.tagesspiegel.de/weltspiegel/sonntag/moby-dick-in-duisburg-der-wal-im-rhein/13594010.html (consulted on October 5, 2016).

"Neuer Zoodirektor machte Vertrag." In: Der Tagesspiegel, June 24, 1956.

"Neuer Zoodirektor stellte sich vor." In: Der Tagesspiegel, January 3, 1957.

"Noch eine Chance für den Tierpark?" In: Berliner Zeitung, December 15, 1990.

Orgeldinger, Mathias. "Notausgang zur Natur." In: Der Tagesspiegel, January 14, 2008;http://www.tagesspiegel.de/wissen/zoologische-gaerten-notausgang-zur-natur/1140252.html (consulted on October 5, 2016).

"Die Pandas sind da: Ihre 1. Nacht im Zoo." In: B.Z., November 6, 1980.

Philipp, Werner. "Der Zoo erwägt den Wiederaufbau des historischen Elefantenportals."

In: Der Tagesspiegel, June 2, 1974.

Philipp, Werner. "Die Drachen wohnen im 2. Stock—Berliner Aquarium im Strom der Zeit." In: Der Tagesspiegel, September 21, 1980.

Renneisen, Hans-Jürgen. "Haus für Dickhäuter ist schon Besuchermagnet." In: Berliner Zeitung, September 30, 1989.

Renneisen, Hans-Jürgen. "Park mit tierischen Perspektiven." In: Berliner Zeitung, October 3, 1990.

Renneisen, Hans-Jürgen. "Einfach gefeuert: Dathe, der 'Chef'." In: Berliner Zeitung, December 15, 1990.

Renneisen, Hans-Jürgen. "Forderung: Tierpark bleibt." In: Berliner Zeitung, December 18, 1990.

Richter, Marina. "Graue Riesin starb unter Narkose." In: Berliner Zeitung, July 20, 1994.

Riechelmann, Cord. "Vom Blockwart zum Tiergärtner." In: Jungle World (2009), no. 32; http://jungle-world.com/artikel/2009/32/36915.html (consulted on October 5, 2016).

Scherer, Marie-Luise. "Mein Affe braucht Wärme." In: Die Zeit (1968), no. 19.

Scherer, Marie-Luise. "Es zieht im Europa-Center." In: Die Zeit (1968), no. 48.

Schmidl, Karin. "Von Harpyien und anderen Viechern." In: Berliner Zeitung, June 3, 2000, http://www.berliner-zeitung.de/16623158 (consulted on August 30, 2016).

Schmidt, Ulrike. "Reinhardt Coppenrath gibt Zoopräsidentschaft ab." In: Neue Osnabrücker Zeitung, August 14, 2013; http://www.noz.de/lokales/osnabrueck/artikel/9341/reinhard-coppenrath-gibt-zoopra-sidentschaft-ab (consulted on September 9, 2016).

Seher, Dietmar. "Wie der Himmel über der Ruhr wieder blau wurde." In: Westfalenpost, April 25, 2011; http://www.derwesten.de/wp/region/rhein_ruhr/wie-der-Himmel-ueber-der-ruhr-wieder-blau-wurde-id4577658.html (consulted on November 30, 2016).

"Sehnsucht und Liebe." In: Der Spiegel (1984), no. 7.

Steffahn, Harald. "Machen Tiere uns menschlicher?" In: Die Zeit (1978), no. 43.

"Strichvogel Willy lendenlahm." In: Berliner Zeitung, May 12, 1962.

"Ein Stück Zoogeschichte verschwindet unbemerkt." In: Wochenanzeiger Duisburg, January 6, 2015; http://www.lokalkompass.de/duisburg/kultur/ein-stueck-zoogeschichte-verschwindet-unbemerkt-d505818.html (consulted on August 27, 2016).

"Tran und Tränen." In: Der Spiegel (1966), no. 23.

Tuohy, William. "Talks by Kohl and Bradley Highlight Opening of Berlin's Birthday Festivities." In: Los Angeles Times, May 1, 1987; http://articles.latimes.com/1987–05–01/news/

mn-1854_1_east-berlin (consulted on August 15, 2016).

"Ungeschickt oder böswillig?" In: Neue Zeit, December 14, 1990.

"Urmacher unerwünscht." In: Der Spiegel (1954), no. 26.

von Kuenheim, Haug. "Ihr Auftritt, Frau Walross!" In: Die Zeit (2007), no. 18; http://www.zeit.de/2007/18/A-Hagenbeck (consulted on October 5, 2016).

von Viereck, Stefanie. "Trauer um Tian Tian—Himmelchens Ende." In: Die Zeit (1984), no. 8.

Wahl, Torsten. "Ein-Porträt des Zoologen Curt Heinrich Dathe: Der Tierpark war sein Werk—und sein Leben." In: Berliner Zeitung, September 7, 2010; http://www.berliner-zeitung.de/15072476 (consulted on August 27, 2016).

Werz, Günter. "Die Pandabären sind unterwegs." In: Hamburger Abendblatt, November 3, 1980.

"Zu blauen Himmeln." In: Der Spiegel (1961), no. 33.

추가 자료

"Bundesregierung: Herbst 1989: Umweltverschmutzung kein Tabu mehr." https://www.bundesregierung.de/Content/DE/StatischeSeiten/Breg/Deutsche_Einheit/Artikel/bilder/2009–11–01-umweltverschmutzung.html (consulted on August 20, 2016).

Bundeszentrale für politische Bildung & Robert-Havemann-Gesellschaft e. V., ed. "Oppositionszentrum Leipzig." www.jugendopposition.de/themen/145316/oppositionszentrum-leipzig (consulted on August 16, 2016).

Bundeszentrale für politische Bildung & Robert-Havemann-Gesellschaft e. V., ed. "Mahnwache in der Gethsemanekirche." www.jugendopposition.de/index.php?id=645 (consulted on August 29, 2016).

Haubner, Petra. "Die Elefantenkuh Tuffi springt aus der Wuppertaler Schwebebahn." In: SWR2 Zeitwort, July 21, 2011; http://swrmediathek.de/player.htm?show=8cb3cec0-b8f4–11e0-b31b-0026b975f2e6 (consulted on August 27, 2016).

Köpcke, Monika. "Mit Bolzenschneidern gegen ein System." In: Deutschlandradio Kultur, June 27, 2014; http://www.deutschlandradio-kultur.de/1989-mit-bolzenschneidern-gegen-ein-system.932.de.html? dram:article_id=290238 (consulted on August 16, 2016).

Landesarchiv Berlin, ed. "Berlin-Chronik, June 8, 1954." Online-Version; http://www.berlin-chronik.de (consulted on September 9, 2016).

Litfin, Jürgen. "Gedenkstätte Günter Litfin—Geschichte"; http://www.gedenkstaetteguenterlitfin.de/gedenkstaette/geschichte (consulted on August 27, 2016).

Mieder, Rosemarie, and G. Schwarz. *"Die geteilte Arche—Berlin und seine zoologischen Gärten." In: Deutschlandfunk, January 15, 2016; program script: http://www.deutschlan dfunk.de/die-geteilte-arche-berlin-und-seine-zoologischen-gaerten.1170.de.html?dram:a rticle_id=337679 (consulted on August 17, 2016).*

"Mitteldeutscher Rundfunk: Das Chemiedreieck der DDR." In: Damals im Osten—Hinte rgrund; http://www.mdr.de/damals/archiv/artikel85418.html (consulted on August 20, 2016).

Schwartz, Horst. "Das Nashorn. Nachruf auf Heinz-Georg-Klös." August 4, 2014; https:// schwartzaufweiss.wordpress.com/2014/08/04/tagebuch-das-nashorn/ (consulted on Aug ust 26, 2016).

Steiner, Walter. "Nationale Front und Nationales Aufbauwerk." In: Damals im Osten—Ste iners ABC; http://www.mdr.de/damals/archiv/artikel7710.html (consulted on September 1, 2016).

Verband der Zoologischen Gärten e. V. "Das Tiergartenwesen der DDR, 18. August 2010"; http://www.zoodirektoren.de/index.php?option=com_k2&view=itemlist&task=category&i d=69:das-tiergartenwesen-der-ddr (consulted on August 26, 2016).

Wasserschutzpolizei Nordrhein-Westfalen. "Das Wal-Jahr 1966." Web memento, Novem ber 17, 2009; https://web.archive.org/web/20091117210310/http://www.polizei-nrw.de/ wasserschutz/WSP-Geschichten/article/Das_Wal-Jahr_1966.html (consulted on August 27, 2016).

Westdeutscher Rundfunk. "Stichtag 21. Juli 2005—Tuffi springt aus der Schwebebahn"; http://www1.wdr.de/stichtag/stichtag948.html (consulted on August 27, 2016).

World Wide Fund for Nature. "WWF in the 60's." http://wwf.panda.org/who_we_are/hist ory/sixties/ (consulted on August 26, 2016).

Zoo Hoyerswerda. "Vom Tiergehege zum anerkannten Zoo." http://www.kulturzoo-hy. de/index.php?language=&m=2&n=3#content (consulted on August 27, 2016).

문서고와 도서관

Behörde des Bundesbeauftragten für die Unterlagen des Staatssicherheitsdienstes der ehemaligen DDR

Dathe-Nachlass, Staatsbibliothek zu Berlin

Landesarchiv Berlin

Archiv, Zoologischer Garten Berlin

Archiv, Tierpark Berlin

www.zootierliste.de

영화와 텔레비전 프로그램

"Abschied von Prof. Dr. Dr. Dathe." In: Elf 99—Jugendsendung des Deutschen Fernsehfunks, January 18, 1991; http://www.mdr.de/damals/archiv/avobjekt614_zc-d3058531_zs-a8c40657.html (consulted on August 23, 2016).

Geheimnisvolle Orte: Der Zoologische Garten Berlin—Geschichte einer Großstadtoase. Dir.: Dorothea Schildt, Birgit Wolske. RBB (2006). DVD. 45 min.

Ost-Legenden: Curt Heinrich Dathe. Dir.: Jens Rübsam, Dagmar Wittmers. MDR (2009). Internet. 43 min.

Der weiße Wal. Moby Dicks Abenteuer im Rhein. Dir.: Stephan Koester, Carl-Ludwig Rettinger. Lichtblick Film (2001). DVD. 90 min.

타인의 동물원

1판 1쇄	2025년 12월 20일
ISBN	979-11-92667-66-9 (03920)

저자	얀 몬하우프트
번역	신기섭
편집	김효진
교정	이수정
제작	재영 P&B
디자인	우주상자
펴낸곳	마르코폴로
등록	제2021-000005호
주소	세종시 다솜1로9
이메일	laissez@gmail.com
페이스북	www.facebook.com/marco.polo.livre